Architektur als Zitat

MORE ROMANO
SCHRIFTEN DES
EUROPÄISCHEN
ROMANIK ZENTRUMS
BAND 4

Heiko Brandl · Andreas Ranft · Andreas Waschbüsch (Hrsg.)

ARCHITEKTUR ALS ZITAT

Formen, Motive und Strategien
der Vergegenwärtigung

SCHNELL + STEINER

Abbildung der vorderen Umschlagseite:
Gestaltung: sod – Sisters of Design, Halle

Bibliografische Information der Deutschen Nationalbibliothek:
Die Deutsche Nationalbibliothek verzeichnet diese Publikation in der
Deutschen Nationalbibliografie; detaillierte bibliografische Daten
sind im Internet über <http://dnb.dnb.de> abrufbar.

1. Auflage 2014
© 2014 Verlag Schnell & Steiner GmbH, Leibnizstraße 13, 93055 Regensburg
Satz: Vollnhals Fotosatz, Neustadt a. d. Donau
Umschlaggestaltung: Anna Braungart, Tübingen
Druck: Erhardi Druck GmbH, Regensburg

ISBN 978-3-7954-2839-6

Alle Rechte vorbehalten. Ohne ausdrückliche Genehmigung des Verlags
ist es nicht gestattet, dieses Buch oder Teile daraus auf fototechnischem oder
elektronischem Weg zu vervielfältigen.

Weitere Informationen zum Verlagsprogramm erhalten Sie unter:
www.schnell-und-steiner.de

Inhalt

Heiko Brandl · Andreas Ranft · Andreas Waschbüsch
Vorwort 7

Lex Bosman
Architektur und Zitat. Die Geschichtlichkeit von Bauten aus der Vergangenheit 11

Matthias Müller
Vergegenwärtigung und Überschreibung
Das Architekturzitat als bildhafte Evokation und Transformation sakraler Orte
und die Bedeutung des ‚Eigenzitats' für die historische Identität
des Kirchengebäudes 33

Klaus Gereon Beuckers
Überlegungen zum Zitat in der ottonischen Goldschmiedekunst 59

Leonhard Helten
Hallenkirchen. Drei offene Fragen 83

Christian Freigang
Sakrale Potenz und historische Authentizität: „Zitate" heiliger Bauten 99

Ulrike Seeger
Wie im Expressionismus das Architekturzitat funktionieren könnte:
Einfühlung und Abstraktion als Weg zu einem ‚geistigen Architekturzitat'
Ein Versuch 119

Thomas Coomans
Die Kunstlandschaft der Gotik in China
Eine Enzyklopädie von importierten, hybridisierten und postmodernen Zitaten 133

Bruno Klein
Globale Gotik – Paris und Chartres zwischen Pampas und Prairie 163

INHALT

Wolfgang Schenkluhn
Wege in die Vergangenheit
Über Auffassungen von mittelalterlicher Architektur 187

Autorenverzeichnis 197

Abbildungsnachweis 199

Vorwort

Herkunft, Bedeutung und Wirkung von Motiven und Strukturen innerhalb der Architektur aufzudecken, gehört zu den spannendsten kunsthistorischen Forschungsfeldern, deren Prospektion aufs engste verbunden ist mit dem Blick auf die handelnden Menschen in ihrer Zeit, wobei sich Rückschlüsse auf die Motivationen der Auftraggeber, das künstlerische Umfeld und den konkreten historischen Kontext eröffnen.

Ende der 1970er Jahre demonstrierten Hans-Joachim Kunst und Wolfgang Schenkluhn am Beispiel der Reimser Kathedrale und der Marburger Elisabethkirche erstmals das Verfahren des Architekturzitats, bei dem – so Wolfgang Schenkluhn – „durch das Zitieren oder Übernehmen bestimmter Strukturen und Motive eine an einem anderen Ort befindliche Architektur vergegenwärtigt wird",[1] und lieferten so einen neuen Schlüssel zum Verständnis mittelalterlicher Architektur. Damit ließ sich die Qualität des Verhältnisses von architektonischem Vorbild und Nachbild in einem bestimmten historischen Kontext beschreiben und die Möglichkeit der inhaltlichen Bezugnahme auf als vorbildhaft erachtete Bauten beziehungsweise Bauteile oder architektonische Motive aufzeigen. An derart bedeutungsgeschichtlich aufgeladenen Bauwerken exemplarisch entwickelt, verzichteten die Forscher dabei zunächst ganz bewusst auf eine weiter einengende Definition des Architekturzitats.[2] Mittlerweile ist das Zitat längst als kunsthistorischer Terminus etabliert und gehört sogar zum Vokabular kreativer Architekten und hat damit weit über den Forschungshorizont mittelalterlicher Baukunst, an dem es entwickelt worden war, Anwendung gefunden.

Diese von ihren Urhebern durchaus nicht in Anspruch genommene epochen-übergreifende Weitung des Zitatbegriffs bietet guten Grund, die damit verbundenen theoretischen und methodischen Probleme und Möglichkeiten aus kunsthistorischer Perspektive mit Wolfgang Schenkluhn neu zu bedenken. Was also lag näher, anlässlich seines 60. Geburtstages zu einem Studientag zu laden, um in konzentrierter Atmosphäre in dem von Wolfgang Schenkluhn wesentlich mitbegründeten EUROPÄISCHEN ROMANIK ZENTRUM am Kreuzgang des Merseburger Dom mit Fachkolleginnen und -kollegen, Weggefährten aus Studienzeiten und Schülern, die längst zu Freunden geworden sind, intensiv zum Thema zu diskutieren. Es war angesichts der Terminschwierigkeiten aller Beteiligten ein vergnüglich-riskantes Unternehmen, unsere Wunschgäste dafür ohne Wissen des Jubilars gleich im Anschluss an seinen Geburtstag teilweise von weither nach Halle/Merseburg zu locken; und dass alle unserer Einladung ausnahmslos spontan und teilweise unter Verlegung anderer Termine gefolgt sind,[3] hat uns in unseren Vorbereitungen beflügelt und zeugt von der hohen persönlichen Wertschätzung, die Wolfgang Schenkluhn im Fach genießt, wie von der nach wie vor hohen Aktualität dieses Forschungskonzepts.

HEIKO BRANDL · ANDREAS RANFT · ANDREAS WASCHBÜSCH

Abb. 1 Die Teilnehmer des Studientages im Oktober 2012 in Erwartung des ersten Vortrags.

Die Resonanz auf unsere Unternehmung war groß, die festliche Universitätsaula in Halle zum abendlichen Eröffnungsvortrag von Lex Bosman ebenso gefüllt, wie die Räumlichkeiten des Europäischen Romanik Zentrum in Merseburg (Abb. 1) am Folgetag. Die intensive Diskussion der Vorträge wurde in den Pausen und am Buffet lebhaft fortgesetzt und hätte leicht einen weiteren Tag in Anspruch nehmen können. So entstand unter allen Beteiligten der nachdrückliche Wunsch, Vorträge und Diskussionen festzuhalten und zu publizieren, dem die Unterzeichneten als Herausgeber durchaus nicht unvorbereitet Folge leisten konnten. Allerdings haben sie auf eine Aufzeichnung der Diskussionen verzichtet, sondern vielmehr den Jubilar selbst gebeten, sein spontan am Tagungsende resümierend-zusammenfassendes Schlusswort für die Drucklegung aufzuschreiben. Es greift in seiner Würdigung der gebotenen Vorträge viele Aspekte der Diskussion mittelbar auf und skizziert dabei knapp und prägnant die spannende wissenschaftsgeschichtliche Ausgangslage, die zu solcherart kunsthistorischen Arbeitens und Fragens geführt hat.

Die Gliederung des Bandes folgt der beim Studientag gewonnenen Einsicht, dass neben einer inhaltlichen (Lex Bosman, Matthias Müller, Klaus Gereon Beuckers, Leonhard Helten) die chronologische und thematisch-konzeptionelle Erweiterung dieses Untersuchungsfeldes zwangsläufig zu einer methodischen Erweiterung des Zitatbegriffs führen muss. Dabei geraten insbesondere „Schwellensituationen" – wie etwa der Übergang vom Mittelalter zur Frühen Neuzeit (Christian Freigang) oder die neuen Herausforderungen von Historismus und Moderne bzw. Postmoderne (Ulrike Seeger, Thomas Coomans und Bruno Klein) – in den Fokus der Untersuchungen, die einen Wandel in der Qualität des Verhältnisses zwischen Zitiertem und Zitierendem in der Baukunst anzeigen.

ARCHITEKTUR ALS ZITAT – EIN VORWORT

Abb. 2 Der Jubilar beim „Zitieren" während der Böhmenexkursion im Mai 2013.

Dass dieser Band in dieser Form Gestalt gefunden hat, haben die Herausgeber zuallererst den Autorinnen und Autoren zu verdanken, die sich der großen Mühe unterzogen haben, ihre Vortragsmanuskripte noch einmal in die Hand zu nehmen und für die Drucklegung neben allen anderen drängenden Herausforderungen des Tages zum wissenschaftlichen Aufsatz umzuarbeiten. Wir hoffen, dass sie mit uns die Genugtuung und Freude teilen, die heimlich begonnene Zusammenarbeit nun für eine interessierte Öffentlichkeit publik machen und Wolfgang Schenkluhn das Buch zum Ereignis nachträglich überreichen zu können.

Wissenschaft hat auch eine soziale Dimension – eine Einsicht, die paradoxer Weise im hektisch jagenden Tagungsbetrieb, der eine auf Events dressierte Öffentlichkeit und Universitätsleitungen beeindrucken will und muss, immer mehr verloren geht. Umso mehr ist jenen zu danken, die unserer Tagung mit Ihrem Engagement einen Rahmen gegeben und Gelegenheit zu fröhlich-gelehrter Geselligkeit geboten haben. Insbesondere Judith Schenkluhn hat uns darin als Verbündete von Beginn an mit großem persönlichen Einsatz unterstützt und es geschafft, diskret die Wege so zu bahnen, dass sogar der großzügige Empfang und Abend im Hause Schenkluhn am Ende der Tagung ungeachtet aller notwendigen Planungen und Abstimmungen eine beschwingt-festliche (und einmalig kulinarische) Überraschung für alle blieb. Ein herzlicher Dank geht auch an Kati Gaudig, die sich im Europäischen Romanik Zentrum um organisatorische Fragen und das leibliche Wohl am Studientag gekümmert hat.

Zuletzt gilt unser Dank dem Verlag für die gewohnt qualitätvolle und unkomplizierte Umsetzung unseres Buchprojekts, insbesondere dem umsichtigen Lektorat von Elisabet Petersen. Ohne die enge Taktung von Manuskripteinrichtungen, Bildbearbeitung, Korrekturfahnenrücklauf und Berücksichtigung verschiedener Liefertermine seitens der Herausgeber wäre der Band noch lange nicht fertig.

Die Herausgeber überreichen die nun vorliegende Publikation, vergnügt seine große Überraschung erinnernd, auch im Namen von Autorin und Autoren an Wolfgang Schenkluhn unter Bekräftigung aller guten Wünsche, die ihm aus dem großen Freundes- und Kollegenkreis am Abend des Festvortrages zugetragen worden sind.

Heiko Brandl · Andreas Ranft · Andreas Waschbüsch

Anmerkungen

1 So noch einmal jüngst Wolfgang Schenkluhn: Bemerkungen zum Begriff des Architekturzitats. Zur Erinnerung an Hans Joachim Kunst (1929–2007), in: Ars 41, 2008, 3–13.
2 Ein Werkstattgespräch, zu dem Bruno Klein Wolfgang Schenkluhn über seine Thesen nach Dresden eingeladen hatte, bot diesem dann Gelegenheit, in Auseinandersetzung mit dem an der Architektur der Epoche vornehmlich des 13. und 14. Jahrhunderts mittlerweile mehrfach erfolgreich erprobten Analyseinstruments die zuvor durchaus gewollte Unschärfe durch eine im Sinne der Schöpfer gebotene überfällige Definition des Architekturzitats theoretisch zu untermauern bzw. weiter zu präzisieren. Vgl. Cornelia Logemann, Ulrich Pfisterer: [Tagungsbericht zu:] IMITATIO ARTIS im Mittelalter (Dresden, 06.–07.02.2004), in: H-ArtHist, 20.02.2004. Letzter Zugriff 28.07.2014. <http://arthist.net/reviews/446>.
3 Allein Thomas Coomans musste wegen eines gleichzeitigen Forschungsaufenthalts in China seine Teilnahme absagen, hat aber ungeachtet seiner Arbeitslast von dort einen eigenen Beitrag zu diesem Band gleichsam über Kontinente hinweg geliefert, wofür wir ihm zu besonderem Dank verpflichtet sind.

LEX BOSMAN

Architektur und Zitat.
Die Geschichtlichkeit von Bauten
*aus der Vergangenheit**

Das Fachgebiet der Kunstgeschichte wie auch der Architekturgeschichte hat sich im 19. und 20. Jahrhundert vornehmlich anhand der Methoden des analytischen Beschreibens, des stilistischen Vergleichens und des systematischen Einordnens entwickelt; insofern Personen als historische Akteure auftraten, wurden sie vor allem als große Künstler vorgestellt oder auch als Auftraggeber, die es den Künstlern ermöglicht hatten, ihr schöpferisches Werk zu vollbringen. Wichtige Neuorientierungen haben aber diese älteren Vorstellungen und Methoden seit etwa Mitte des 20. Jahrhunderts weitgehend abgelöst. Es ist daher wohl auch kein Zufall, dass während des Zweiten Weltkrieges im Jahr 1942 die zwei berühmten Aufsätze Richard Krautheimers, seine *Introduction to an Iconography of Medieval Architecture* im Journal of the Warburg and Courtauld Institutes und „*The Carolingian Revival of Early Christian Architecture*" in The Art Bulletin, publiziert wurden; beide Aufsätze wurden später in „*Ausgewählte Aufsätze zur Europäischen Kunstgeschichte*" neu veröffentlicht.[1] In der Hinwendung der Architekturgeschichte zur Bedeutungsforschung sind diese Aufsätze sehr einflussreich und sogar richtungsweisend geworden. Unmittelbar nach 1945 wurden wichtige Beiträge zur Bedeutung der Architektur zum Beispiel von André Grabar und Earl Baldwin Smith publiziert.[2] In der Nachkriegszeit wandte sich auch Günter Bandmann der Problematik der Ikonologie und Ikonographie der mittelalterlichen Architektur in seinem berühmten Buch *Mittelalterliche Architektur als Bedeutungsträger* und in seinem Aufsatz *Ikonologie der Architektur* zu, beide aus dem Jahr 1951. Bandmann hat versucht, die Entwicklung der Bedeutungen in der mittelalterlichen Architektur in einem System zu fassen, wobei er vier Arten von Bedeutung unterschied: die immanente Bedeutung, die allegorische Bedeutung, die historische Bedeutung und die ästhetische Bedeutung. Merkwürdig bleibt es indessen, dass Bandmanns Buch erst 2005 in englischer Sprache veröffentlicht worden ist als *Early Medieval Architecture as Bearer of Meaning*.[3] Kein Zufall meine ich, dass gerade in der Zeit des Nationalsozialismus deutsche und ausgewanderte deutsche Kunsthistoriker auch Themen behandelten, die sich mit der Sinngebung der Existenz beschäftigen und deswegen auch den Sinn und die Bedeutung der Architektur zum Thema hatten. Die seitdem weitergeführte Debatte der Architekturgeschichte wird von zwei sich gegenüberstehenden Positionen bestimmt: einerseits die alte Idee, dass Architektur von einer inneren Bewegung zur Stilisierung geprägt sei, und andererseits die Behauptung, dass externe Faktoren weitgehend die Architektur bestimmen, wie die Absichten des Auftraggebers und die Erwartungen oder Positionen einer größeren Gruppe von Beteiligten.[4]

Weitgehend wird heute die Kontextualisierung als Schlüssel zum Verständnis der Architektur gesehen, unter Betrachtung von vielen Faktoren, die in dem Prozess von Planung und Ausführung von Bauten eine mitbestimmende Rolle gespielt haben. Die Geschichtlichkeit der Architektur, von den beiden Autoren Krautheimer und Bandmann nachdrücklich in den Vordergrund gestellt, wurde seitdem zum Thema der Architekturgeschichte und hat weitgehend deren Ziel und Richtung mitbestimmt. Die theoretische und methodische Bearbeitung der zugehörigen Begriffe benötigte aber einige Dezennien und ist noch immer in Bewegung, wie im Weiteren noch aufgezeigt werden soll. Anregende Beiträge sind veröffentlicht worden, die trotz mancher Unterschiede als Gemeinsamkeit die erneute Frage nach der Geschichtlichkeit, nach spezifischen Bedeutungen und Bedeutungsebenen haben. Hier können die *Westwerkstudien* von Friedrich Möbius, Martin Warnkes *Bau und Überbau*, *Die gotische Architektur in Frankreich* von Dieter Kimpel und Robert Suckale, Arbeiten von Christian Freigang und viele weitere Veröffentlichungen genannt werden.[5]

Gebäudefunktionen und die sich wandelnden Nutzergruppen werden heute erforscht, da sie als wichtige Faktoren in dem erwähnten Prozess von Planen und Bauen anerkannt sind, aber auch nach weiteren Grenzen der Architektur in einer bestimmten historischen Situation wird gefragt. Nicht alles war in jeder Lage akzeptabel, nicht alles konnte willkürlich gebaut werden. Aber wer hat bestimmte Grenzen gesetzt, und wie bewusst war man sich derartiger Überlegungen? Das Interesse am Kontext hat unter anderem dazu geführt, dass mehrere Autoren nach dem Publikum, dem sogenannten Adressaten und dessen Einfluss auf Konzepte und Bedeutungen der Architektur gefragt haben.[6] Weiterhin sind verschiedene Begriffe in der Forschungsliteratur in Stellung gebracht worden, wie Struktur, Typus und Typologie, Symbol und Allegorie. Das schon erwähnte System, von Bandmann in seinem Buch von 1951 und in weiteren Publikationen ausgeführt, hat sich nicht als Methode durchsetzen können; seine Kategorie der historischen Bedeutung hat aber zahlreiche Kunsthistorikerinnen und Kunsthistoriker angeregt, weiter in dieser Richtung zu forschen. Nach und nach rückten die spezifischen historischen Bedingungen in den Fokus der Forschung, denn im Prozess von Planen und Bauen traten doch irgendwie die Absichten der Auftraggeber sowie anderer am Bau beteiligten Individuen und Gruppen in den Vordergrund. Im Gegensatz dazu stehen allegorische Interpretationen, die nachträglich den Gebäuden und ihren einzelnen Gebäudeteilen untergeschoben worden sind, aber nicht während des Planens die Architektur (Typus, Grundriss, usw.) mitbestimmt haben.[7]

Methodisch und theoretisch war es wichtig, eine festere Basis zu formulieren, womit sich das immer wechselnde Verhältnis zwischen Vorbild und Nachfolge genauer bestimmen und beschreiben ließe. Richard Krautheimer hatte dazu den Terminus Kopie herangezogen: Das eine Bauwerk kopierte sozusagen ein anderes, als wichtig empfundenes Vorbild. Krautheimers Kopiebegriff wurde mehr und mehr verwendet, ohne dabei aber besser untermauert zu werden. Denn Krautheimer hatte darauf verzichtet, seinen dargelegten Beispielen eine theoretische Basis zu geben. Im Grunde genommen geht es darum, zu bestimmen, was mehrere mittelalterliche Gebäude miteinander verbindet, warum das so ist, mit welchen architektonischen Mitteln man eine Beziehung vom einem Gebäude zu anderen Bauten darzustellen versucht hat und was eine derartige Analyse einerseits aussagen könnte über das Bauwerk in Beziehung zum Auftraggeber und andererseits über den mehr oder weniger spezifischen historischen Kontext, worin Bauwerk und Auftraggeber funktionieren mussten. Architektur war im Mittelalter und Jahrhunderte lang danach überaus geeignet, derartige Bedeutungen zu vermitteln, da die Kultur im allgemeinen sehr viel weniger visuell bedingt war als es seit etwa Mitte des 20. Jahrhunderts der Fall ist. Die visuelle Stärke von Architektur war daher um so wichtiger.

In der Forschung konnte lange Zeit die Beziehung zweier Bauten, die Krautheimer mit dem Terminus Kopie bezeichnet hatte, nicht sehr genau beschrieben werden. In seinem Rückblick auf die wissenschaftliche Reaktion auf seine *Introduction* erwähnte Krautheimer z. B.: „Mir wenigstens scheint der ‚Kopiencharakter', vulgo die Abhängigkeit der Mailänder Apostelkirche von Konstantins Apostoleion in Konstantinopel kaum zu leugnen zu sein (...)".[8] Der ‚Kopiencharakter' wurde von Krautheimer also quasi dem Begriff ‚Abhängigkeit' gleichgestellt, einer nicht sehr spezifischen Bezeichnung. Seitdem Bauten der mittelalterlichen Architektur nicht mehr als zufällige Produkte eines Stilwollens oder eines Regionalstils betrachtet werden, sondern als Teil eines historischen Prozesses, sind interessante und oft unerwartete Beiträge in diesem Bereich vorgestellt worden. Schon 1936 hatte Krautheimer in einem Aufsatz beobachtet, dass die Bedeutung der Architektur studiert werden sollte, um bestimmte Dinge klären zu können, wozu die gängige architekturhistorische Methodik nicht fähig wäre.[9] Der von Krautheimer verwendete Begriff Kopie entsprach eigentlich gar nicht den mittelalterlichen Verhältnissen und Bauten und ist demzufolge wohl nicht ganz obsolet geworden, sondern benötigte weitere Erklärung. Krautheimers Thesen haben aber auch manche Kollegen angeregt, weiter zu suchen und die architekturhistorischen Analysen genauer durchzuführen.

Der moderne Kopiebegriff erwies sich mehr und mehr als ungeeignet, um die genauen Verhältnisse zwischen Vorbild und Nachahmung gut zu erfassen und beschreiben zu können. Dass mittelalterliche „Kopien" ihrem Vorbild oft nur in etwa ähnelten, war eine unbefriedigende Erklärung. Darüber wurde von mehreren Architekturhistorikern nachgedacht, diskutiert und geschrieben; die anregende Arbeit von Hans-Joachim Kunst soll hier explizit erwähnt werden, denn sie lenkte die Debatte auf eine andere Spur. Bereits 1976 publizierte Kunst seinen Aufsatz *Eine Anmerkung zur Kathedrale von Reims*, den er dann 1981 in erweiterter Form als *Freiheit und Zitat in der Architektur des 13. Jahrhunderts – Die Kathedrale von Reims* veröffentlichte.[10] Das Zurückgreifen auf vorhandene Typen, Formen und Konzepte in der Architektur des Mittelalters hat Kunst als zielgerichtete Handlung analysiert und gedeutet. Damit versuchte er, einen mehr oder weniger theoretischen Unterbau und somit Anregung zur Analyse des Architekturzitats zu liefern. Kunst unterschied drei Positionen des Zitats. Als erste Position nannte er die übergeordnete, beherrschende Funktion, an die sich Forminnovationen anpassen; die zweite Funktion war eine untergeordnete des Zitats, das die „Sprengkraft" der Innovation sichtbar machte, und als dritte Position nannte Kunst die Situation, wobei Zitat und Forminnovation eine homogene Einheit bildeten.[11] Wenig später hat dann Wolfgang Schenkluhn im Jahr 1983 seinen Beitrag *Architektur als Zitat – die Trierer Liebfrauenkirche in Marburg* zusammen mit Peter van Stipelen veröffentlicht. Schon der Titel dieses Aufsatzes zeigt die Verbindung von zwei Bauten, deren Bezüge ganz klar analysiert wurden, und die als bewusste Handlung in der Geschichte und der Geschichte gegenüber beschrieben werden konnten. Das Gezielte und Genaue eines Zitats wird von den Autoren kurz angedeutet, denn das Zitat kann einen Teil der Architektur betreffen, der aus dem ursprünglichen Kontext herausgehoben wird, ohne einen Bau als Ganzes kopieren zu müssen.[12] Das unbefriedigende Anonyme der Architektur in älteren Auffassungen der Architekturgeschichte konnte in der Forschung seit dem Zweiten Weltkrieg verlassen werden, denn in dieser neueren Auffassung von Architekturgeschichte treten endlich die Menschen als Teilnehmer in historischen Prozessen auf; denn sie haben Entscheidungen getroffen, Ziele gesetzt, Konkurrenzkämpfe geleistet, Positionen angestrebt, und mit ihren Bauten Bestimmtes gewollt und Anderes abgelehnt oder vermieden. Und das haben sie getan, auch wenn wir ihre Namen nicht mehr kennen.

Der Begriff Zitat hat sich seither weitgehend durchsetzen können, wenn auch in vielen architekturhistorischen Beispielen neue Fragen aufgeworfen wurden. Wolfgang Schenkluhn hat die Methodik in dieser Hinsicht mit seinem Aufsatz aus dem Jahr 2008 *Bemerkungen zum Begriff des Architekturzitats* weitergebracht. Wichtig ist seine Analyse, dass in Bandmanns Auffassung „Typus" und „Motiv" „unwandelbare Entitäten darstellen" statt von der Geschichte und der spezifischen historischen Situation bedingte Elemente.[13] War bei Bandmann das unveränderliche, das gleichbleibende Element entscheidend in seiner Auffassung von der ‚historischen Bedeutung' der Architektur, haben Kunst und Schenkluhn versucht, vor allem gerade die neuen Architekturelemente oder auch die Abwandlung vom Alten im Neuen genauer bestimmen zu können. Mit dieser Methodik wurde ermöglicht, die genaue Verbundenheit der Architektur mit der Geschichte zu analysieren und zu deuten. Wie Schenkluhn es in seinem erläuternden Aufsatz einfach und klar formulierte: „(...) was wird wie rezipiert?"[14] Diese Formulierung wäre noch mit der Frage zu ergänzen, warum etwas rezipiert wurde; eine Frage, die hinsichtlich der geschichtlichen Bedingtheit der Architektur großes Gewicht hat. Dabei muss man sich klar machen, dass in der mittelalterlichen Architektur bei neuen Bauaufgaben die Fortsetzung einer Tradition der wichtigste Grund zur Rezeption anderer Bauten war. Eine feste Verbundenheit der Auftraggeber und Baumeister, wie auch der Personen und Institutionen, die bestimmte Gebäude benutzten, mit Geschichte und Gegenwart wurde erst dann realisiert, wenn einerseits bestimmte, wichtige Traditionen eingebunden und andererseits die Positionen in die aktuelle Lage transformiert wurden.

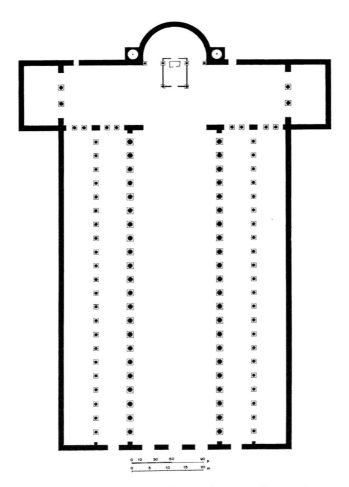

Abb. 1: Rom, Alt St. Peter, Grundriss, nach J. H. Jongkees: Studies on Old St. Peter's, Groningen 1966.

Nicht zufrieden mit den drei Zitattypen, die Kunst kurz beschrieben hatte, hat Schenkluhn drei Arten von Rezeption unterschieden: „eine imitierende, wörtlich zitierende und variierende Form der Auseinandersetzung", wobei außerdem festgestellt werden konnte, dass nicht jede Art von Nachahmung als Zitat bezeichnet werden darf. In dieser Auffassung sollte z. B. die Marienkirche in Ottmarsheim als Imitation der Aachener Pfalzkapelle bezeichnet werden, ohne aber von Kopie oder Zitat sprechen zu können. Am Beispiel des Essener Münsters erkennt man im Westchor eine wörtlich zitierende Rezeption, und beim Magdeburger Domchor formuliert Schenkluhn die Nachahmung als variierende Form der Auseinandersetzung.[15] Die Brauchbarkeit dieser Begriffe sollte weiterhin geprüft werden. Wichtig dazu wären aber auch solche Beispiele, die kaum äußerliche Übereinstimmung zeigen, wobei aber trotzdem eine inhaltliche Komponente der Bedeutung in einem Gebäude angestrebt wird. Könnte so z. B. ein Patrozinium ausreichen, um die inhaltliche, bedeutungsvolle Rezeption zu realisieren? Darf man einen derartigen Vorgang auch Zitat nennen? Dies würde wahrscheinlich der Kategorie nahestehen, die Christian Freigang als Nachahmung von Handlungen angesprochen hat, denn Freigang sieht auch Möglichkeiten für Kopie und Nachahmung ohne formale Ähnlichkeiten zwischen Bauten. Für die Geschichtlichkeit der Architektur ist das, was er als „architektonisches Handeln" andeutet, eine faszinierende Kategorie.[16]

Außerdem bilden diejenigen Beispiele von Architekturrezeption eine interessante Gruppe, wo die Einbringung von Spolien erfolgte, denn die Anwendung von Spolien konnte nur dann realisiert werden, wenn ein Original zerstört oder wenigstens zum Teil zerstört wurde. Zur Realisierung einer Rezeption eines historisch bedeutungsvollen Vorbildes konnte gerade das Vorbild nicht weiter bestehen bleiben. Zitiert wird damit dann nicht das genaue Vorbild, denn der ursprüngliche Kontext der Spolien besteht nicht mehr, jedenfalls nicht mehr als Ganzes. Oder wird in solchen Fällen gerade nicht etwas Bestimmtes, bzw. Spezifisches rezipiert oder zitiert, sondern eine etwas allgemeinere Situation? Das macht die Frage wichtig, ob man hier den Begriff Zitat überhaupt noch anwenden kann oder sich mit dem weniger spezifischen Terminus Rezeption zufrieden stellen sollte. Für die Geschichtlichkeit der Architektur ist die Verwendung von Spolien natürlich sehr wichtig.[17]

Einige Beispiele sollen nun zur Erläuterung und zur Prüfung der hier erneut diskutierten Begriffe und Inhalte dienen. Interessant ist zum Beispiel, dass es in Krautheimers *The Carolingian Revival of Early Christian Architecture* keine Rezeptionsfälle von S. Giovanni in Laterano gab; nur Nachahmungen von St. Peter (Abb. 1) wie auch von S. Paolo fuori le mura in Rom wurden von Krautheimer als solche identifiziert. Für Krautheimer war die T-förmige frühchristliche Basilika in Rom das wichtigste Modell für mittelalterliche Basiliken in Rom und nördlich der Alpen seit Ende des 8. Jahrhunderts. Die wichtigsten Merkmale waren das durchgehende Querhaus, wie bei Alt St. Peter und S. Paolo fuori le mura, der Architrav zwischen Haupt- und Seitenschiffen anstelle von Bögen, eine breite Öffnung zur Apsis und weiterhin ein Atrium; in einem Grundrissschema wurden bei Krautheimers Aufsatz die frühchristlichen römischen Modelle zusammen mit den mittelalterlichen Nachahmungen abgebildet (Abb. 2).[18] Die Querhäuser der beiden frühchristlichen Großbauten St. Peter und St. Paul sowie die Treppentürme zwischen Apsis und Querhaus bei St. Peter konnten laut Krautheimer rezipiert werden; vor allem Schenkluhn hat eine Gruppe von italienischen Zitaten dieses Konzepts vorgestellt, wie das berühmte San Francesco in Assisi.[19] Einige der Nachfolgebauten von Krautheimers Schema scheinen heute aber weniger sicher als im Jahr 1942. Merkwürdigerweise schienen bei S. Giovanni in Laterano aber solche Elemente zur Aufnahme in andere Bauten zu fehlen. Krautheimer benannte S. Giovanni in Laterano vornehmlich wegen seiner Größe und als erhaltenes Beispiel für eine römische Basilika (Abb. 3). Außerdem ist auch die Vorstellung einer Rezeption frühchristlicher Architektur in der karolingischen Zeit in Rom selbst in Frage

ARCHITEKTUR UND ZITAT

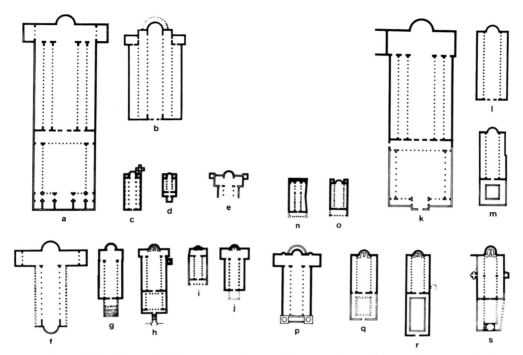

Grundrisse im Vergleich: a) Rom, Alt-St.-Peter   b) Rom, S. Giovanni in Laterano   c) Vienne, St. Pierre   d) Aachen, Pfalzkapelle   e) St. Denis, Abteikirche   f) Fulda, Abteikirche   g) Rom, S. Anastasia   h) Rom, S. Prassede   i) Rom, S. Stefano degli Abessini   j) Seligenstadt, Abteikirche   k) Rom, S. Paolo f.l.m.   l) Rom, S. Maria Maggiore   m) Rom, S. Sabina   n) Rom, S. Maria in Cosmedin   o) Rom, SS. Nereo ed Achilleo   p) Hersfeld, Abteikirche   q) Rom, S. Martino ai Monti   r) Rom, S. Cecilia   s) Rom, SS. Quattro Coronati   (nach A. Hoffmann)

Abb. 2: Schema mit frühchristlichen Basiliken und karolingischen Nachfolgebauten, nach Krautheimer 1942–1988.

gestellt worden, weil die Geschichte und die Bedeutung von Bauten aus der Zeit von Anfang des 4. bis etwa Ende des 8. Jahrhunderts nicht hinreichend beachtet wurde.[20]

Die Architekturgeschichte schien seit der These Krautheimers gar nicht damit zu rechnen, dass vielleicht auch S. Giovanni in Laterano zitiert werden konnte. Man darf aber nicht vergessen, dass diese Kirche die erste große Basilika in Rom war, die mit Hilfe von Kaiser Konstantin gebaut werden konnte. Als Bischofskirche von Rom, Kathedrale also, war dieses Gebäude Jahrhunderte lang in Rom sehr wichtig, und diese Position wurde bestimmt auch andernorts anerkannt. Eine fünfschiffige Basilika ohne Querhaus und ohne typische Merkmale ist aber architektonisch auch nicht sehr spezifisch. In der jahrhundertelangen Periode zwischen dem Bau aus dem 1. Viertel des 4. Jahrhunderts und der weitgehenden Umgestaltung im 17. Jahrhundert wurde einiges in der römischen Kathedrale geändert und renoviert. Interessanterweise findet man aber ein wichtiges Element dieser Kirche kaum abgebildet. Die Apsis von S. Giovanni in

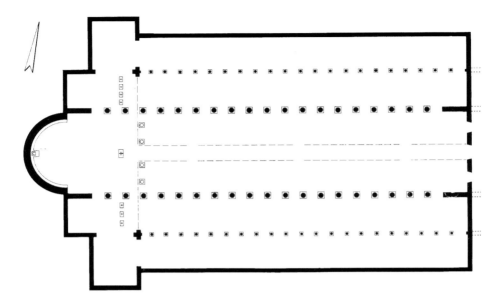

Abb. 3: Rom, S. Giovanni in Laterano, nach Sible de Blaauw, Cultus et decor, Città del Vaticano 1994.

Laterano wurde nämlich im 5. Jahrhundert während der Amtszeit Papst Leo I. (440–461) umgeben von einem Ambulatorium.[21] Wie der Grundriss zeigt (Abb. 4), war das Ambulatorium nicht zur Apsis geöffnet, wie dies der Fall war bei sechs anderen Basiliken aus dem 4. und dem 5. Jahrhundert in und bei Rom. Bei den großen Basiliken von S. Sebastiano (Basilica Apostolorum), SS. Pietro et Marcellino, S. Agnese fuori le mura, S. Marco, S. Lorenzo fuori le mura und die sogenannte Basilica Anonima war das Ambulatorium nicht von außen zugänglich, sondern zur Apsis geöffnet.[22] Gut zu vergleichen mit S. Giovanni ist die faszinierende, sehr große Basilika von St. Leonides bei Lechaion, unweit von Korinth in Griechenland (Abb. 5). Auf dem Peloponnes am Golf von Korinth gelegen, war diese 180 Meter lange Basilika von Weitem als christlicher Bau sichtbar. Die alten hellenischen Götter verloren in dieser Region Anfang des 6. Jahrhunderts allmählich ihre Anziehungskraft zugunsten der christlichen Religion. Angesichts der Größe und der kostbaren, aufwendigen Ausführung mit prokonnesischem Marmor dieses Baus handelt es sich gewiss um eine kaiserliche Stiftung.[23] Zweifelsohne wurde absichtsvoll eine Basilika vom gleichen Niveau wie die römische Peterskirche errichtet: Der östliche Teil der Lechaion-Basilika rezipiert mit den zwei Treppentürmen zwischen Apsis und Transept wichtige Teile des Querhauses von St. Peter. An der Westseite der Basilika wurde aber das Ambulatorium von S. Giovanni in Laterano in einer variierenden Form rezipiert, denn es dient ebenfalls als Zugang, aber scheint nicht unmittelbar mit dem Innenraum verbunden zu sein. Die beiden wichtigen Großbauten in Rom sind hier somit in einem Gebäude vereinigt worden.

ARCHITEKTUR UND ZITAT

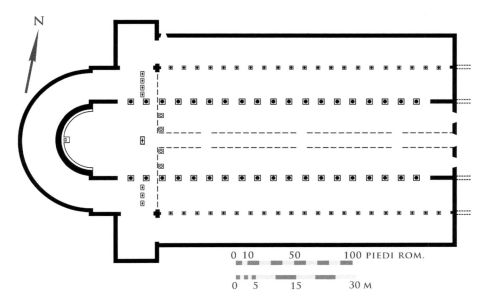

Abb. 4: Rom, S. Giovanni in Laterano mit Ambulatorium, nach J. de Rode & L. Bosman nach Sible de Blaauw, Cultus et decor, Città del Vaticano 1994.

Ganz anders, aber vielleicht näher am Vorbild S. Giovanni, war Bir Ftouha, unweit von Karthago in Nord-Afrika gelegen (Abb. 6). Als Teil einer größeren Anlage wurde hier in den Jahren 541–550 eine Basilika mit einem Eingangsgebäude zum Westen und einem östlichen Zentralbau als Baptisterium gebaut. Ähnlich wie bei S. Giovanni in Laterano diente auch hier das Ambulatorium als alternativer Zugang zur Kirche. Und wie beim römischen Vorbild ist hier die Lage des Baptisteriums interessant, denn es scheint sich hier um eine imitierende Rezeption von S. Giovanni zu handeln; das heißt, mit der Anlage von Bir Ftouha wurde die Anlage von S. Giovanni imitiert, aber gleichfalls variiert. Das Baptisterium rückt sehr nah an das Kirchengebäude und ist mit der Basilika auf derselben Ost-West-Achse geplant worden. Dann sind die Auftraggeber von Bir Ftouha aber noch einen Schritt weiter gegangen: Nicht nur das Ambulatorium von S. Giovanni wird hier ziemlich genau zitiert, sondern auch die Innenseite der Apsis wurde mit einer Dekoration bemalt, die eine Wandgliederung mit Säulen darstellt.[24] Das weist einerseits darauf hin, dass man sich der Geschlossenheit der Apsis sehr bewusst war, andererseits deutet es auf eine Kenntnis der kirchlichen Architektur in Rom, die nicht oberflächlich, sondern ziemlich genau gewesen sein muss.

Diese beiden Beispiele zeigen, was für uns so wichtig und oft auch so schwierig ist, nämlich dass ein Vorbild zur Rezeption bestimmter Teile auf ganz verschiedene Weisen sozusagen „auseinandergenommen" werden konnte, ein Vorgang, der zum Wesen des Architekturzitats gehört. In Lechaion wurden einige wichtige Teile von St. Peter in Rom zwar erkennbar zitiert,

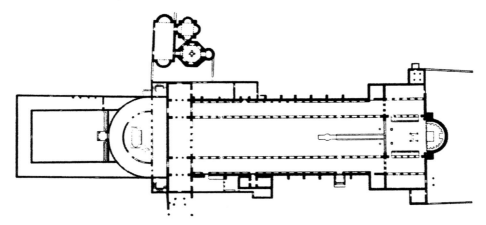

Abb. 5: Lechaion bei Korinth, Basilika, nach Sanders 2005.

aber es ist nicht einfach zu entscheiden, ob man dies mit Schenkluhn eine „wörtlich zitierende" oder eine „variierende Form der Auseinandersetzung" nennen sollte. Welche Kriterien dürfen formuliert werden, um solches unterscheiden zu können? Auch bei einer beabsichtigten Imitation konnte es absichtlich oder eher zufällig zur Variierung kommen, ein Vorgang, der die Unterschiede zwischen beiden Arten der Rezeption verdunkelt. Weiterhin wurde in der Basilika von Lechaion auch das Ambulatorium von S. Giovanni zitiert, aber in einer variierenden Form. Der Auftraggeber dieser griechischen Basilika hatte wohl die Absicht, in seiner historischen Situation der Überlegenheit der christlichen Religion, in erster Linie dem christlichen Kaiser Konstantin nachzufolgen, also das Handeln Konstantins neu zu realisieren. Deswegen gab es bei der Planung der Basilika denn auch keine Entscheidung entweder für St. Peter oder für S. Giovanni, sondern das Hauptinteresse war die Imitation der Handlungen Konstantins, was dazu geführt hat, dass beide Kirchenbauten für die eine, neue Kirche von Lechaion Pate gestanden haben. Damit verhielt sich der Auftraggeber also fast wie ein neuer Konstantin.

In der Zeit bis etwa 800 orientierte sich die Sakralarchitektur in Europa kaum an römischen Vorbildern – so die allgemeine Auffassung in der Forschung. Das heißt, Rom war viel weniger von Bedeutung für Auftraggeber als dies später der Fall war. Ab Ende des 8. Jahrhunderts rückte Rom aber als Vorbild zur Nachahmung in kultureller, politischer und juristischer Sicht nach vorn, so will es eine weit unterstützte Auffassung. Die daraus resultierende Einheitlichkeit der karolingischen Architektur, die lange Zeit angenommen wurde, gab es in Wirklichkeit eigentlich nicht in diesem Maße, wie sich mehr und mehr herausstellt.[25] Zwei Grundrisse aus der karolingischen Zeit sind im Rahmen des Themas „Architektur als Zitat" durchaus interessant und zwar derjenige vom Kölner Dom, Bau VI, und der berühmte Plan von St. Gallen (Abb. 7). In beiden Fällen handelt es sich um eine ringförmige Anlage auf der westlichen Seite der Kirche. Auf dem Plan von St. Gallen umzieht das Ambulatorium die Apsis, in Köln wurde eine

ARCHITEKTUR UND ZITAT

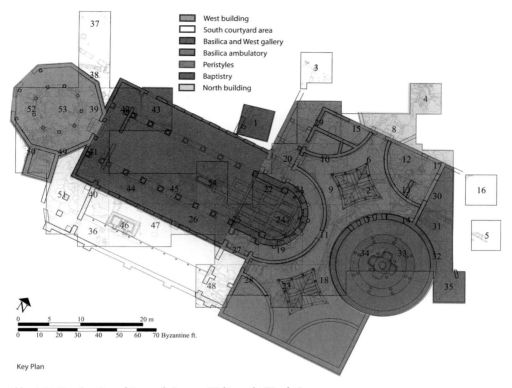

Abb. 6: Bir Ftouha, Grundriss, nach Stevens/Kalinowski/VanderLeest 2005.

Apsis zwar vermutet und rekonstruiert, aber nie archäologisch nachgewiesen. Meistens sieht man die St. Gallener Westapsis mit Ringatrium als Nachfolge des Kölner Bau VI.[26] Seit jetzt aber der sogenannte Kölner Bau VII erneut betrachtet worden ist und eine Frühdatierung in die Zeit zwischen etwa 780 und 820 erfolgt ist, hat das auch große Folgen für die Datierung und Rekonstruktion des Vorgängerbaus, Bau VI. Die Rekonstruktion einer älteren Kirche mit dem Ringatrium muss wohl zu Recht angezweifelt werden; diese Phase darf nicht mehr als einheitlicher Bau angesprochen werden, da jetzt auch die Möglichkeit der Nutzung des Ringatriums bei einem weltlichen Gebäude nicht mehr auszuschließen ist. Deswegen scheidet der (ehemalige) Bau VI des Kölner Domes aus.[27] Zu dieser Erkenntnis tragen überzeugende Argumente bei.[28] Die Behauptung, dass keine weiteren Beispiele in der Sakralarchitektur zu finden seien, nur in der weltlichen Architektur, scheidet aber als Argument gegen eine derartige Anlage aus, denn S. Giovanni in Laterano wäre ein überzeugendes Vorbild.

In der Forschung ausführlich diskutiert wurde der Plan von St. Gallen (um 816 – um 830), der nie als Vorlage für konkrete Baumaßnahmen gedient hat. Er zeigt aber manche Details, die unserer genaueren Betrachtung und Überlegung wert sind. Die gezeichnete Kirche hat ein

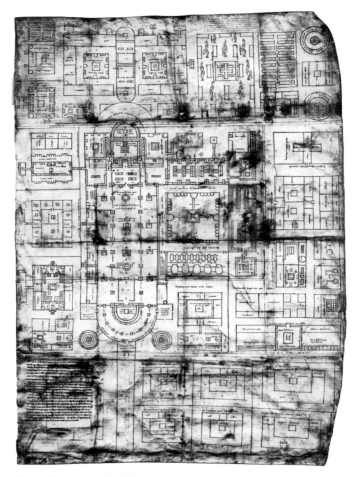

Abb. 7: Klosterplan St. Gallen.

Ambulatorium, das um die West-Apsis geführt und von Säulen unterstützt gedacht ist (Abb. 8). Hier ist der folgende Text zu lesen: *„Hic paradisiacum sine tecto sternito cā[m]pum"*, übersetzt: „Hier erstreckt sich ein parkähnlicher Raum ohne Dach".[29] Weil *paradisus* meist mit ‚Atrium' übersetzt wird, deutet man diese Anlage oft als Ringatrium, eine geläufige und angemessene Bezeichnung, denn ein Atrium funktionierte als Vorhalle des eigentlichen Eingangs einer Kirche.

Mit diesem Beispiel betreten wir ein interessantes Gebiet, das bei weitem noch nicht geklärt ist, und vielleicht auch nicht geklärt werden kann. Denn in der Literatur wird nicht selten in Erwägung gezogen, mögliche Vorbilder für die halbkreisförmige Anlage beim St. Galler Plan und dem Kölner Bau VI – das Ambulatorium – in der weltlichen Architektur zu suchen wie zum Beispiel die karolingischen Palastanlagen bei Samoussy und in Ingelheim. Folgt man

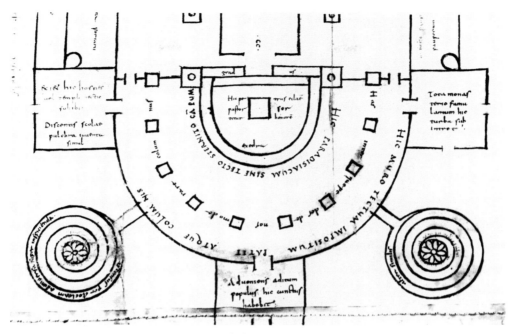

Abb. 8: Klosterplan St. Gallen, Westseite mit Ambulatorium.

dieser Argumentation, dann hätte nicht eine historisch bedeutsame Position eines Vorbilds wie Ingelheim Anlass zur Nachahmung gegeben, sondern ein Motiv oder eine architektonische Lösung wäre fast ausschließlich als solches aufgenommen worden, d. h. ohne irgendwelche inhaltliche Bedeutung. Ausschließen kann man das natürlich nicht, aber gerade beim St. Galler Klosterplan scheint mir ein derartiger Vorgang eher unwahrscheinlich. Man müsste voraussetzen, dass derjenige, der für die Architektur in der Grundrissform verantwortlich war, mit einer Anlage wie Ingelheim bekannt gewesen sei, um sich dann darüber Gedanken zu machen, wie er etwa diesen Teil der Pfalzanlage dem Kirchengrundriss anpassen konnte. Die Übertragung einer architektonischen Lösung auf diese Weise setzt eine Art von rein architektonischem Denken voraus, wobei der *auctor* des Plans, wer immer er auch gewesen sein darf, ein Entwurfsproblem zumindest in Gedanken formuliert hatte oder sich genau bewusst war. In Ingelheim eröffnete die halbkreisförmige Anlage das eigentliche Pfalzgebiet, man betrat einen offenen Platz mit mehreren Gebäuden, wie z. B. die Kapelle. Das ist aber wesentlich anders konzipiert als auf dem St. Galler Plan.

Dass man andererseits aber bei der liturgischen Ausstattung der auf dem Plan gezeichneten Kirche auf Rom geachtet hat, stellt sich heraus, wenn man die Altaranordnung betrachtet. Denn die auf der Mittelachse der Kirche gedachten Altäre sind nicht zufällig den wichtigsten römischen Heiligen gewidmet: die Altäre in den zwei Apsiden den beiden Apostelfürsten,

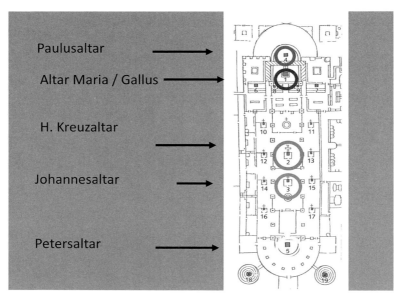

Abb. 9: St. Gallen, Grundriss mit Altären.

Peter im Westen und Paul im Osten, dann folgen von West nach Ost ein den beiden Johanni geweihter Altar, der Kreuzaltar, der Marienaltar und der Gallusaltar, der die Gruppierung der Altäre auf der Mittelachse abschließt (Abb. 9). Mit diesen Altären sind die wichtigsten Kirchenstiftungen Roms vertreten: die Basiliken von S. Pietro und von S. Paolo fuori le mura, S. Croce in Gerusalemme, S. Giovanni in Laterano sowie auch S. Maria Maggiore. Indem der St. Galler Plan im Altarensemble Rom zitiert, wird der Lokalheilige Gallus mit Rom verbunden.[30] Die Altarpatrozinien nehmen Bezug auf die römischen Patrozinien, und in diesem Sinne sind die wichtigsten Kirchen von Rom in der Architektur des St. Galler Klosterplans aufgenommen. Wenn man dies in Betracht zieht, ist es nicht unwahrscheinlich, dass der Rombezug auf diese Weise zusammen mit dem Zitat des Ambulatoriums von S. Giovanni aufgezeigt worden ist. Außerdem ähneln sich die beiden Ambulatorien von S. Giovanni in Laterano und dem St. Galler Klosterplan weit mehr als mit der Anlage in Ingelheim. Für das Thema des Architekturzitats ist es natürlich interessant zu fragen, was eigentlich rezipiert wurde auf dem St. Galler Klosterplan und auf welche Weise das geschehen ist – oder wiederum mit Schenkluhn: „was wird wie rezipiert"? Mit dem Ambulatorium wird S. Giovanni variierend zitiert, und es wäre verlockend auch für die Nachahmung Roms in den Altarpatrozinien die Bezeichnung Zitat zu verwenden. Oder sollte man diese Nachahmung besser – aber nicht genauer – andeuten als Rezeption der römischen Patrozinien in den Altären des Pergamentplans?

In etwa der selben Zeit wurde auch in Rom selbst einiges variierend rezipiert, z. B. in S. Prassede, eine Kirche gebaut von Papst Paschalis I (817–824). Diese Kirche ist als die einzige

ARCHITEKTUR UND ZITAT

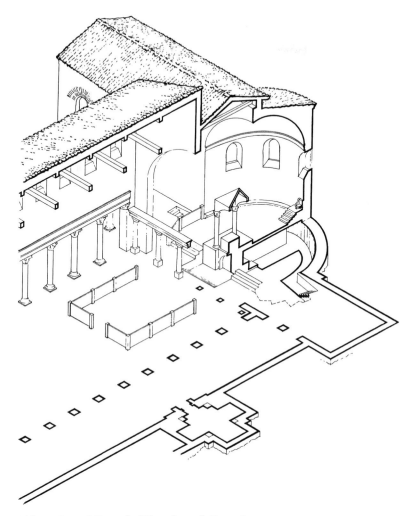

Abb. 10: Rom, S. Prassede, Westteile, nach Emerick 2005

Kopie von Alt St. Peter bezeichnet worden, aber inzwischen stellt uns diese ungenaue Bezeichnung nicht mehr zufrieden (Abb. 10). Bei S. Prassede gibt es drei statt fünf Schiffe, aber die Säulengitter, die bei St. Peter das Ende der vier Seitenschiffe dem Querhaus gegenüber markieren, sind in den beiden Seitenschiffen von S. Prassede in vereinzelter Form zitiert. Ein „imitierendes Zitat"? Weiterhin ist hier auch die Ringkrypta als Zitat der Peterskirche präsent.[31] Das Vorbild St. Peter ist also als Einheit aufgefasst worden, denn die Ringkrypta gehörte nicht zur Struktur des 4. Jahrhunderts, wurde sie doch erst Ende des 6. Jahrhunderts gebaut. Historisch-chronologische Unterschiede zwischen verschiedenen Bauteilen hatten in diesem Fall keine Bedeutung; die Gesamtheit der damals bestehenden und funktionierenden Peterskirche wurde als Symbol des Papsttums interpretiert und als solches rezipiert, teilweise mit Zitaten in der Architektur.

Wir sollten uns natürlich auch fragen, wer als Adressat mit dieser Architektur angesprochen sein könnte. Gewiss ist das ein wichtiger Punkt gewesen, auch wenn wir heute nicht mehr in der Lage sind, solche Verhältnisse zu rekonstruieren. Der erste Adressat solcher Architekturzitate war derjenige, der verantwortlich war, der Auftraggeber. In erster Linie war die Bedeutung der Architektur wichtig für ihn: er hat sozusagen bestimmte Elemente in die Architektur eingebaut. Ein derartiger Vorgang lässt sich gut vergleichen mit Fällen, wo auch Heiligenreliquien manchmal ohne äußerliche Kennzeichen in Kirchengebäude eingebaut wurden: sie waren zwar unsichtbar für Besucher der Kirche, aber die Verantwortlichen hatten die besondere Wirkung der Reliquien in ihren Kirchen gesichert. So etwa muss man sich auch die Wirkung der Zitate in der Architektur vorstellen. Aber der Adressat war nicht unwichtig. Als Beispiel soll hier die Liebfrauenkirche in Maastricht angeführt werden, wo seit etwa 1160 an der Erneuerung der Ostpartie gearbeitet wurde (Abb. 11). Anfangs bezog man sich auf das Stift von St. Servatius, dessen Kirche als Vorbild diente und wo um 1150 die Ostseite mit Apsis, Chorflankentürmen und Portalen im Querhaus erneuert worden war.[32] Beide Stifte stritten in jener Zeit über die Frage, welche der Kirchen einst – vom 5. bis zum Anfang des 8. Jahrhunderts – als Bischofskirche benutzt worden war. Wo das Grab des heiligen Servatius den Beweis zugunsten des Servatiusstiftes zu liefern schien, besaß das Liebfrauenstift kein Dokument oder keinen Beweis, um seine Sache zu unterstützen. Und gerade in dieser Lage wurde die Architektur eingesetzt. Zuerst wurde ein Plan teilweise baulich umgesetzt, der als ein wörtliches Zitat der Ostanlage von St. Servatius gedeutet werden kann. Nach einiger Zeit hat man diesen Plan aber aufgegeben und ein neues Projekt initiiert, wobei dann ein Chorumgang gebaut wurde; ein ganz anderer Typus also, aber in dem neuen Plan sind doch die wichtigsten Elemente der Ostpartie von St. Servatius zitiert. Mit dem Ambulatorium wurde die neue Ostseite der Bischofskirche des 12. Jahrhunderts zitiert, die Kirche St. Lambert in Lüttich (Abb. 12). Darin sind die Zitate von St. Servatius, Flankentürme und Eingangsportale, inkorporiert worden. Hier wurde also Architektur gezielt eingesetzt, wo andere Beweise fehlten. Diese historische Situation hat denn auch dazu geführt, dass aus schon öfters gebauten Typen neue Architektur entstanden ist. Das wörtlich zitierte Ambulatorium von Lüttich wurde in Maastricht mit den in variierender Form zitierten bedeutenden Architekturteilen der Servatiuskirche zusammengefügt.

Als letztes Beispiel möchte ich den Magdeburger Dom heranziehen. Die himmlische Hierarchie war jedem Auftraggeber wichtig, denn sich einen Platz im Himmel zu sichern, war eine Absicht, die allen anderen vorausging. Dessen Realisierung brauchte aber auch irdische Unterstützung, wozu die Architektur häufig dienen konnte. Als in Magdeburg 1209 der Neubau begonnen wurde, hat man sich offenbar schon nach wenigen Monaten entschieden, die Tradition des alten Domes architektonisch nicht fortzusetzen, denn die Längsachse der Kirche wurde geändert, und alte Fundamente konnten somit nicht wieder genutzt werden. Die neue Architektur

ARCHITEKTUR UND ZITAT

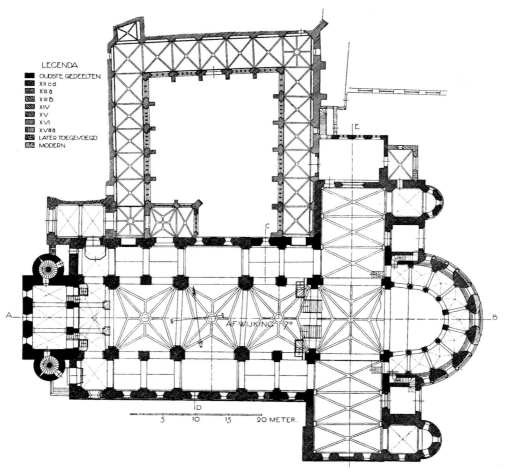

Abb. 11: Maastricht, Liebfrauenkirche, Grundriss nach Monumenten van Geschiedenis en Kunst in de gemeente Maastricht, 's-Gravenhage 1938.

des Domes zeigt aber bestimmte Elemente, die anknüpfen an Traditionen, die als wichtig galten. Wolfgang Schenkluhn hat darauf aufmerksam gemacht, dass in der Form der geknickten Umgangspfeiler ein wichtiges Element der Aachener Pfalzkapelle Karls des Großen in „variierender Form" rezipiert wurde.[33] Die historische Bedeutung dieses Zitats darf nicht unterschätzt werden, zumal gerade über diesen Pfeilern an der Chorinnenseite die farbigen Säulenschäfte römischen Ursprungs eingebaut worden sind. Als zweifache Spolien (einmal im 10. Jahrhundert von Italien nach Magdeburg, und dann im 13. Jahrhundert Wiederverwendung in dem neuen Dom) vermitteln die Säulen in der neuen Architektur als auffallende Architekturteile die Verbindung nicht nur mit dem Vorgängerbau, sondern auch noch mit dem römischen Reich.[34] Somit verbinden

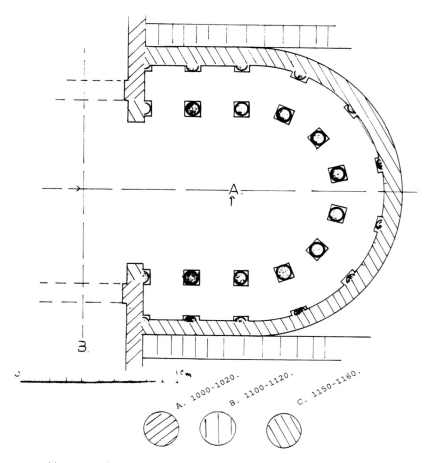

Abb. 12: Lüttich, St. Lambert. Ostchor, Grundrissrekonstruktion mit Ambulatorium nach H. J. Tolboom.

diese Zitate und Spolien das römische Reich, die bedeutende Aachener Pfalzkapelle Karls des Großen und die Stiftung des Magdeburger Domes durch Otto den Großen. Die Spoliensäulen sind nicht als Zitate anzusehen, denn der sogenannte ursprüngliche Bau wurde teilweise vernichtet, um die Spolien zu gewinnen; Römisches ist wohl gemeint, aber im Zusammenhang mit der Erinnerung an den Vorgängerbau: unterschiedliche, rezipierte Formen also, die gemeinsam haben, dass sie die Geschichtlichkeit der Architektur zum Ausdruck bringen sollen, und die bekunden, dass Zitate und andere Formen von Rezeption zusammengehen können.

Wie die hier vorgestellten Beispiele zeigen, ist das Zitat als Terminus in der Architekturgeschichte einerseits fast selbstverständlich geworden, muss aber andererseits noch genauer definiert werden. Die von Freigang vorgeschlagene Nachahmung von Handlungen ist als

„architektonisches Handeln" eine interessante und wichtige Begriffsbestimmung, die in der Bedeutungsforschung die Analyse erweitern kann. Als Stadium im Prozess von Planen, Entwerfen und Bauen lässt sich dieses architektonische Handeln vorstellen, vorausgehend oder gleichzeitig mit dem Einsatz von Zitaten, ohne den Begriff ‚Zitat' aber abzudecken oder obsolet zu machen. Mit den Begriffen „imitierender Nachahmung" und „wörtlichem und variierendem Zitat" hat Schenkluhn einen Beitrag geliefert in der Entwicklung der architekturhistorischen Methodik, der den großen Vorteil hat, dass er sehr gut einsetzbar ist. In der Praxis zeigt sich aber auch die Notwendigkeit, weitere Kriterien zu entwickeln, um genauer unterscheiden zu können, wie bei der Nachahmung Tradition und Innovation bewusst zusammengekommen sind. Die Anwendung mehrerer Beispiele zur Prüfung dieser Begriffe ist dabei notwendig. So ist auch deutlich geworden, dass Auftraggeber, wie z. B. beim Maastrichter Liebfrauenstift, sich aus einer aktuellen Situation heraus durchaus umzustellen vermochten; ein wörtliches Zitat wurde zu einem variierenden Zitat umgewandelt. Als Schlussfolgerung kann also festgestellt werden: für jede Art von Nachahmung in der mittelalterlichen Architektur ist es notwendig, an eine Tradition anzuknüpfen, Geschichte also in der Architektur sichtbar zu machen. Die Verknüpfung der aktuellen Lage mit der Geschichte konnte schon im architektonisches Handeln eine wichtige Rolle spielen, die dann zu mehr oder weniger genauer Nachahmung von einem oder sogar mehreren Vorbildern führen konnte. Je genauer diese Vorbilder in bestimmten Teilen rezipiert wurden, desto besser lässt sich der moderne Begriff Zitat zur Bezeichnung verwenden. Soll aber nur dasjenige in der Architektur als Zitat bezeichnet werden, was man als architektonisches Element sieht, oder kann auch die Räumlichkeit eines Baus mit einbezogen werden in den Prozess der Nachahmung, wobei auch Altarpatrozinien als Zitate anderer Kirchen auftreten können? Damit würde man jedenfalls dem Begriff Architektur genauer gerecht werden. Letztendlich dreht sich alles um die Frage „was wird wie rezipiert". Nachdem sich der Terminus Kopie als wenig brauchbar herausgestellt hat, darf der Zitat-Begriff zur Erläuterung von Rezeption in der Architektur kritisch angewendet werden. Zur Präsenz und Repräsentanz von historischen Ereignissen und Situationen in Architektur sind Konzepte, Räume, Teile und Formen wie auch Absichten aus älteren Bauten und Kontexten rezipiert worden, damit diese in den Neubauten anwesend und wirkungsvoll werden konnten. Ob Nachahmung, Rezeption oder Ersatz, die hier vorgeführten Beispiele zeigen das Bedürfnis an kritischer Prüfung des verwendeten Vokabulars. Das Architekturzitat hat sich als ein unentbehrliches Mittel zum Verständnis und zur Deutung von Architektur bewiesen.

Anmerkungen

* Für die deutsche Korrektur dieses Textes danke ich Judith Schenkluhn herzlich.
1 Richard Krautheimer: The Carolingian Revival of Early Christian Architecture, in: The Art Bulletin 24, 1942, 1–38; Nachdruck mit Nachwort: ders.: Die karolingische Wiederbelebung der frühchristlichen Architektur, in: ders.: Ausgewählte Aufsätze zur Europäischen Kunstgeschichte, Köln 1988, 198–276; ders.: Introduction to an Iconography of Medieval Architecture, in: Journal of the Warburg and Cour-

tauld Institutes 5, 1942, 1–33; Nachdruck mit Nachwort: ders.: Einführung zu einer Ikonographie der mittelalterlichen Architektur, in: Ausgewählte Aufsätze zur Europäischen Kunstgeschichte, Köln 1988, 142–197.
2 André Grabar: Martyrium, Paris 1946; E. Baldwin Smith: The Dome, Princeton 1950; ders.: Architectural Symbolism of Imperial Rome and the Middle Ages, Princeton 1956.
3 Günter Bandmann: Mittelalterliche Architektur als Bedeutungsträger, Berlin 1951; ders.: Early Medieval Architecture as Bearer of Meaning, New York 2005. Vgl. ebda.: Hans Josef Böker: Afterword, 249–255, hier 251; Günter Bandmann: Ikonologie der Architektur, in: Jahrbuch für Ästhetik und allgemeine Kunstwissenschaft 1951, 67–109; Nachdruck in: Martin Warnke (Hrsg.): Politische Architektur in Europa vom Mittelalter bis heute. Repräsentation und Gemeinschaft, Köln 1984, 19–71.
4 Vgl. Martin Warnke: Einführung, in: Warnke 1984 (wie Anm. 3), 7–18.
5 Friedrich Möbius: Westwerkstudien, Jena 1968; Martin Warnke: Bau und Überbau. Soziologie der mittelalterlichen Architektur nach den Schriftquellen, Frankfurt a. Main 1976; Dieter Kimpel/Robert Suckale: Die gotische Architektur in Frankreich 1130–1270, München 1985. Vgl. Martin Warnke: Einführung, in: Warnke 1984 (wie Anm. 3), 7–16.
6 Warnke 1979 (wie Anm. 5), 50, 58–61, 152; Friedrich Möbius: Die „Ecclesia Maior" von Centula (790–700). Wanderliturgie im höfischen Kontext, in: Kritische Berichte 11, 1983, 46–47; Friedrich Möbius/Helga Sciurie: Symbolwerte mittelalterlicher Kunst, Leipzig 1984, 11–17; vgl. Lex Bosman: De Sensus Allegoricus van middeleeuwse gebouwen, of: architectuur-iconologie in historisch perspectief, in: E. den Hartog u. a. (Hrsg.): Bouwen en duiden. Studies over architectuur en iconologie, Alphen a.d. Rijn, 1994, 1–14.
7 Vgl. Martin Büchsel: Ecclesiae symbolorum cursus completus, in: Städel Jahrbuch NF 9, 1983, 69–88; Paul Crossley: Medieval architecture and meaning: the limits of iconography, in: Burlington Magazine 130, 1988, 116–121; Dale Kinney: Bearers of meaning, in: Jahrbuch für Antike und Christentum 50, 2007, 139–153; Günther Binding: Kirchenbau als Bedeutungsträger. Ein Deutungsproblem, in: Wallraf-Richartz-Jahrbuch 73, 2012, 97–106.
8 Krautheimer: Postskript 1987, (wie Anm. 1) 1988, 195; Richard Krautheimer: Three Christian Capitals. Topography & Politics, Berkeley/Los Angeles/London 1983, 79–80.
9 Richard Krautheimer: The twin cathedral at Pavia, in: R. Salomon: Opicinus de Canistris. Weltbild und Bekenntnisse eines avignonesischen Klerikers des 14. Jahrhunderts, London 1936, 325–337; Nachdruck mit Vorwort, in: Richard Krautheimer: Studies in Early Christian, Medieval and Renaissance Art, New York/London 1969, 161–180.
10 Hans-Joachim Kunst: Eine Anmerkung zur Kathedrale von Reims, in: Kritische Berichte 4, 1976, 19–25; Hans-Joachim Kunst: Freiheit und Zitat in der Architektur des 13. Jahrhunderts – die Kathedrale von Reims, in: Karl Clausberg u. a. (Hrsg.): Bauwerk und Bildwerk im Hochmittelalter. Anschauliche Beiträge zur Kultur- und Sozialgeschichte, Gießen 1981, 87–102.
11 Kunst 1981 (wie Anm. 10), 88.
12 Wolfgang Schenkluhn/Peter van Stipelen: Architektur als Zitat. Die Trierer Liebfrauenkirche in Marburg, in: Kat. Die Elisabethkirche. Architektur in der Geschichte, Marburg 1983, 19–53, sp. 39–40; Vgl. Christian Nille: Mittelalterliche Sakralarchitektur interpretieren. Eine Einführung, Darmstadt 2013, 71–73, 84–88.
13 Wolfgang Schenkluhn: Iconografia e iconologia dell'architettura medievale, in: Paolo Piva (Hrsg.): L'Arte medievale nel contesto (300–1300). Funzioni, iconografia, tecniche, Milano 2006, 74–75; Wolfgang Schenkluhn: Bemerkungen zum Begriff des Architekturzitats, in: Ars 41, 2008, 7–8.
14 Schenkluhn 2008 (wie Anm. 13), 7–8.
15 Schenkluhn 2008 (wie Anm. 13), 8–11.
16 Christian Freigang: Überlegungen zum Begriff der Imitatio in der mittelalterlichen Architektur, in: Wolfgang Augustyn/Ulrich Söding (Hrsg.): Original – Kopie – Zitat. Kunstwerke des Mittelalters und der frühen Neuzeit: Wege der Aneignung – Formen der Überlieferung, Passau 2010, 18–19, 21–25, 32–33; Christian Freigang: Imitatio in Gothic Architecture: forms versus procedures, in: Zoë Opacic/Achim Timmerman (Hrsg.): Architecture, Liturgy and Identity. Liber Amicorum Paul Crossley, Turnhout 2011, 302–310; Vgl. Dale Kinney: The discourse of columns, in: Claudia Bolgia/John Osborne/Rosamond McKitterick (Hrsg.): Rome across Time and Space. Cultural Transmission and the Exchange of Ideas c. 500–1400, Cambridge 2011, 195–199.
17 Dale Kinney: Introduction, in: Richard Brilliant/Dale Kinney (Hrsg.): Reuse Value. Spolia and Appropriation in Art and Architecture from Constantine to Sherrie Levine, Farnham 2011, 2–9; Lex Bosman: Spolien aus Roms Vergangenheit als Beitrag zu römischer oder romanischer Architektur, in: Leon-

hard Helten/Wolfgang Schenkluhn (Hrsg.): Romanik in Europa. Kommunikation – Tradition – Rezeption (more romano, 1), Leipzig 2009, 37–51; Ein interessantes Beispiel ist der Neubau von St. Peter, vgl. Lex Bosman: The Power of Tradition. Spolia in the architecture of St. Peter's in the Vatican, Hilversum 2004, 75–104, 143–152.

18 Krautheimer 1988 (wie Anm. 1), 209–210, 223; Richard Krautheimer: Die Konstantinische Basilika, in: Ausgewählte Aufsätze zur Europäischen Kunstgeschichte, Köln 1988, 40–80 (zuerst ders.: The Constantinian Basilica, in: Dumbarton Oaks Papers 21, 1967, 115–140); Dale Kinney: Krautheimer's Constantine, in: Federico Guidobaldi/Alessandra Guiglia Guidobaldi (Hrsg.): Ecclesiae Urbis. Atti del congresso internazionale di studi sulle chiese di Roma (IV-X secolo), Roma, 4–10 settembre 2000, Città del Vaticano 2002, Bd. 1, 1–10.

19 Wolfgang Schenkluhn: San Francesco in Assisi: Ecclesia specialis. Die Vision Papst Gregors IX. von einer Erneuerung der Kirche, Darmstadt 1991, 132–142.

20 So z. B. Caroline Goodson: The Rome of pope Paschal I. Papal power, urban renovantion, church rebuilding and relic translation, 817–824, Cambridge 2010, 86–90, 158–159.

21 Paola Mathis: L'antica abside della basilica di S. Giovanni in Laterano e la questione del deambulatorio, in: OPUS. Quaderno di storia dell'Architettura e restauro 7, 2003, 24–25; Peter Cornelius Claussen: Die Kirchen der Stadt Rom im Mittelalter 1050–1300, Bd. 2: S. Giovanni in Laterano, Stuttgart 2008, 121–129; Sible de Blaauw: Deambulatori e transetti: i casi di S. Maria Maggiore e del Laterano, in: Rendiconti della Pontificia Accademia Romana di Archeologia 59, 1986–1987, 105–106; Lex Bosman: Architectuur en geschiedenis. Wisselende perspectieven op het architectonische verleden, oratie, Amsterdam 2009, 11–14.

22 Vincenzo Fiocchi Nicolai: Una nuova basilica a deambulatorio nel comprensorio della catacomba di S. Callisto a Roma, in: Akten des XII. Internationalen Kongresses für Christliche Archäologie, Bonn vom 22.–28. September 1991, T. II, Città del Vaticano 1995, 776–786; Eugenio La Rocca: Le basiliche cristiane "a deambulatorio" e la sopravivenza del culto eroico, in: Federico Guidobaldo/Alessandra Guiglia Guidobaldi (Hrsg.): Ecclesia Urbis. Atti del congress internazionali di studi sulle chiese di Roma (IV-X secolo), Roma 4–10 settembre 2000, Città del Vaticano, Bd. 2, 1109–1140; Hugo Brandenburg: Die frühchristlichen Kirchen Roms vom 4. bis zum 7. Jahrhundert. Der Beginn der abendländischen Kirchenbaukunst, Mailand/Regensburg 2004, 55–91.

23 Richard M. Rothaus: Corinth: the first city of Greece. An Urban History of Late Antique Cult & Religion, Leiden 2000, 96–103; G. D. R. Sanders: Archaeological Evidence for early Christianity and the End of Hellenic Religion in Corinth, in: Daniel N. Schowalter/Steven J. Friesen (Hrsg.): Urban Religion in Roman Corinth: interdisciplinary approaches, Cambridge (Ma.) 2005, 437, 439–442; K. W. Slane /G. D. R. Sanders: Corinth: late roman horizons, in: Hesperia 74, 2005, 291–292; Athanassios Mailis: The Annexes at the Early Christian Basilicas of Greece (4th – 6th c.): Architecture and function, Oxford 2011, 88–90, 142, 145.

24 S. T. Stevens/A. V. Kalinowski /H. VanderLeest: Bir Ftouha: a pilgrimage church complex at Carthage (Journal of Roman Archaeology Supplementary Series, 59), Portsmouth 2005, 540, 545, 548, 561–563.

25 Vgl. Annika Rulkens: Means, motives and opportunities. The architecture of monasteries during the reign of Louis the Pious (814–840), Diss. Amsterdam 2013.

26 Vgl. Werner Jacobsen: Der Klosterplan von St. Gallen und die karolingische Architektur, Berlin 1992, 132–139; Uwe Lobbedey: Westwerke und Westchöre im Kirchenbau der Karolingerzeit, in: Peter Godman/Jörg Jarnut/Peter Johanek (Hrsg.): Am Vorabend der Kaiserkrönung. Das Epos „Karolus Magnus et Leo papa" und der Papstbesuch in Paderborn 799, Berlin 2002, 166–173.

27 Ulrich Back: Archäologische Befunde zum Alten Kölner Dom und seinen Vorgängerbauten, in: Ulrich Back/Thomas Höltken/Dorothea Hochkirchen: Der Alte Dom zu Köln. Befunde und Funde zur vorgotischen Kathedrale (Studien zum Kölner Dom, 12), Köln 2012, 22, 30, 36; Georg Hauser: Der Alte Dom und seine Vorgeschichte. Grundzüge der Forschung 1946–2012, in: Back/Höltken/Hochkirchen 2012 (wie Anm. 27), 238–239, 245.

28 Der Bau VI wäre etwa sechs Meter länger gewesen als sein Nachfolger Bau VII; fehlende Verbindung mit dem westlichen Teil des Domes; Mangel an archäologischen Befunde; keine Apsis nachgewiesen, keine Indizien für liturgische Nutzung.

29 Walter Horn/Ernest Born: The plan of St. Gall. A study of the architecture & economy of, & life in a paradigmatic Carolingian monastery, Berkeley/Los Angeles/London 1979, Tl. III, 18–19; Walter Berschin: Der St. Galler Klosterplan als Literaturdenkmal, in: Peter Ochsenbein/Karl Schmuki (Hrsg.):

30 Angelus A. Häussling: Liturgie in der Karolingerzeit und der St. Galler Klosterplan, in: Ochsenbein/Schmuki 2002 (wie Anm. 29), 161–163.
31 Judson Emerick: Focusing on the Celebrant: The Column Display inside Santa Prassede, in: Mededelingen van het Nederlands Instituut te Rome/Papers of the Netherlands Institute in Rome 59, 2000, 129–159; Judson Emerick: Altars personified: The Cult of the Saints and the Chapel System in Pope Paschal I's S. Prassede (817–819), in: Archaeology in Architecture: Studies in Honor of Cecil. L. Striker (hrsg. v. Judson J. Emerick/Deborah M. Deliyannis), Mainz 2005, 48–50; Manfred Luchterhandt: Rinascita a Roma, nell'Italia carolingia e meridionale, in: Sible de Blaauw (Hrsg.): Storia dell'architettura

(Studien zum St. Galler Klosterplan II, St. Gallen 2002, 124–127.)

italiana da Costantino a Carlo Magno, Milano 2010, Bd. II, 334–340.
32 A. F. W. Bosman: De Onze Lieve Vrouwekerk te Maastricht. Bouwgeschiedenis en historisch betekenis van de oostpartij, Utrecht/Zutphen 1990, 25–34, 98–115.
33 Schenkluhn 2006 (wie Anm. 13), 72–73; Wolfgang Schenkluhn: Zwischen Neuerung und Erinnerung. Der Magdeburger Domchor in der Kunstgeschichte, in: Kat. Aufbruch in die Gotik. Der Magdeburger Dom und die späte Stauferzeit, hrsg. v. Matthias Puhle, Magdeburg 2009, Bd. 1, 64–65.
34 Lex Bosman: Bedeutung der Tradition. Über die Spolien im Chorbereich des Magdeburger Domes, in: Wolfgang Schenkluhn/Andreas Waschbüsch (Hrsg.): Der Magdeburger Dom im Europäischer Kontext (more romano, 2), Regensburg 2011, 187–195.

MATTHIAS MÜLLER

Vergegenwärtigung und Überschreibung

Das Architekturzitat als bildhafte Evokation und Transformation sakraler Orte und die Bedeutung des ‚Eigenzitats' für die historische Identität des Kirchengebäudes

1. Die ‚Entdeckung des Architekturzitats' als Ausdruck des relationalen Verhältnisses zwischen Original und Kopie in der Architektur

Auch wenn Wolfgang Schenkluhn und sein akademischer Lehrer Hans-Joachim Kunst (Abb. 1) die Zitat-Theorie von den Literaturwissenschaftlern geborgt haben, so ist es doch ihr Verdienst, dieses ursprünglich für Textstrukturen entwickelte Analyseverfahren erstmals konsequent für den Gegenstandsbereich der Architektur und damit für ein wesentliches kunsthistorisches Arbeitsfeld zu erschließen. Ähnlich dem Zitat in der Erzählliteratur, das abhängig von den herangezogenen Zitatquellen und der Zitierweise zu einem kunstvollen epischen Stilmittel entwickelt wurde (und natürlich entsprechende Kenntnisse der Zitatsplitter und Anspielungen durch den Leser bedingt), ist auch das Zitat in der Architektur ein künstlerisches Mittel zum anspielungsreichen Erzählen bzw. Veranschaulichen eines vorgegebenen Themas. Dass Hans-Joachim Kunst und Wolfgang Schenkluhn dieses neue methodische Handwerkszeug nicht voraussetzungslos und ohne Rückbezug auf kunsthistorische Vorarbeiten entwickelten, versteht sich von selbst und bedeutet keine Einschränkung ihrer originären gedanklichen Leistung. Denn ohne die starken Schultern von akademischen Riesen, die entsprechende Vorarbeiten und Denkanstöße geliefert hatten, wäre die Zitat-Theorie vermutlich nie entstanden.

Im Falle von Kunst und Schenkluhn hießen die Riesen Richard Krautheimer und Günter Bandmann, auf deren Schultern oder – weniger bildhaft formuliert – methodischen Überlegungen die eigenen methodischen Denkansätze aufbauen mussten. Denn sowohl Krautheimer als auch Bandmann hatten mit ihren Schriften zu einer Ikonographie bzw. Bedeutungs-

Abb. 1: Hans-Joachim Kunst 1986 mit Studierenden, aber ohne Wolfgang Schenkluhn, auf der Suche nach Zitaten am Südquerhaus der Kathedrale von Chartres.

geschichte der mittelalterlichen Architektur[1] und dem Vorgang ihrer traditionsgeleiteten, erinnerungsstiftenden Kopie wegweisende Studien für ein Architekturverständnis vorgelegt, bei dem sich die architektonische Form als bildwürdiges, zeichenhaftes Element erschließt, das in letzter Konsequenz wie ein Werk der bildenden Künste dem Verhältnis von Urbild und Abbild unterliegt. Die Einforderung der bildhaften Eigengesetzlichkeit von Architektur und ihre Teilhabe an der Ikonizität der Sphäre des Bildlichen gehört zu den herausragenden Stärken der methodischen Ansätze von Krautheimer und Bandmann, unabhängig davon, dass natürlich auch sie wiederum auf die gedanklichen Vorarbeiten Anderer angewiesen waren, so etwa von Erwin Panofsky.[2] Dieses von der um 1900 und in der ersten Hälfte des 20. Jahrhunderts tätigen Generation kunsthistorischer Gelehrter gelegte Fundament einer mit den Bildkünsten vergleichbaren Ikonizität von Architektur (zu nennen ist hier auch der Beitrag Hans Sedlmayrs[3]) haben Kunst und Schenkluhn nun wesentlich erweitert. Zu den Erweiterungen gehört vor allem die Feststellung, dass der von Krautheimer und Bandmann gleichermaßen benutzte Kopie-Begriff (angewandt z. B. auf die Heilig Grab-Kopien oder einzelne Architekturelemente wie z. B. Säulen) die hierbei stattfindende Gestaltrezeption (z. B. der Jerusalemer Anastasis-Rotunde) nur im Sinne einer „Gedankenkopie"[4] verstanden wird, da sich die mittelalterliche Architekturkopie – anders als im Historismus des 19. Jahrhunderts – in der Regel deutlich vom Original unterscheidet und nur bestimmte, charakteristische Elemente rezipiert. Bei diesem Kopieverfahren wird im Wesentlichen die mit dem Original verbundene Idee bzw. ihr geschichtlich-religiöser Zeugniswert übertragen, nicht aber die gesamte äußere Form des Originals, das nur im Sinne einer „Ähnlichkeit" (*similitudo*) im Abbild erscheint.[5] Während Krautheimer und Bandmann die formalen Differenzen zwischen architektonischem Urbild und Abbild – beispielsweise zwischen der Aachener Pfalzkapelle und der Kirche von Ottmarsheim (Abb. 2–3) – bei der Bewertung des Rezeptionsvorgangs nicht weiter interessieren, erkennen Kunst und Schenkluhn demgegenüber gerade in diesen formalen Unterscheidungen zwischen Original und Kopie einen wesentlichen Aussagegehalt, da sich in ihnen nicht nur die Differenz – oder wie es Schenkluhn 1999 formulierte: die „Distanz"[6] – zwischen Urbild und Abbild offenbart, sondern darüber hinaus eine neue, weiterführende Bedeutungsebene der Kopie, die dem Original fehlt. Damit wird die formale, gestalterische Differenz gewissermaßen zum Kernelement des Architekturzitats und das relationale Verhältnis zwischen Original und Kopie zur eigentlichen interpretatorischen Herausforderung. Diese von Kunst und Schenkluhn aufgezeigte Schwachstelle in Krautheimers und Bandmanns methodischem Verfahren und ihre Behebung durch die ‚Entdeckung' des Architekturzitats als gestalterisch-formaler Ausdruck des relationalen oder gar distinktiven Verhältnisses zwischen Original und Kopie ist nicht hoch genug einzuschätzen. Denn damit wurde dem Fach Kunstgeschichte als bild- und kulturwissenschaftlicher Disziplin für die Interpretation von Architektur ein gedankliches Instrumentarium bereitgestellt, dass in seinem differenzierten Verständnis von der Bildhaftigkeit von Architektur inhaltlich letztlich sogar mit Überlegungen von Kurt Bauch,[7] Max Imdahl[8] oder Gottfried Boehm[9] übereinstimmt, die diese für die spezifische Leistungsfähigkeit von Bildern entwickelt haben. Denn so wie Kurt Bauch, Max Imdahl und Gottfried Boehm in unterschiedlicher Weise das Bild einem überwiegend stil- und entwicklungsgeschichtlichen Verständnis entzogen und interpretativen Verfahren zugänglich gemacht haben, die seinen kulturellen, von Auftraggebern und Rezipienten abhängigen Kontext, seine imaginativen und illusionsbildenden Verfahren, sein Verhältnis zwischen inneren und äußeren Bildern und schließlich seine die äußere Wirklichkeit und ihre kulturelle Praxis bestimmende Eigengesetzlichkeit (ein Bild ist kein Text und keine Illustration!) zu berücksichtigen weiß, so haben Kunst und Schenkluhn das Architekturzitat als eine an den Gesetzmäßigkeiten des Bildes teilhabende Ausdrucksform für die Kunstgeschichte und – so möchte ich bewusst formulieren – für die Bildwissenschaft erschlossen.

2. Otto von Simsons Warnung vor den „Gefahren einer einseitigen ikonologischen oder ideologischen Interpretation" von Architekturformen

Dass eine solche methodische Neuausrichtung der Architekturgeschichte nicht widerspruchslos vonstatten ging, versteht sich fast von selbst, erst recht dann, wenn als Experimentierfeld ausgerechnet einer der geschichts- und symbolträchtigsten Kirchenbauten Deutschlands, die

Abb. 2: Aachen, ehem. Pfalzkapelle (ca. 800), Blick in den Innenraum.

Marburger Elisabethkirche (Abb. 4), herhalten musste. Noch gut ist mir daher der Vortrag Otto von Simsons im Gedächtnis, den dieser im Mai 1983 aus Anlass des 700-jährigen Weihejubiläums der Marburger Elisabethkirche hielt. Otto von Simson sprach damals in eindrücklicher Wirkmächtigkeit direkt von der Kanzel der Elisabethkirche, was seinen Worten geradezu dogmatische Ausdruckskraft verlieh. Und so nutzte er diese seltene Gelegenheit, um in Marburg, gewissermaßen am Ort des von Kunst und Schenkluhn begangenen methodischen Frevels, dem interpretatorischen Ansatz der Zitat-Theorie folgende Kritik entgegenzuhalten:

Abb. 3: Ottmarsheim (Elsass), Abteikirche (ca. 1020), Blick in den Innenraum.

„Die Elisabethkirche wird heute gerne ideologisch gedeutet, in dem Sinne, daß der Bauherr dem Baumeister den Plan um bestimmter politisch-dynastischer Ziele vorgezeichnet habe".[10] Dieser Deutungsansatz sei nicht zuletzt deshalb problematisch, „weil ein solcher auf eine bestimmte moderne Sichtweise beschränkter und daher der Bedeutung der religiösen Dimension nicht mehr bewußter Ansatz das Postulat jeder historischen Hermeneutik verletzt, das [...] gültig nur dann ist, wenn sie die Geschichtlichkeit des eigenen Standpunktes zu berücksichtigen weiß".[11] Mit Jacob Burckhardt warnt der Festredner von der Kanzel herab schließlich seine im Kirchenschiff sitzenden Zuhörer vor „den Gefahren einer einseitigen ikonologischen oder ideologischen Interpretation", denn „das Thema, die Aufgabe sind für [den Baumeister] nur ‚Anregung'. Das ‚Wesentliche' aber ist die künstlerische Gestalt, durch welche [...] der Baumeister sein Thema erst sichtbar macht".[12]

Möchte man die Widerrede Otto von Simsons, der mit seinem Buch über „Die gotische Kathedrale"[13] ja selbst einen bedeutenden Beitrag zum ideengeschichtlichen wie politischen Verständnis der hochmittelalterlichen Sakralarchitektur vorgelegt hat, nicht einfach nur als die beleidigte Reaktion eines konservativen Kunsthistorikers werten, sondern den rationalen, nachvollziehbaren Kern seiner Kritik zu ergründen versuchen, dann stößt man bald auf die tiefsitzende Sorge vor einem Verlust der Architektur als einem Kunstwerk, dessen künstlerische Form sich niemals in der Vermittlung von Inhalten oder gar politischen Botschaften erschöpft. „Das ‚Wesentliche' aber ist die künstlerische Gestalt, durch welche (...) der Baumeister sein Thema erst sichtbar macht" – dieser soeben zitierte Satz aus der Marburger Rede bezeichnet gewissermaßen die zentrale Sorge aber auch das zentrale Anliegen Otto von Simsons angesichts der besonderen, in den Augen von Simsons geradezu verführerischen Attraktivität der Zitat-Theorie im Kontext der die Geisteswissenschaften damals, 1983, sichtlich dominierenden Sozialwissenschaften. Dabei mag der Festredner auch an eine Feststellung seines Bochumer Kollegen Max Imdahl gedacht haben, die dieser angesichts des imaginativen, von Rezipient zu Rezipient unterschiedlich erfahrbaren und sich stets aktualisierenden eigengesetzlichen Potentials von Bildwerken formuliert hat: „Im Grunde gibt es niemals ein Kunstwerk ein für allemal. Das Kunstwerk existiert immer nur im Modus seiner Aktualität, und zu dieser Aktualität gehören auch die Fragen, die oft nicht eindeutig zu beantwortenden Fragen, die das Werk als ein gleichwohl in sich endgültiges Gebilde veranlaßt: Wie eindeutig ist ein Kunstwerk?"[14] Heute, dreißig Jahre nach dieser Kontroverse, insistieren weder die Protagonisten der Zitat-Theorie auf der eindeutigen Lesbarkeit des Architekturzitats noch bestreiten die ehemaligen erbitterten Gegner die Produktivität des damals geprägten Begriffs für die Beschreibung und Charakterisierung gestalterischer Phänomene in der mittelalterlichen Architektur. Selbst ein strikt am Objekt und seiner materiellen Beschaffenheit orientierter Architekturhistoriker und Bauforscher wie Dethard von Winterfeld benutzt den Terminus technicus des „Zitats" zunehmend häufig in seinen Vorträgen und Aufsätzen und ist bereit zuzugestehen, dass der Begriff zumindest als Beschreibungskategorie seine Berechtigung besitzt, auch wenn man dabei die Ebene der inhaltlichen Deutung nur mit größter Vorsicht betreten sollte.[15]

Als Beobachter könnte man daher meinen, dass nicht nur die den Begriff prägende Kunsthistorikergeneration – also auch Wolfgang Schenkluhn – längst zum wissenschaftspolitischen Establishment gehört, sondern auch Begriff und Methode des „Architekturzitats" selbst zum etablierten Instrumentarium architekturhistorischer Analyse zählen. Für den Begriff mag dies gelten, für die Methode aber keineswegs.[16] Und so täuscht die harmonische, in ihrer Selbstverständlichkeit geradezu verdächtige Verwendung des Zitat-Begriffs in der Literatur letztlich darüber hinweg, dass wesentliche Fragen der Zitat-Theorie auch dreißig Jahre nach ihrer Inauguration noch offen sind und selbst der auf diesem Feld immer wieder neue, weiterführende Überlegungen anstellende Jubilar, Wolfgang Schenkluhn, bis heute der Versuchung standgehalten hat, das dringende Desiderat einer ‚Theorie der Zitat-Theorie' zu schreiben. Ich werde daher Wolfgang Schenkluhns 60. Geburtstag als Gelegenheit nutzen, wenigstens eine der ungeklärten Fragen herauszugreifen. Diese ungeklärte Frage betrifft das Verhältnis von Fremdzitat und Eigenzitat.

3. Das Architekturzitat als Vergegenwärtigung ausschließlich „abwesender" Bauten? Überlegungen zum Verhältnis von ‚Fremdzitat' und ‚Eigenzitat' in der mittelalterlichen Sakralarchitektur

Die Frage nach dem Verhältnis von Fremdzitat und Eigenzitat widmet sich einem wesentlichen Diktum der nicht zuletzt durch Wolfgang Schenkluhn definierten Zitat-Theorie. Demnach kann man nur dann von einem Architekturzitat sprechen, wenn über die Form des Zitats ein anderes, externes Bauwerk zur Anschauung gebracht bzw. präsent gemacht wird. Mit anderen Worten: Eine architektonische Form, die durch ihre Gestaltungsweise nur auf das mit ihr verbundene Bauwerk verweist, ist kein Zitat, da die Ausdrucksform mit ihrem sie tragenden Gegenstand gewissermaßen identisch ist. Somit kann es eine Selbstreferentialität im Architekturzitat nicht geben, sondern muss das Kriterium der – so möchte ich es einmal formulieren – Alterität der Form erfüllt sein. Hans-Joachim Kunst und Wolfgang Schenkluhn haben für dieses externe Bezugssystem des Architekturzitats den passenden Begriff der „Anwesenheit" verwendet: Wenn Vorbilder zitiert werden, sind sie in dem Bauwerk, auf das sie „in abgekürzter Form"[17] oder in Form einer interpretativen, relationalen Gestaltung übertragen werden, gleichsam anwesend gemacht. Wolfgang Schenkluhns 1985 in seiner Dissertation vorgenommene Definition lautet: „Unter ‚anwesend machen' verstehe ich die geschichtlich vermittelte Rezeption konkret existierender Bauwerke. Der Terminus meint also einen bewußten Vergegenwärtigungsprozeß und wird synonym gebraucht zum Begriff des Architekturzitats".[18] Erst vor wenigen Jahren, 2008, hat Schenkluhn seine Auffassung von der Notwendigkeit eines externen Bezugssystems nochmals prononciert formuliert: „Durch das Zitat werden andere Bauwerke vergegenwärtigt, gleichsam herbeigeholt und durch Architektur mittels struktureller und motivischer Übernahme anschaulich gemacht."[19] Und: „Ein woanders befindliches und zu einer anderen Zeit entstandenes Bauwerk wird dabei nicht realiter übertragen, sondern in bestimmten Zügen durch Architektur anschaulich gemacht".[20]

Um es ganz offen zu sagen und voller Bereitschaft zum kollegialen, konstruktiven Disput: In dieser Beschränkung auf ein externes Bezugssystem, das ein Zitat nur dann ein Zitat sein lässt, wenn andere, fremde Bauwerke zitiert werden, und dadurch Alterität zum maßgeblichen Kriterium erhebt, sehe ich eine problematische Engführung des Architekturzitats und seiner semantischen Implikationen. Eine solche Engführung lässt sich – soweit ich sehe – noch nicht einmal mit der für die Zitat-Theorie maßgeblichen Leitdisziplin der Literaturwissenschaft rechtfertigen, wo in jüngerer Zeit das Phänomen des ‚Auto-Zitats' diskutiert wurde. Diese Form des selbstrefe-

Abb. 4: Marburg, Elisabethkirche, Mittelschiff nach Osten.

Abb. 5: Canterbury, Kathedrale, Blick in das Presbyterium und die Schreinkapelle.

rentiellen Textzitats bezeichnet die auch von Schenkluhn in anderem Zusammenhang konsultierte kroatische Linguistin Dubravka Oraić Tolić 1995 als „Abschreiben-von-sich-Selbst".[21] Wie aktuelle Forschungsarbeiten zeigen, stellt aber gerade dieses „Abschreiben-von-sich-Selbst" eine wesentliche Aufgabenstellung in der mittelalterlichen Baupraxis dar, in der die Tradition des Ortes und die Auseinandersetzung mit dem Vorgängerbau für Neubauprojekte einen bindenden und konstitutiven Faktor bildeten.[22] Ein anschauliches Beispiel hierfür ist die Kathedrale von Canterbury (Abb. 5). Nach dem verheerenden Brand von 1174 musste in Canterbury die Choranlage, der berühmte *chorus gloriosus*, bekanntermaßen einer tiefgreifenden Erneuerung unterzogen werden. Dabei wurde der Akt der *renovatio* explizit von dem Willen zur Memoria getragen. Wie den Aufzeichnungen des Mönchs Gervasius zu entnehmen ist, war diese Memoria doppelt konnotiert und zum einen auf die religiöse Memoria des ermordeten Erzbischofs Thomas Becket und zum anderen auf das Gedächtnis an den Bauherrn des abgebrannten Chores, Prior Conrad, bezogen. Wie Gervasius schreibt, sollte die Erinnerung an einen so bedeutenden Mann und an ein derart großes Werk nicht der Vergessenheit anheimfallen („... ne tanti viri vel tam praeclari operis memoria deleatur").[23] Wegen dieser doppelten, auf das Seelenheil des Märtyrers wie die glorreiche Tat des Bauherrn ausgerichteten Memoria wollte der Mönchskonvent bei der Wiederherstellung der Brandruine einerseits soviel als möglich von der materiellen Substanz des alten Chores bewahren und andererseits die neu zu errichtenden Teile formal an die alten Bauteile angleichen lassen (Abb. 6). Gervasius vermerkt beispielsweise ausdrücklich, dass auch im wiederhergestellten Chor die Form der Pfeiler den alten Chorpfeilern entsprechen würde.[24] Diesem retrospektiven Grundimpetus folgend hat Frank Druffner im Wandaufriss und in den Profilbildungen der Chorseitenschiffe und des Querhauses eine ganze Reihe von weiteren Formangleichungen analysiert und als bewusste Reminiszenz der ausführenden Architekten, Wilhelm von Sens und Wilhelm der Engländer, an den niedergebrannten alten Chor plausibel machen können.[25] Obwohl auch in Canterbury die Architekten gestalterischen Freiraum besaßen, den sie für innovative Lösungen zu nutzen wussten, durchschnitten sie doch nie das Band der Tradition zwischen den alten und den neuen Formen. Daher bilden in Canterbury – wesentlich stärker als beim Umbau von St.-Denis unter Abt Suger – die Konservierung der alten Materie und der gestalterische Konservatismus der neuen Bauteile auch äußerlich eine konzeptionelle Einheit. Sowohl durch das Unterpfand der mit heilsgeschichtlicher Kraft aufgeladenen Materie als auch durch die Zeugenschaft des architektonischen Bildes, das hier im Sinne eines Eigen-Zitats funktioniert, wurde die *historia loci,* die Geschichte des Ortes, über die Jahrhunderte als lebendige Gegenwart sichtbar gehalten. Beide, die mit Heilskraft und historischer Aura versehene Materie und die von der Existenz dieser Heilskraft und Aura Zeugnis ablegende Bauform, die dabei gewissermaßen sich selbst, d. h. ihre zerstörte Vorgängerin zitiert und von „sich selbst abschreibt", stehen in einer unauflösbaren wechselseitigen Verbindung.

Die Bedeutung des Vorgängerbaus für den Neubau hat auch Wolfgang Schenkluhn prinzipiell schon früh erkannt, jedoch damals, 1983, anhand der Marburger Elisabethkirche nur im Sinne einer negierenden Überschreibung bzw. Tilgung aufgefasst.[26] Möglicherweise – und dies wäre mit

Abb. 6: Canterbury, Kathedrale, Blick in das nordöstliche Querhaus.

MATTHIAS MÜLLER

Abb. 7: Essen, Münster, Blick durch das gotische Langhaus in den ottonischen Westbau.

dem Jubilar zu diskutieren – bestanden und bestehen aber auch bis heute grundsätzliche Vorbehalte dagegen, eine Praxis als Vorgang des Zitierens zu verstehen, bei der der Vorgängerbau nicht – wie in Canterbury – über die gestaltete Form, sondern nur in Form von Übernahmen der ursprünglichen Gebäudedisposition bzw. in Form der Umhüllung der alten, in ihren Ausmaßen exakt beachteten Gebäudedisposition durch einen Neubau seine vergegenwärtigende Erinnerung erfährt. Ein Beispiel für einen solchen Vorgang verkörpert das Essener Münster (Abb. 7), dessen gegen 1275 errichtetes gotisches Langhaus mitsamt dem auffälligen Rechteckchor sich genau über den Fundamenten des ottonischen Vorgängerbaus erhebt und von diesem nicht nur Teile der Außenmauern, sondern auch den Maßstab für die Gewölbehöhe übernimmt.[27]

Wie die beiden Beispiele verdeutlichen, wäre eine Berücksichtigung der Selbstreferenzialität von Architektur und damit des Eigen-Zitats schon deshalb wünschenswert und notwendig, da erst hierdurch die von Schenkluhn immer wieder als wesentlich hervorgehobene Relationalität bzw. Distanz des über das Zitat vergegenwärtigten architektonischen Urbildes zu seinem ja nur „ähnlichen" Abbild seine ganze inhaltliche Plausibilität und zeichenhafte Aussagekraft entwickeln kann. Und diese Aussagekraft ist – wie anhand von Canterbury und Essen gezeigt – nicht nur politisch determiniert, sondern wird ganz wesentlich auch durch den religiösen Heiltumswert des sakralen Ortes oder den Glanz der an diesem Ort verwirklichten architektonischen Bauleistung und ihrer Urheber bestimmt.[28] Denn erst wenn man zugesteht, dass nahezu alle mittelalterlichen Kirchenbauten – selbst diejenigen, die von ihren Vorgängerbauten keine materiellen Überreste bewahren – in ihrer architektonischen Grunddisposition und Gestaltung zunächst die eigene politisch-institutionell wie religiös-kultisch bestimmte Geschichte thematisieren und dadurch die Kontinuität zwischen ihrer Gründungszeit und ihrer Gegenwart in materieller wie formaler Hinsicht vergegenwärtigt und garantiert werden sollte, erst dann lässt sich auch die Bedeutung und Aussagekraft des auf ein externes Bezugssystem verweisenden Architekturzitats richtig ermessen und die „Anwesenheit" abwesender Bauwerke in einem zunächst seine Eigenidentität dokumentierenden und manifestierenden Kirchenbau angemessen einschätzen. Erst dann wird auch deutlich, in welcher Weise das Architekturzitat nicht nur der Evokation und Imagination entfernt liegender Bauwerke dient, sondern genauso, wenn nicht sogar noch mehr, die geschichtliche Autorität des mit dem Architekturzitat verbundenen Bauwerks selbst und dessen religiöse, politische sowie institutionelle (Vor-)Geschichte vergegenwärtigt. Dabei besteht zwischen dem Eigen- und dem Fremdzitat im Prinzip der gleiche Relationismus bzw. das gleiche Distanzverhältnis wie er bzw. es von Schenkluhn bereits für das Verhältnis zwischen architektonischem Urbild und Abbild erkannt worden ist. Besonders interessant wird es daher in dem Moment, wenn das Fremdzitat das Eigenzitat zu dominieren beginnt und die grundsätzlich notwendige und unproblematische Einschreibung der fremden Form in den vorhandenen eigenen Gesamtkontext schließlich in den Vorgang der Überschreibung umkippt. In diesem Moment bewirkt das Architekturzitat die Transformation des historisch vorgeprägten Ortes und der mit ihm verbundenen Architektur. Im Folgenden sollen beide Vorgänge – die durch das Fremdzitat bewirkte Überschreibung und die Einschreibung – anhand von jeweils einem Beispiel veranschaulicht werden.

3.1 Das ‚Fremdzitat' als Akt der Überschreibung eines tradierten historischen Kontextes: der Neubau der Abteikirche von St.-Denis ab 1231

Ein Beispiel für den Vorgang, bei dem das Architekturzitat einen tradierten, historischen Kontext überschreibt, ist der fast vollständige Neubau der Abteikirche von St.-Denis im 13. Jahrhun-

Abb. 8: St.-Denis, Abteikirche, Langhaus nach Osten.

Abb. 9: St.-Denis, Abteikirche, Pfeiler aus der westlichen Vorhalle (1137–1140).

Abb. 10: St.-Denis, Abteikirche, Mittelschiffspfeiler des Langhauses (13. Jahrhundert).

dert, dessen durchaus problematischen Konsequenzen für die Bewahrung der historischen Identität und Autorität des Kirchengebäudes auch von den Zeitgenossen diskutiert wurden. So überliefern uns das *Chronicon* des Guillaume des Nagis sowie die *Grandes Chroniques de France*, wie sehr die Bauherren Skrupel bei dem Gedanken empfanden, dass die geheiligten Mauern der Dagobertsbasilika vollständig niedergelegt werden sollten.[29] Dennoch ließen Abt Eudes Clément und das Kapitel von St.-Denis ab 1231 das gesamte bis dahin noch stehende karolingische Langhaus, dem bekanntlich Christus selbst seinen Weihesegen erteilt hatte, abbrechen und

Abb. 11: Mainz, Dom, Ansicht von Osten.

durch einen kompletten Neubau ersetzen (Abb. 8), dessen bauliche Gestalt wieder mit den gotischen Kathedralen und Abteikirchen jener Zeit konkurrieren konnte. Von Sugers 1144 geweihter berühmter Abteikirche blieben somit nur die Chorpartie und die Westtürme erhalten. Selbst wenn dadurch immer noch die Anbindung des Neubaus an die alte bauliche Tradition und Substanz des Ortes, an seine identitätsstiftende „Seele" (Hans Belting[30]) gewahrt blieb, sollten wir die Rationalität des ganzen Vorgangs nicht unterschätzen: Durch die Loslösung der neuen Mauern, die auch keine alten Steine als Spolien mehr in sich tragen, von der legitimierenden Substanz der alten Materie wurde das Material des Neubaus freigesetzt, um nun ganz in den Dienst der Form, des architektonischen Bildes und damit auch des Architekturzitats zu treten. Und dieses durch die architektonische Form geschaffene Bild betont im neu errichteten Langhaus von St.-Denis mit seinen filigranen, vierbahnigen und von Sechspass-Rosetten bekrönten Maßwerkfenstern sowie dem durchfensterten Triforium zunächst ausschließlich die Modernität der damals aktuellen gotischen Architektur.[31] Die dafür verwendeten Architekturzitate aus dem Maßwerkrepertoire der Kathedralen von Paris, Reims und Amiens sind derart dominant, dass der unbefangene Betrachter nicht auf den Gedanken kommt, angesichts einer derart forciert vorgetragenen Modernität und gestalterischen Überbietung der zitierten kathedralen Vorbilder auch nach Elementen von retrospektiven selbstbezüglichen Eigenzitaten zu suchen. Bei genauerem Hinsehen lassen sich jedoch auch solche Elemente finden, die belegen, dass selbst bei diesem so radikalen Beispiel einer Überschreibung tradierter historischer Kontexte durch architektonische Fremdzitate immer noch die Wertschätzung der Tradition des Ortes vorhanden und die zumindest imaginative Präsenz dieser Tradition durch die architektonische Form beabsichtigt gewesen war.

Hierbei kam dem Eigenzitat eine wesentliche Vermittlerfunktion zu. Denn trotz der weitgehenden Auslöschung des alten Baubestandes und seiner architektonischen Formen, die der Abbruch des alten, karolingischen Lang- und Querhauses bewirkte, bemühten sich Abt, Kapitel und Architekten in St.-Denis trotzdem darum, bestimmte Charakteristika des zerstörten Altbaus zumindest im Bild der architektonischen Form immer noch präsent zu halten. Hierzu bedienten sie sich eben jenes über die Jahrhunderte tradierten Verfahrens, mit dessen Hilfe der verehrungswürdige, materiell jedoch abwesende Ursprungsbau in der zitathaften Rezeption seiner wesentlichen Charakteristika wieder „anwesend" gemacht werden kann. So wurden in St.-Denis nicht nur die dreischiffige, mit einem Querhaus versehene Grundrissdisposition des Dagobertschen Langhauses und die von Abt Suger als Erneuerung der Dagobertskirche postulierten West- und Ostpartien des 12. Jahrhunderts übernommen, sondern darüber hinaus – was bisher nicht beachtet wurde – auch die Grundform der Pfeiler von Sugers Westbau (Abb. 9) als Grundform für die Pfeiler des neuen, gotischen Lang- und Querhauses (Abb. 10). Denn wer die auch von der Kunstgeschichte als altertümlich empfundenen[32] blockhaft-kompakten Bündelpfeiler des neuen, modernen Lang- und Querhauses von 1231ff. genau betrachtet, wird bemerken, dass die runden, säulenartigen Dienste einen kantigen Kreuzkernpfeiler umstellen. Der von Runddiensten umstellte Kreuzkernpfeiler verkörpert aber im Prinzip exakt dieselbe Form, die unter Abt Suger für die Pfeiler der doppeltürmigen Westvorhalle gewählt wurde. Diese Westvorhalle sollte nach dem Willen Sugers als die verschönernde Erneuerung der alten, von Karl dem Großen für das Grabmal seines Vaters Pippin errichteten Westanlage verstanden werden. Indem die Architekten des 13. Jahrhunderts diese bereits von Suger retrospektiv gedachte und daher in der Westvorhalle teilweise auch mit altertümlichen Kapitellen[33] ausgestatte Pfeilerform zur maßgeblichen Pfeilerform des gesamten Langhauses sowie des Querhauses erhoben, bewahren sie durch dieses Eigenzitat zum einen die geforderte Kontinuität im Historischen und zum anderen die für das

VERGEGENWÄRTIGUNG UND ÜBERSCHREIBUNG

Abb. 12: Speyer, Dom, Ansicht von Osten.

13. Jahrhundert mehr denn je gewünschte Einheitlichkeit im Gestalterischen. Als *Imitatio* des Typus der unter Suger errichteten Westvorhallenpfeiler, die wiederum Bestandteile der von Suger gewünschten *Imitatio* der ehemaligen karolingischen Westanlage waren, verbindet der Typus der gotischen Lang- und Querhauspfeiler – und damit letztlich Lang- und Querhaus als ganzes – geschickt die beiden älteren Bauteile von St.-Denis, die Doppelturmanlage im Westen und den Chor im Osten, deren Existenz und Erscheinungsbild den Topos der Dagobertskirche als Ursprungsbau von St.-Denis weiterhin tradieren sollten.

Abb. 13: Mainz, Dom, Mittelschiff nach Osten.

3.2 Das ‚Fremdzitat' als Akt der Einschreibung in einen tradierten historischen Kontext

Die Verwendung des Fremdzitats als Akt der Einschreibung in einen tradierten historischen Kontext lässt sich sehr gut am Mainzer Dom studieren, der gegen Ende des 11. Jahrhunderts, nach dem verheerenden Brand von 1081, einem umfangreichen Umbau unterzogen wurde. Dieser Umbau bewahrte einerseits die Grundstruktur und -disposition des berühmten, von den Erzbischöfen Willigis und Bardo errichteten ersten monumentalen Kathedralbaus, ergänzte

VERGEGENWÄRTIGUNG UND ÜBERSCHREIBUNG

Abb. 14: Speyer, Dom, nördliche Mittelschiffswand.

und erweiterte ihn jedoch gleichzeitig mit Bauformen, die unübersehbar dem Speyerer Dom entlehnt wurden. Dass dies kein Zufall war, belegt alleine schon der Umstand, dass die umfangreichen Wiederherstellungsmaßnamen des Mainzer Doms von Kaiser Heinrich IV. selbst angeordnet wurden und damit in einem engen Zusammenhang zu dem vom Kaiser wenige Jahre zuvor erneuerten Speyerer Dom stehen. Bis zum frühen Tod Heinrichs IV. 1106 konnten in Mainz jedoch nur Teile des Ostbaus vollendet werden. Die architektonischen Umgestaltungen im Bereich des Ostchores und -querhauses (Abb. 11) zeigen eine klare Ausrichtung auf den damals noch im Bau befindlichen Speyerer Dom (Abb. 12), weshalb zu vermuten ist, dass auch das Langhaus nach diesem Vorbild gestaltet werden sollte. Hierauf deutet auch die Klage des anonymen Biographen Kaiser Heinrichs IV. hin: „Wehe Mainz, welche Zierde, welchen Künstler zur Wiederherstellung deiner ruinösen Münsterkirche hast du verloren! Wenn er so lange am Leben geblieben wäre, bis er letzte Hand an den von ihm begonnenen Dombau gelegt hätte, so hätte dieser unstreitig mit dem berühmten Speyerer Dom wetteifern können".[34] Doch der Tod, wohl auch schon die Entmachtung des kaiserlichen Förderers durch seinen Sohn, Heinrich V., und dessen Zerwürfnis mit dem Mainzer Erzbischof Adalbert I. ließen den Fortgang der Domerneuerung stocken. Bis 1137, als im Norden an das westliche Querhaus die berühmte, dem heiligen Bischof Godehard geweihte Begräbniskapelle für Erzbischof Adalbert I. angebaut

Abb. 15: Kasel mit aufgesticktem Kreuz, um 1475, Lübeck, St. Annen-Museum.

wurde, entstanden neben dem fertiggestellten Ostbau nur Fragmente eines neuen Langhauses (Abb. 13), das wahrscheinlich bis gegen 1200 zudem ungewölbt blieb und nur einen provisorischen hölzernen Dachabschluss erhielt.[35] Die noch in der ersten Hälfte des 12. Jahrhunderts realisierten Mittel- bzw. Hochschiffswände des Langhauses belegen, dass der Speyerer Dom auch nach dem Tode Heinrichs IV. das maßgebliche Vorbild blieb, dieses jedoch abgewandelt wurde, da in Mainz – anders als für Speyer bislang angenommen[36] – von Anfang an eine Einwölbung des Langhauses beabsichtigt war. Das zeigen die beiden in jedem Jochabschnitt zusammengerückten Obergadenfenster sowie die unter ihnen endenden Rundbogenblenden, ein für den Mainzer Dom charakteristisches und originelles Motiv, das sich bei näherem Hinsehen als konstruktiv bedingte formale Abwandlung eines Speyerer Gestaltungselementes und dadurch als umso bedeutungsvolleres Zitat aus dem Speyerer Dom erweist. Denn während in Speyer die Rundbögen (Abb. 14) noch im Sinne einer Kolossalordnung als Rahmung um die Obergadenfenster herumgeführt wurden, ist dafür in Mainz durch das Zusammenrücken der Fenster in die Mitte kein Platz mehr vorhanden, weshalb die Rundbögen oberhalb der Mittelschiffsarkaden als Blendbögen auf der Hochschiffswand enden, um durch diesen Kunstgriff umso deutlicher als formale Zitate des Speyerer Hochschiffswandsystems kenntlich gemacht zu werden.[37]

Diese Fremdzitate aus dem Speyerer Dom stehen nun aber nicht einfach für sich, sondern wurden in eine bereits vorhandene und weitertradierte strukturelle Grunddisposition eingeschrieben. Dieser Akt der Einschreibung der Speyer-Zitate in einen bereits vorhandenen Form- und Bedeutungszusammenhang, wird deutlich, wenn man sich vergegenwärtigt, dass die nach dem Brand neu errichteten Hochschiffwände des Mainzer Doms in der Grundrissposition und vermutlich auch in der Höhendimension genau der Disposition der Hochschiffwände des altehrwürdigen Vorgängerbaus der Erzbischöfe Willigis und Bardo folgen und zumindest die Mauern der Seitenschiffe des neuen Langhauses sehr wahrscheinlich auch noch identisch waren mit den Mauern dieses berühmten Willigis-und-Bardo-Baus. Ähnlich wie in Canterbury oder Essen sollte offensichtlich auch in Mainz über die Bewahrung und Tradierung der Grundstruktur und -disposition des Langhauses im Sinne von Eigenzitaten die originäre historische Identität der Mainzer Kathedrale abgesichert werden und konnte sich das Fremdzitat des Speyerer Doms erst vor dem sprichwörtlichen Hintergrund der im Eigenzitat präsent gehaltenen geschichtsmächtigen Autorität des Mainzer Doms entfalten. In dieser Konstellation oder besser: in diesem Verhältnis von Fremd- und Eigenzitat garantiert das Eigenzitat für die materiell wie visuell greifbare Kontinuität der am Ort des Mainzer Doms religiös wie politisch wirksamen Heilsgeschichte und institutionellen Autorität des Mainzer Erzstiftes und seines Bischofs, während das Fremdzitat aus dem Speyerer Dom die Autorität des römisch-deutschen Kaisers und die von diesem garantierten Privilegien des Mainzer Erzbischofs als Erzkanzler des Reiches und Vorsitzender des königlichen Wahlkollegiums vor Augen stellt.

Das hier beschriebene Verhältnis von Eigen- und Fremdzitat, bei dem das Fremdzitat als Form gestalterisch mit dem als tragendem Untergrund dienenden Eigenzitat verbunden wird, bringt mich abschließend auf einen Gedanken, der über die engere Sphäre der Architektur hinausweist und den Vorgang der zitathaften Ausgestaltung von sakralen Architekturkörpern mit dem Vorgang der Einkleidung von Amtsträgern – hier nicht zuletzt von Bischöfen – in einen kulturellen Zusammenhang stellt. Der Zusammenhang ergibt sich für mich durch die auffällige Parallele, die zwischen der Einkleidung des Amtsträgers in einen amtsspezifischen Ornat, der gleichwohl zusätzlich mit aufgestickten variierenden Bildmotiven und heraldischen Zeichen bereichert werden kann (etwa bei liturgischen Paramenten, Abb. 15), und der Einkleidung von Kirchengebäuden in eine spezifische orts- und amtsbezogene Bauform, die gleichwohl zusätzlich mit Architekturzitaten und Bildwerken ausgeschmückt werden kann, besteht. In beiden Fällen garantiert die spezifische amts- bzw. ortsbezogene Form des Gewandes bzw. des Gebäudes die Identität der Person als Amtsträger bzw. des Gebäudes als Versammlungs- und Repräsentationsort einer unverwechselbaren Institution, während die applizierten bzw. eingeschriebenen bildhaften Motive und Zitate diese Identität sowohl visuell bestärken als auch auf zusätzliche, übergeordnete theologische oder politische Aspekte dieser Identität hinweisen können.

Mit diesen hier nur skizzenhaft und sehr vorläufig formulierten weiterführenden Gedanken, zu denen u. a. Gottfried Sempers auf die Architektur bezogene Gewandmetapher anregte,[38] möchte ich meinen Beitrag schließen und mich beim Jubilar für die vielfältigen und prägenden Anregungen bedanken, die das von ihm und unserem gemeinsamen Lehrer Hans-Joachim Kunst entwickelte Theorem des Architekturzitats bis heute anzustoßen vermag.

Ad multos annos!

Anmerkungen

1 Günter Bandmann: Mittelalterliche Architektur als Bedeutungsträger, Berlin 1951; ders.: Ikonologie der Architektur, in: Jahrbuch für Ästhetik und allgemeine Kunstwissenschaft, 1951, 67–109; Richard Krautheimer: Introduction to an Iconography of Medieval Architecture, in: Journal of the Warburg and Courtauld Institutes 5, 1942, 1–33 (deutsche Übersetzung: ders.: Einführung zu einer Ikonographie der mittelalterlichen Architektur, in: ders., Ausgewählte Aufsätze zur europäischen Kunstgeschichte, Köln 1988, 142–197).

2 Erwin Panofsky: Abbot Suger on the Abbey of St.-Denis and its Art Treasures, Princeton (New Jersey) 1948; ders.: Gothic Architecture and Scholasticism, London ²1957 (deutsch: ders.: Gotische Architektur und Scholastik. Zur Analogie von Kunst, Philosophie und Theologie im Mittelalter, Köln 1989).

3 Hans Sedlmayr: Die Entstehung der Kathedrale, Zürich 1950.

4 Wolfgang Schenkluhn: Bemerkungen zum Begriff des Architekturzitats. Zur Erinnerung an Hans Joachim Kunst (1929–2007), in: Ars 41, 2008, 3–13, hier: 8 und Anm. 19.

5 Siehe Krautheimer 1988 (wie Anm. 1), 143–144, 160–163; Bandmann 1951 (wie Anm. 1), 48.

6 Wolfgang Schenkluhn: Richard Krautheimers Begründung einer mittelalterlichen Architekturikonographie, in: Wolfgang Schenkluhn (Hrsg.): Ikonographie und Ikonologie mittelalterlicher Architektur (Hallesche Beiträge zur Kunstgeschichte, 1), Halle a. d. Saale 1999, 31–42, hier: 37.

7 Kurt Bauch,: Kunst als Form, in: Jahrbuch für Ästhetik und allgemeine Kunstwissenschaft 7 1962, 167–188.

8 Max Imdahl: Ikonik. Bilder und ihre Anschauung, in: Gottfried Boehm (Hrsg.): Was ist ein Bild?, München 1994, 300–324.

9 Gottfried Boehm: Zu einer Hermeneutik des Bildes, in: Hans-Georg Gadamer/Gottfried Boehm (Hrsg.): Seminar: Die Hermeneutik und die Wissenschaft, Frankfurt am Main 1978, 444–471; ders.: Die Bilderfrage, in: ders. (Hrsg.): Was ist ein Bild?, München 1994, 325–343.

10 Otto von Simson: Was bedeutet uns die Elisabethkirche in Marburg heute?, in: ders.: Von der Macht des Bildes im Mittelalter. Gesammelte Aufsätze zur Kunst des Mittelalters, Berlin 1993, 117–131, hier: 123. Dieser Aufsatz ist die ausgearbeitete Form des im Mai 1983 in der Marburger Elisabethkirche gehaltenen Festvortrags.

11 Simson 1993 (wie Anm. 10), 123f.

12 Simson 1993 (wie Anm. 10), 124.

13 Otto von Simson: Die gotische Kathedrale. Beiträge zu ihrer Entstehung und Bedeutung, Darmstadt 1968.

14 Max Imdahl: Hans Holbeins „Darmstädter Madonna" – Andachtsbild und Ereignisbild, in: ders. (Hrsg.): Wie eindeutig ist ein Kunstwerk?, Köln 1986, 9–39, hier: 11.

15 Siehe z. B. Dethard von Winterfeld: Mittelalterlicher Historismus oder Architekturzitat? Das ehe-

malige Konstanzer Dominikanerkloster (Inselhotel), in: Martina Bergmann-Gaadt u. a. (Hrsg.): ‚Es ist ein weites Feld'. Festschrift für Michael Bringmann zum 65. Geburtstag, Aachen 2005, 13–28.
16 Symptomatisch für eine auf offensichtlichen Missverständnissen beruhende kritische Haltung gegenüber den methodischen Implikationen der Zitat-Theorie ist der Beitrag von Wolfgang Brückle: Stil als Politikum: Inwiefern?, in: Bruno Klein/Bruno Boerner (Hrsg.): Stilfragen zur Kunst des Mittelalters. Eine Einführung, Berlin 2006, 229–256. Eine ausführliche Zurückweisung der von Brückle vorgetragenen Kritik hat Christian Nille in seiner noch unveröffentlichten Dissertation „Kathedrale – Kunstgeschichte – Kulturwissenschaft. Ansätze zu einer produktiven Problemgeschichte architekturhistorischer Deutungen" (Universität Mainz 2013) vorgenommen (siehe ebd., Kap. 6.3.3, 514–527). Nilles Dissertation befasst sich in einem eigenen Kapitel (Kap. 6.3, 492–513) auch grundsätzlich mit dem Potential und den wissenschaftsgeschichtlichen Voraussetzungen der von Hans-Joachim Kunst und Wolfgang Schenkluhn initiierten Zitat-Theorie. Siehe auch die einführende Darstellung der Zitattheorie bei Christian Nille: Mittelalterliche Sakralarchitektur interpretieren. Eine Einführung, Darmstadt 2013, 84–88.
17 Krautheimer 1988 (wie Anm. 1), 157.
18 Wolfgang Schenkluhn: Ordines Studentes. Aspekte zur Kirchenarchitektur der Dominikaner und Franziskaner im 13. Jahrhundert, Berlin 1985, 29, Anm. 10.
19 Schenkluhn 2008 (wie Anm. 4), 12; ähnlich auch auf Seite 3.
20 Schenkluhn 2008 (wie Anm. 4), 10.
21 Dubravka Oraić Tolić: Das Zitat in Literatur und Kunst. Versuch einer Theorie. Aus dem Kroatischen von Ulrich Dronske (Nachbarschaften, Humanwissenschaftliche Studien, 4), Wien/Köln/Weimar 1995, 40.
22 Zu diskutieren wären hier vor allem die Ergebnisse und Überlegungen von Martin Büchsel: Die Geburt der Gotik. Abt Sugers Konzept für die Abteikirche Saint-Denis, Freiburg 1997; Stephan Albrecht: Die Inszenierung der Vergangenheit im Mittelalter. Die Klöster von Glastonbury und Saint-Denis (Kunstwissenschaftliche Studien, 104), München/Berlin 2003; Matthias Müller: Steine als Reliquien. Zum Verhältnis von Form und Materie in der mittelalterlichen Kirchenarchitektur, in: Tobias Kunz/Dirk Schumann (Hrsg.): Werk und Rezeption. Architektur und ihre Ausstattung. Ernst Badstübner zum 80. Geburtstag (Studien zur Backsteinarchitektur, 10), Berlin 2011, 23–51; Bruno Klein: Restaurierung oder Reparatur, Denkmalpflege oder Fehlplanung? Der Wiederaufbau des Langhauses der Kathedrale von Le Mans in der Mitte des 12. Jahrhunderts, in: Nadja Horsch/Zita Á. Pataki/Thomas Pöpper (Hrsg.): Kunst und Architektur in Mitteldeutschland. Thomas Topfstedt zum 65. Geburtstag, Leipzig 2012, 14–21; Hauke Horn: Die Tradition des Ortes. Ein formbestimmendes Element in der deutschen Sakralarchitektur des Mittelalters, Dissertation Mainz 2012 (Druck in Vorbereitung).
23 Gervasius, Tractatus de combustione et reparatione Cantuariensis ecclesiae, in: William Stubbs: The Historical Works of Gervase of Canterbury, Vol. I, London 1879, 12, zit. nach Frank Druffner: Der Chor der Kathedrale von Canterbury. Architektur und Geschichte bis 1220 (Deutsche Hochschulschriften, 1026), Egelsbach u. a. 1995, 90, Anm. 88.
24 Siehe hierzu mit Quellenzitat und -nachweis Druffner 1995 (wie Anm. 23), 41.
25 Druffner 1995 (wie Anm. 23), 27ff., 40ff.
26 Wolfgang Schenkluhn/Peter van Stipelen: Architektur als Zitat. Die Trierer Liebfrauenkirche in Marburg, in: Kat. 700 Jahre Elisabethkirche in Marburg 1283–1983, Bd. 1, Marburg 1983, 19–53, hier v. a. 21–23. Gegen ein Auslöschen der Erinnerung an den Vorgängerbau der Elisabethkirche, d. h. jene unter Konrad von Marburg errichtete erste Grabeskirche, sprechen jedoch einige Indizien: So wurde die Nordkonche der Elisabethkirche exakt in den Vorgängerbau eingemessen und befindet sich das Nordportal genau an der Stelle, an der sich im Vorgängerbau das Hauptportal befunden hatte. Siehe hierzu ausführlich: Matthias Müller: Similitudo Mariae. Die bildhafte Ausgestaltung der Marburger Elisabethkirche zum *locus sanctus* der Marien- und Elisabethverehrung, in: Thomas Frank/Michael Matheus/Sabine Reichert (Hrsg.): Wege zum Heil. Pilger und heilige Orte an Mosel und Rhein, Stuttgart 2009, 199–227.
27 Siehe hierzu ausführlich und mit neuen Ergebnissen Horn 2013 (wie Anm. 22).
28 Dieses wechselseitig aufeinanderbezogene, differenzierte Bedeutungsgeflecht des Architekturzitats wurde von Hans-Joachim Kunst und seinen Schülern 1983 bei ihrem ersten Versuch, die Zitat-Theorie anhand der Marburger Elisabethkirche einer breiteren Öffentlichkeit vorzustellen, noch nicht erkannt. Deshalb formulierten im Ausstellungskatalog Wolfgang Schenkluhn und Peter van Stipelen unter Verweis auf die Aachen-Zitate in Essen und Limburg a. d. Lahn recht forsch und allzu sehr vereinfachend: „Dies weist aber auch darauf hin, daß die Vergegen-

wärtigung des ‚Alten' im ‚Neuen' bei Kirchen nicht so sehr religiös als vielmehr politisch bestimmt und motiviert war" (Schenkluhn/van Stipelen 1983, wie Anm. 26, 42).

29 Hierzu Jan van der Meulen/Andreas Speer: Die fränkische Königsabtei Saint-Denis: Ostanlage und Kultgeschichte. Mit Beitr. von Andrea Firmenich u. Rüdiger Hoyer, Darmstadt 1988, 298ff.; Dieter Kimpel/Robert Suckale: Gotische Architektur in Frankreich 1130–1270, München 1985, 384. Die Textstelle im *Chronicon* des Guillaume des Nangis lautet: „Consilio regis Franciae Ludovici et religiosorum virorum, ecclesia sancti Dionysii in Francia renovatur sub abbate Odone Clementis; quod antea monachi facere non audebant, propter dedicationis mysterium quod eadem ecclesia noscitur a Domino suscepisse." (Guillaume de Nangis: Chroncion, hrsg. von H. Géraud, in: Société de l'histoire de France, Paris 1843, 183, zit. nach: Jan van der Meulen/Andreas Speer 1988 (wie Anm. 29), 300).

30 Hans Belting: Bild und Kult. Eine Geschichte des Bildes vor dem Zeitalter der Kunst, München 1990, 338.

31 Zu den Besonderheiten der architektonischen Gestaltung des neuen Lang- und Querhauses von St.-Denis siehe immer noch grundlegend Kimpel/Suckale 1985 (wie Anm. 29), 384–393.

32 Dieter Kimpel und Robert Suckale sprechen von einem „in der Romanik geläufige[n] Typ des Kreuzpfeilers", vgl. Kimpel/Suckale 1985 (wie Anm. 29), 386.

33 Siehe hierzu zuletzt Albrecht 2003 (wie Anm. 22), 135–136.

34 Das lateinische Originalzitat in der Vita Heinrici IV. imperatoris, hrsg. von Wilhelm Eberhard, Hannover 1899 (Nachdruck 1990).

35 Dethard von Winterfeld: Das Langhaus des Mainzer Doms. Baugeschichtliche Überlegungen, in: Friedhelm Jürgensmeyer (Hrsg.): Die Bischofskirche St. Martin zu Mainz. Festgabe für Domdekan Dr. Hermann Berg, Frankfurt a. M. 1986, 21–32, hier bes. 23–24.

36 Zur Diskussion um eine möglicherweise bereits für Speyer I geplante Einwölbung des Mittelschiffs siehe jüngst Hauke Horn: Flachdecke oder Steingewölbe? Überlegungen zum oberen Raumabschluss des frühsalischen Mittelschiffs im Dom zu Speyer (Bau I), in: Matthias Müller/Matthias Untermann/Dethard von Winterfeld (Hrsg.): Der Dom zu Speyer: Konstruktion, Funktion und Rezeption zwischen Salierzeit und Historismus, Darmstadt 2013, 158–181.

37 Siehe hierzu ausführlich Matthias Müller: Vom Palast der Helena bis zum Schloss der Oranier-Prinzessin: Architektonische Erinnerungsorte in Rheinland-Pfalz, Teil 1: Mittelalter, in: Kreuz – Rad – Löwe. Rheinland-Pfalz. Ein Land und seine Geschichte, hrsg. im Auftrag der Kommission des Landtages für die Geschichte des Landes Rheinland-Pfalz von Lukas Clemens/Franz J. Felten/Matthias Schnettger, Bd. 1, Darmstadt/Mainz 2012, 479–497, hier: 489–492.

38 Gottfried Semper: Der Stil in den technischen und tektonischen Künsten oder Praktische Aesthetik, Bd. 1: Die textile Kunst für sich betrachtet und in Beziehung zur Baukunst, Frankfurt a. M. 1860.

KLAUS GEREON BEUCKERS

Überlegungen zum Zitat in der ottonischen Goldschmiedekunst

Ein Zitat ist die intentional geprägte, formale und inhaltliche Bezugnahme auf ein konkret benennbares, anderes Werk. Forschungsgeschichtlich fand der Begriff insbesondere durch den architekturbezogenen Ansatz von Günter Bandmann seinen Weg in die Kunstgeschichte, bevor er durch die Marburger Schule mit Hans-Joachim Kunst und vor allem Wolfgang Schenkluhn etabliert wurde.[1] Bis heute ist die Verwendung des Zitatbegriffs in den Forschungen zum Mittelalter allerdings durch eine enge Architekturbindung bestimmt, während er sich in den anderen Gattungen – trotz seiner Beliebtheit in der Literaturwissenschaft sowie der Linguistik und der von dort durch die Kunstgeschichte gerne entlehnten Methodik zu semiotischer und semantischer Bildanalyse – deutlich weniger durchgesetzt hat. Viel häufiger wird in der Kunstgeschichte mit dem teilweise sogar synonym gebrauchten Terminus der *Kopie* gearbeitet. So startete auch die jüngste, von Wolfgang Augustyn und Ulrich Söding konzipierte kunsthistorische Tagung zu diesem Themenfeld sprechend mit einem Vortrag zur Architekturkopie und blieb in den verschiedenen anderen Gattungen gewidmeten Beiträgen fast durchgängig bei dem Terminus.[2] Ganz anders hat die Zitatforschung insbesondere in Studien zur Zeitgenössischen Kunst längst einen festen Platz eingenommen.[3]

Für die ottonische Kunst bietet die Analyse von Zitaten einen sehr passenden und fruchtbaren Zugang. Ihre grundlegende Bedeutung für die Buchmalerei ist längst erkannt. Beispielhaft zeigen dies die immer wieder benannten Zitate des karolingischen Lorscher Evangeliars in den ottonischen Handschriften des Gero-Codex und des Petershausener Sakramentars, beide aus dem Skriptorium der Reichenau, sowie des Gundold-Evangeliars in Hildesheim.[4] In ähnlicher Weise wären beispielsweise auch die Wirkung des karolingischen Codex Aureus aus Sankt Emmeram (Bayerische Staatsbibliothek München, clm 14000) auf die Regensburger Buchmalerei im Sakramentar Heinrichs II. (clm 4456) oder dem Uta-Codex (clm 13601) zu nennen.[5] Für die Goldschmiedekunst, die sich bisher vor allem mit der Frage von Spolien auseinandergesetzt hat,[6] ist das Zitat jedoch auffallend wenig diskutiert worden.[7] Hierzu möchte dieser Beitrag einen Ansatz liefern.

Grundsätzlich soll terminologisch zwischen Kopie und Zitat unterschieden werden. Ein wesentliches Kriterium dafür ist die Frage der Aneignung des spezifischen Vorbildes als Ganzes oder nur partiell wie auch die Frage der Eigenständigkeit gegenüber der Vorlage: Letztlich sucht die Kopie die Duplizierung der Gesamtdisposition und damit eine Ähnlichkeit im Ganzen, die weitgehend durch das Vorbild bestimmt ist. Das Zitat hingegen ist selektiver angelegt und sucht den punktuellen, zeichenhaften Verweis auf das Urbild mit einer letztlich eigenen Gesamtdisposition, in die das Zitat eingebettet, also kontextrelativ ist. Ist die Kopie somit eine Konstruktion eigenen Rechtes, die ohne das Urbild und dessen Kenntnis bestehen kann, da sie zu einer eigenen Vollständigkeit geführt ist, so ist das Zitat immer fragmentarisch und auf eine Lesbarkeit angewiesen, die es als Verweiszeichen entschlüsseln lässt. Dies erfordert eine Inszenierung des Zitatelementes, die meist durch eine Heraushebung oder eine strukturellen Fremdheit gegenüber dem Kontext erfolgt, einem syntaktischen Bruch. Hierdurch wird das Zitat als Verweiselement markiert und somit überhaupt erst eine Zeichenebene eingerichtet, auf der die Frage nach einer Entschlüsselung dieses markierten Elementes durch eine Identifizierung des Zitierten aufgeworfen wird. Grundlage für die Identifizierbarkeit des zitierten Werkes ist aber die Übernahme von spezifischen Formen des Zitierten im Zitat, des Urbildes im Abbild, ohne dieses vollständig durch eine Einbettung in den neuen Gesamtkontext zu überformen.

Rhetorisch und zeichentheoretisch bestehen Gemeinsamkeiten zwischen dem Zitat, das eine formale Übernahme ist, und der Spolie, die eine Materialübernahme ist. Beiden gemeinsam ist auch die Bindung des Verweises an programmatische Aussagen: Für Spolien ist in der Goldschmiedekunst eine rein materielle Übernahme von Altbestand nahezu aussagelos, da sowohl die Edelmetalle als auch der Steinbesatz im Früh- und Hochmittelalter in aller Regel aus Altbestand genommen werden mussten. Eine Weitung des Spolienbegriffs auf solche Wiederverwendungen, wie sie manchmal in der Architekturdiskussion erfolgt, ist für die Goldschmiedekunst somit eher nicht zielführend.[8] Vielmehr wird ein wiederverwendetes Material erst dann zur Spolie, wenn es als Verweiszeichen auf seine Herkunft eingesetzt und somit zum Träger eines durch seine Herkunft belegten Inhalts wird. Für das Zitat gilt dies ähnlich, und eine formale Übernahme soll erst dann als Zitat bezeichnet werden, wenn sie einen inhaltlichen Bezug trägt und dies durch Strukturelemente als Aussageintention markiert. Dabei sind die Varianten vielfältig, und die definitorisch scharfen Ränder sind an den Objekten manchmal kritisch zu hinterfragen. Im Folgenden sollen dafür einige Beispiele der Goldschmiedekunst des späteren 10. und der ersten Hälfte des 11. Jahrhunderts betrachtet werden.

Zwei Zitate eines Kreuzes

Das Lotharkreuz gehört bis heute zu den Hauptwerken des Aachener Domschatzes, obwohl dieser dank seiner Bedeutung als Krönungsort reich an Höhepunkten ist (Abb. 1). Die lokale Tradition hat es mit Kaiser Otto III. (amt. 983–1002) und der Zeit um 1000 verbunden, worauf weitgehende ikonologische Konstrukte insbesondere in der Interpretation seiner Kaiserkamee aufbauten.[9] Die kunsthistorische Analyse der Einzelformen und der Nachfolge beispielsweise

ÜBERLEGUNGEN ZUM ZITAT IN DER OTTONISCHEN GOLDSCHMIEDEKUNST

Abb. 1: Aachen, Domschatz, Lotharkreuz, Kaiserseite.

im Aschaffenburger Kruzifixus hat jedoch die seit Victor H. Elbern und Theo Jülich vertretene Frühdatierung um 980 belegen können.[10] Die Entstehung des Vortragekreuzes ist historisch in den Kontext der Anerkennung des Kaisertums Ottos II. (amt. 973–983) durch den westfränkischen König Lothar III. (amt. 954–986) im Mai 980 in Margut-sur-Chiers zu verorten, nachdem jahrelang die Auseinandersetzung sowohl um die Rangfolge innerhalb der luidolfingischen Familie als auch um die Machtposition insbesondere in Lotharingien und dem Westen des Reiches die Herrschaft Ottos II. gefährdet hatte. Zu diesem Anlass hat Ludwig das mit dem Siegel seines Großvaters Lothar und dem augusteischen Kaiserbildnis bestückte Kreuz an Otto übergeben, der es vermutlich schon 980 als Sühnestiftung für die frevelhafte Eroberung Aachens durch Ludwig im Jahre 978 dem dortigen Marienstift schenkte. Vielleicht kam es auch erst im Umfeld der Königskrönung Ottos III. 983 an das Marienstift und begründet so die vor Ort überlieferte Beziehung des Kreuzes zu Otto III.

Jedenfalls besitzt das reich bestückte und aufwendig ausgezeichnete Gemmenkreuz sehr signifikante Kreuzenden mit einer kapitellartigen Erweiterung und einem aufgelegten dreieckigen Schild (Abb. 3). Die Rückseite nimmt als Gravur der Gekreuzigte in einer geschwungenen Linienführung mit ins Profil gedrehtem Haupt ein, dem die Hand Gottes von oben den Lorbeerkranz des Siegers mit der Taube des Heiligen Geistes entgegenreicht und ihn so als Bildnis der menschlichen Natur Christi ausweist. Die beiden Motive der Kreuzenden und der Gravur griff Äbtissin Mathilde von Essen (amt. 983–1011) auf, als sie für ihren 982 verstorbenen Bruder Herzog Otto von Schwaben und Bayern zwei Kreuze in Auftrag gab, die für dessen Memoria dienen sollten: Das Otto-Mathilden-Kreuz im Essener Domschatz (Abb. 2 und 4) zitiert die Aachener Kreuzenden in überraschend genauer Weise,[11] wie sich der monumentale Holzkruzifixus am Aschaffenburger Grab des Bruders mit seiner Profildrehung des Hauptes unmittelbar an der Aachener Kreuzrückseite orientierte und auf sehr eigenwillige Weise in das vollplastische Bildwerk übertrug (Abb. 5 und 6).[12] Anders als das durch einen vollflächigen Edelsteinbesatz ganz auf die Kaiserkamee konzentrierte Lotharkreuz reduziert das Otto-Mathilden-Kreuz den Edelsteinbesatz zu einer schmalen Kantenrahmung, um in der Mitte Platz für einen getriebenen Kruzifixus zu schaffen. Der Kantenbesatz aus einem einreihigen Steinbesatz, wo zwischen die Edelsteine jeweils zwei Perlen angeordnet wurden, ist dabei auch an den Kreuzenden herumgeführt. Die so stark verdichtete, besonders am Kreuzbalken plastische Kantenrahmung kontrastiert mit den durch prächtiges Filigranwerk eher flächig ornamentierten Kreuzenden, auf denen der Steinbesatz vereinzelt ist. Formal setzen sich damit die Kreuzenden vom Kreuzkörper ab; die umlaufende, aber die Kreuzenden aussparende Rahmung verstärkt diesen Eindruck noch. In Aachen ist dieser Gegensatz geringer ausgeprägt, da die Edelsteine des Kreuzes in einen Filiganteppich eingebettet sind. Die Absetzung der Essener Kreuzenden wie ihre besonders prächtige Gestaltung mit sehr qualitätvollem und zudem in mehreren Figurationen variiertem Filigran inszeniert somit die Kreuzenden als besonders. Sie ist die Grundlage für eine Wahrnehmung der Kreuzenden als Zitat.

In ähnlicher Weise, jedoch mit größerer Deutlichkeit wird auch in Aschaffenburg das Zitat durch einen syntaktischen Bruch markiert: Die Rückseite des Aachener Kreuzes hatte das

ÜBERLEGUNGEN ZUM ZITAT IN DER OTTONISCHEN GOLDSCHMIEDEKUNST

Abb. 2: Essen, Domschatz, Otto-Mathilden-Kreuz.

Abb. 3: Aachen, Domschatz, Lotharkreuz, oberes Kreuzende.

ausdrucksstarke Herabsinken des Hauptes Christi, mit dem die Leiblichkeit Christi und damit die irdische Natur der göttlichen auf der vorderen Parusieseite gegenübergestellt wurde, durch eine Wendung in das Profil verbildlicht. Diese spektakuläre Lösung in einer zweidimensionalen Gravur ist in einer dreidimensionalen Skulptur kaum zu wiederholen, da das Haupt in der Gravur quasi parallel zur Schulter angeordnet wurde. Umso überraschender ist die singuläre Übernahme genau dieses Motivs im lebensgroßen Aschaffenburger Holzbildwerk, die im erhaltenen Denkmälerbestand des 10. und frühen 11. Jahrhunderts ohne Parallele ist. Die sonst deutlich auf Symmetrie und Frontalität ausgerichtete Körperzeichnung vor allem des Oberkörpers hebt diese Drehung noch stärker hervor und markiert sie so als ausdruckstragendes Element, als Zitat.

Die beiden Zitate in den Memorialstiftungen für Herzog Otto von Schwaben und Bayern werfen die Frage nach der im Aachener Lotharkreuz gesuchten Inhaltlichkeit auf. Historisch war Herzog Otto der wichtigste und engste Verbündete Kaiser Ottos II., an dessen Seite er in Italien 982 fiel. Dem Kaiser verdankte er 973 seine Einsetzung in das schwäbische Herzogtum, was Anlass für die Rebellionen der bayerischen Ottonen und der durch die weibliche Linie ebenfalls als Ottonen zu bezeichnenden Liudolfinger auf dem französischen Thron gegeben hatte. Die Aussöhnung von 980 in Margut-sur-Chiers war der glanzvolle Höhepunkt der Herrschaftslegitimation Kaiser Ottos II., aber gleichzeitig auch der Höhepunkt der Wertschätzung seines getreuen Herzogs Otto von Schwaben, der weite Teile des Herzogtums und den bayerischen Herzogtitel anstelle von dem abgesetzten Heinrich dem Zänker erhielt. Dies war die Basis für den gemeinsamen Italienzug von König und dem jetzt besonders ausgestatteten Herzog, von dem sie beide nicht zurückkehren sollten. Als Mathilde zusammen mit ihrer Mutter Ita und

Abb. 4: Essen, Domschatz, Otto-Mathilden-Kreuz, oberes Kreuzende.

dem Mainzer Erzbischof Willigis in Aschaffenburg das Grab für ihren Bruder Herzog Otto ausstattete und wohl etwa zeitgleich das Essener Kreuz in Auftrag gab, war inzwischen auch Otto II. in Italien verstorben (983), und man befand sich mitten in den Wirren der Herrschaftssicherung für seinen dreijährigen Sohn Otto III. Hier einen dezidierten Bezug auf das Aachener Kreuz zu nehmen, war genauso eine Bezugnahme auf die Legitimität der Herrschaft Ottos II. (und damit auch seines kleinen Sohnes) wie es die exponierte Stellung Herzog Ottos dokumentierte. Für Mathilde dürfte dies jedoch nicht nur ein romantischer Anklang an eine historische Konstellationen gewesen sein, sondern die signifikante Behauptung der Herrschernähe und ottonischen Abstammung ihres Bruders und damit von sich selbst. Dies war vor allem in der Konkurrenzsituation unter den ottonischen Damenstiften Quedlinburg, Gandersheim und Essen von Bedeutung.[13] Der gleiche Geist zeigt sich auch in Mathildes Versuch, die Memoria des in Italien begrabenen Kaisers durch die Stiftung eines inschriftlich und bildlich auf Otto II. bezogenen Sammelreliquiars am Essener Hochaltar an Essen zu binden.[14] Bezeichnenderweise hatte dies 987 die Quedlinburger Äbtissin Mathilde durch die Stiftung des Frauenklosters St. Marien auf dem Quedlinburger Münzenberg auch versucht.[15] Die Essener Mathilde zitierte zudem in ihrem neu errichteten Essener Westbau in ungewöhnlich getreuer Weise die Aachener Pfalzkapelle, in der die Ottonen zu Königen gekrönt worden waren und wohin Otto III. eine besonders innige Beziehung hatte.[16] Offenbar nutzte sie Zitate in intensiver Weise und in verschiedenen Gattungen zur Markierung und Propagierung von Inhalten.

Die Zitate markierten einen Anspruch. Lesbar waren sie aber nur vor der Kenntnis der hohen Bedeutung des Aachener Kreuzes für die ottonische Familie und vor allem im

Abb. 5: Aachen, Domschatz, Lotharkreuz, Christusseite.

direkten Bezug zum Geschehen von 980. In den führenden Reichskreisen dürfte dies in dieser Generation fraglos klar gewesen sein, wie man auch in Essen um die nähere Gestalt und Bedeutung des Aachener Stücks gewusst haben wird. Ob von einer breiteren Kenntnis der Vorbildes und seiner Belegung, also von einer breiteren Lesbarkeit der Zitate, darüber hinaus ausgegangen werden darf, kann wohl bezweifelt werden. Die Zitate waren elitär an die Reichsnobilität adressiert, wie sie vermutlich in gleicher Weise auch der Selbstvergewisserung der Stifterin dienten.

Typologisch bedienen sich beide Zitate der Übernahme einer Teilform bzw. eines Einzelmotivs, die in eine Gesamtstruktur eingebettet werden, welche sich vom Vorbild unterschei-

ÜBERLEGUNGEN ZUM ZITAT IN DER OTTONISCHEN GOLDSCHMIEDEKUNST

Abb. 6: Aschaffenburg, Stiftskirche St. Peter und Alexander, Triumphkreuz.

det. Der partielle Charakter ist signifikant, und die Zitatelemente werden durch syntaktische Brüche als Ausdrucksträger markiert.

Zitat in der Kopie

Das Otto-Mathilden-Kreuz zeigt auf seinem unteren Kreuzstamm in einem herausragend qualitätvollen Goldemail das inschriftlich bezeichnete Bildnis der beiden Geschwister Herzog Otto und Äbtissin Mathilde, die ein Vortragekreuz vorweisen und sich so in den liturgischen

Vollzug mit dem von ihnen gestifteten Vortragekreuz einreihen. Ihre Allianz wird durch die ähnliche Bekleidung unterstrichen, die sich einer byzantinischen Seidenkleidung annähert und Mathilde – trotz ihres Schleiers – vor allem als höfische Repräsentantin und in Analogie zu Otto zeigt.[17] Mathilde erfuhr in Essen eine große Wertschätzung, und ihre Nachfolgerin, Äbtissin Theophanu (amt. 1039–1058), suchte offenbar sogar eine Etablierung als Heilige zu initiieren. Dafür vollendete sie die Bau- und Stiftungsmaßnahmen Mathildes und errichtete einen Chor, dessen Krypta das Mathildengrab zum Mittelpunkt hatte.[18] Vermutlich für dieses Grab entstand ein neues Vortragekreuz, das auf Mathilde bezogen wurde, das Jüngere Mathilden-Kreuz (Abb. 7).[19] Es übernimmt den Gesamtaufbau des Otto-Mathilden-Kreuzes weitgehend, nutzt jedoch die aktuellere Form eines gegossenen Kruzifixus und bildet die Kantenrahmung – wohl im Aufgriff des ebenfalls unter Äbtissin Mathilde entstandenen Essener Kreuzes mit den großen Senkschmelzen[20] – als einen Wechsel zwischen Emailplättchen und (von vier kleinen Perlen umstandenen) Edelsteinen aus. Die Analogiebildung zum älteren Mathilden-Kreuz geht sogar so weit, dass man den Kreuzstamm mit vergleichbar großen Emails auszeichnete, die ebenfalls am oberen Kreuzstamm die Kreuzesinschrift und unten ein Stifteremail anbrachte. Das Motiv des Stifterbildes wurde jedoch neu formuliert und zeigte diesmal die inschriftlich bezeichnete Mathilde in der weißen Kleidung einer Sanktimonialen in Anbetung vor der dem Essener Patronatsbild der Goldenen Madonna nachgebildeten Gottesmutter. Mathilde wurde so in ihrer geistlichen Vorbildhaftigkeit für den Konvent verbildlicht.

Ungeachtet dieser Modifikationen übernahm das Jüngere Mathilden-Kreuz den Gesamtaufbau des älteren Kreuzes, muss also als Kopie und nicht als Zitat klassifiziert werden. Es ist auch funktional sowie programmatisch eigenständig und vermutlich würde kaum jemand auf die Idee kommen, hier eine Kopie zu vermuten, wenn das ältere Kreuz nicht erhalten geblieben wäre. Dennoch zeigt das Jüngere Mathildenkreuz Elemente, die formal auf eine Übernahme hinweisen: Es handelt sich wiederum um die Kreuzenden, die bei dem jüngeren Kreuz die Form des älteren Kreuzes nachahmen, sie jedoch nicht als tektonisch schlüssige, kapitellartige Bereiche ausgestalten, sondern nur als Umriss einer Filigranfläche, auf der vier Steine um eine geschnittene Gemme angeordnet werden, während die äußere Kante als Fortsetzung der Kantenrahmung des Kreuzes mit dem Wechsel von Email und Steinbesatz bestückt wurde. Ein Bezug der Anordnung auf den „Halsring", den weder das etwas ältere Theophanu-Kreuz noch das um 1000 entstandene Kreuz mit den großen Senkschmelzen in Essen besitzen und der sich somit eindeutig vom Otto-Mathilden-Kreuz herleitet, fehlt.[21] Warum aber diese Übernahme der Gesamtform mit der andersartigen Bestückung, die mit der Flächenform keinen organischen Zusammenhang entwickelt? Auf eine jüngere Veränderung beispielsweise in einer der zahlreichen Restaurierungen gibt es keinerlei Hinweise, und man darf den historischen Interessen der Restauratoren eher eine vereinheitlichende als eine Spannung aufbauende Modifikation zutrauen. Vielmehr kann man diesen Bruch als Hinweisstelle interpretieren, mit der die Bezugnahme auf das Vorbild thematisiert werden soll. Der syntaktische Bruch befördert eine zuerst immanente Wahrnehmung des Stücks und führt so zur Hinterfragung der Form und damit auf

Abb. 7: Essen, Domschatz, Jüngeres Mathildenkreuz.

einen außerhalb liegenden Bezugsrahmen, von dem die Form als Rezeption eines Urbild übernommen wurde. Für die Essener Betrachter dürfte dies durch die Verwahrung der beiden Objekte im gleichen Kirchenschatz leicht zu entschlüsseln gewesen sein. Eine Kopie ist ein in sich geschlossenes Gesamtsystem, das im Gegensatz zur fragmentarischen Struktur des Zitats einen syntaktischen Bruch nicht braucht. Hier bedient sich das Kreuz also einer zitathaften Strategie zur Herausstellung des Kopiecharakters, der die Abhängigkeit weiter unterstreicht. Die Aussage zielt dabei auf den Konvent in Essen und weniger auf externe Besucher.

Der Essener Schatz besitzt in seiner Reichhaltigkeit noch mehr Beispiele, die sich auf ihre zitathaften Aneignung hin betrachten lassen. Sehr signifikant ist das von Äbtissin Theophanu neu gestiftete Ensemble, mit dem die Osterliturgie auf der Westempore gefeiert wurde: Das Theophanu-Kreuz, der Prachteinband des Theophanu-Evangeliars und das Kreuznagel-Reliquiar (Abb. 8).[22] Auf Kreuz und Reliquiar ließ Theopanu Emails vom Nimbus der Goldenen Madonna, dem Essener Patronatsbild, applizieren. Dabei handelte es sich jedoch nicht nur um eine Wiederverwendung von kostbarem Altmaterial des Nimbus, der durch die Krönung der Goldenen Madonna möglicherweise nicht mehr genutzt wurde. Vielmehr wandelte man für die Anbringung der Emails den Essener Kreuztypus mit Kantenrahmung ab und verbreiterte die Kantenrahmung bis zu einer Abstufung des eigentlichen Kreuzfeldes zu einem schmalen Filigranband. Dadurch drehte man die Gewichtung vollkommen um und verlagerte die Aufmerksamkeit auf die Stücke der Rahmung, die zudem entgegen ihrer Motivik – einige sind Blumenmotive mit Stängeln – durchgängig deutlich verkippt angebracht wurden. Dies gilt in ähnlicher Weise auch für die segmentbogenförmigen Stücke an Kreuzbalken und oberem Kreuzstamm wie auch für die (byzantinischen?) Emails auf den Kreuzenden. Offenkundig betonte man dadurch den Spoliencharakter der Emails. Noch deutlicher wurde dies angesichts der Verwendung der segmentbogigen Emails auch auf dem Kreuznagelreliquiar, was Kreuz und Reliquiar schon formal zu einem Ensemble zusammenschließt. Dem Betrachter wird durch die Spolienverwendung und deren Inszenierung eine programmatische Bezugnahme signifikant gemacht. In Essen dürfte dies als Verweis auf die Goldene Madonna lesbar gewesen sein, zumal der Nimbus des Christuskindes dort noch erhalten blieb. Die materielle Adaption von Teilen des Patronatsbildes legitimierte das neue Ensemble und damit wohl auch die neu damit eingesetzte Liturgie für Essen. Sie wird zum Teil der eigenen Identität, da sie Züge des identitätsstiftenden Patronatsbildes enthält.

Kopie und Spolien werden beide durch syntaktische Brüche innerhalb der Stücke markiert und damit als Bedeutungsträger ausgezeichnet. Erst damit wird ein Prozess ausgelöst, der durch den Betrachter zu einer reflektierenden Hinterfragung der Brüche und damit zu einer Wahrnehmung des Verweischarakters führt. Dessen Erschließung setzt dann jedoch eine erhebliche Kenntnis voraus, die vor Ort durch die synchrone Aufbewahrung der Objekte gegeben war, über den begrenzten Kreis der Konventsmitglieder hinaus jedoch kaum verständlich war. Die Kommunikation des Zitates ist somit stark eingeschränkt auf einen elitären Kreis. Mit dem potentiellen Untergang der Stücke, von denen zitiert wird, bleibt zwar der syntaktische Bruch

Abb. 8: Essen, Domschatz, Theophanu Kreuznagelreliquiar.

in den zitierenden Objekten erhalten, kann jedoch nicht mehr entschlüsselt werden. In beiden Fällen müssten die Brüche dann als künstlerisch mangelhafte Lösungen erscheinen.

Sonderform Stilzitat

Alle bisher genannten Beispiele beziehen sich auf ein konkret benennbares Urbild, das zitiert wird. Terminologisch stellt sich die Frage, ob es auch so etwas wie ein ‚Stilzitat' geben kann, das nicht auf ein spezifisches Objekt Bezug nimmt. Als Beispiel bietet sich dafür mit dem Trierer Egbert-Schrein an – das vielleicht bedeutendste erhalten Reliquiar ottonischer Zeit (Abb. 9).

Der auch Andreas-Tragaltar genannte Kasten im Trierer Domschatz ist eine Stiftung von Erzbischof Egbert von Trier (amt. 977–993) und war ursprünglich in der an der Nordseite des Domes angebauten Andreaskapelle aufbewahrt, in der Egbert auch sein Grab gefunden hat.[23] Intensiv ist das Stück von Hiltrud Westermann-Angerhausen bezüglich seines Spoliencharakters besprochen worden, da insbesondere in seine Stirnseiten frühmittelalterliche Schmuckteile integriert wurden, und auch sonst ist es mit Verweiselementen gespickt.[24] Der Reliquienkasten wird durch einen Schiebedeckel verschlossen, in den eine antike Millefiori-Platte von etwas mehr als zwei Zentimetern Seitenlänge eingelegt und von der Umschrift „*Hoc altare consecratum est in honore Sancti Andreae Apostoli*" umfasst wird. Die Funktion als Tragaltar wird jedoch durch einen etwa lebensgroßen Fuß aus mit Goldblech verkleidetem Holzkern auf dem Schiebedeckel erschwert, wenn nicht sogar unmöglich gemacht, weil für eine gleichzeitige Aufstellung von Kelch und Patene zur Wandlung der Platz fehlt. Auf den Reliquieninhalt weist eine weitere, den Deckel umlaufende Inschrift hin, die – neben nur summarisch benannten, kleineren Reliquien – die Kreuznagelreliquie, die sich in ihrem karolingischen Reliquiar bis heute im Trierer Domschatz erhalten hat, Reliquien von den Ketten und des Bartes des Apostels und Trierer Dompatrons Petrus sowie die Sandale des Apostels Andreas benennt. Auf sie nimmt der Fuß offensichtlich Bezug, da er mit edelsteinbesetzten Bändern versehen ist, die die Sohle zur Sandale ergänzen.

Die apostolischen Reliquien verweisen auf ein um 980 in Trier zentrales Thema: In der Auseinandersetzung zwischen den rheinischen Erzbischöfen von Trier, Köln und Mainz um den Primat nördlich der Alpen suchte Trier das Alter seiner Kirche herauszustellen und seine Gründung direkt von Petrus abzuleiten: Der Apostelfürst selbst habe die ersten drei Trierer Bischöfe Eucharius, Valerius und Maternus im Sinne des Sendauftrags Christi nach Trier gesandt und ihnen als Zeichen ihrer Apostolizität seinen Stab gewissermaßen als Investitursymbol mitgegeben. Irmingard Achter hat 1964 aufgezeigt, wie Egbert die Inszenierung des Petrusstabes aus einer mehr oder weniger sekundären Reliquie zur Hauptreliquie Trierischer Traditionsbildung forcierte, nachdem er Ende der 970er Jahre einen Teil des Stabes aus Köln zurückerhalten hatte. Grundlage dafür war die zwischen 965 und 969 in Trier verfasste Euchariusvita, die als Reaktion auf den Kölner Bedeutungszuwachs unter Erzbischof Brun die Apostelgeschichte der Moselstadt erstmals formuliert hatte.[25]

ÜBERLEGUNGEN ZUM ZITAT IN DER OTTONISCHEN GOLDSCHMIEDEKUNST

Abb. 9: Trier, Domschatz, Andreas-Tragaltar oder Egbert-Schrein.

Zum bildlichen Träger dieser Apostolizität wurden der inschriftlich im Jahre 980 gefasste, heute im Limburger Domschatz befindliche Petrusstab und der etwa gleichzeitig entstandene Egbert-Psalter, der heute in Cividale liegt. Die Hülle des Petrusstabes trägt ein figürliches Programm, bei dem der Knauf mit Emailbildern der vier Evangelistensymbole oben und Büsten der vier „Trierer Apostel" Petrus, Eucharius, Valerius und Maternus unten bestückt wurde.[26] Die obere Manchette zeigt Emails mit Büsten der zwölf Apostel, während der Schaft mit Treibarbeiten verziert wurde, welche die Trierer Bischofsfolge parallel zu einer Papstreihe in programmatischer Behauptung zeigt. Eine lange Inschrift erklärt, dass es sich hier um den Stab Petri handelt, referiert die Aussendungslegende und berichtet von den Geschicken des Stabes bis zu seiner Fassung im Jahre 980. Damit belegt die Inschrift einerseits die Authentizität des Heiltums durch seine lückenlose Provenienz, andererseits stellt es die Trierer Gründungsbischöfe wie selbstverständlich in die apostolische Reihe und in Analogie zum Papsttum, das sich ja ebenfalls von Petrus ableitet.

In die gleiche Kerbe schlug die Bildausstattung des Egbert-Psalters.[27] In einer bis dahin beispiellosen Bildfolge wurden die ersten vierzehn Trierer Bischöfe neben prächtigen Initialzierseiten in ganzseitigen Miniaturen zur Unterteilung der Psalmen als Heilige im Sinne der Amtsheiligkeit dargestellt. Eingeleitet wird die Bilderfolge durch einen vierteiligen Dedikationszyklus, in dem Egbert den Codex von Ruotprecht erhält und an Petrus weiterreicht. Die rotgrundige Goldtintenmalerei, die in dieser Art nahezu ohne Vorbild ist, enthebt die Darstellung aus einem historischen Dedikationsakt auf eine überzeitliche, überpersonale Bezugsebene.[28]

Diese beiden vor bzw. im Jahre 980 entstandenen Werke gehen dem Andreas-Tragaltar wenige Jahre voran, markieren aber den geistigen Hintergrund, aus dem heraus er entstanden ist. Der Schrein selbst überrascht in seiner heterogenen Gestaltung, bei der die Langseiten von den Stirnseiten erheblich abweichen, obwohl sie einer einheitlichen Herstellung entstammen. Ist der Beschlag auf den Stirnseiten auffallend kleinteilig, so sind die in drei Feldern unterteilten Langseiten ruhig und großräumig. Gemeinsam ist allen Seiten die Kantenrahmung, die in ihrem Wechsel von Emailplättchen mit Edelsteinfeldern auf allen Seiten prinzipiell gleichartig aufgebaut ist.[29] Ein großer, von Filigranranken umgebener Edelstein markiert die Ecken jedes Feldes bzw. Rahmens. Die Leisten der Rahmen werden dann sowohl in der Höhe als auch in der Feldbreite mit je zwei ornamentalen Emailplättchen bestückt, die durch ein Filigranfeld mit kleinerem Edelstein und jeweils vier eckständigen Amaldinherzen unterbrochen werden. Obwohl die Formate der Felder auf den Langseiten durch die Dreiteilung sowohl in der Größe als auch in den Proportionen anders als auf den Stirnseiten sind, wird dieser gleiche Rahmenaufbau durchgehalten.

Den Mittelpunkt beider Stirnseiten bilden bzw. bildeten merowingische Fibeln mit Amaldineinlagen. Besonders aufwändig ist die der Fersenseite, die zudem in ihrem Zentrum eine vor 538 geprägte Goldmünze Kaiser Justinians besitzt und kreuzförmig rhythmisiert ist. Dies greift die ottonische Montage auf, die sie mit einem Perlenkranz umgibt, der kreuzförmig durch grüne Steine unterbrochen wird. Die Seite selbst ist schuppenartig mit Goldblech belegt, wobei die Arkaden aufwändig mit Perlschnüren bestückt sind. Ihre Füllungen zeigen in der durchbrochenen Technik des *opus interrasile* vor rotem Grund Tiere und Tiergruppen teilweise mit vegetabilem Dekor. Diagonal zu dem Fibelkreuz erscheinen die Evangelistensymbole, was das Justinianbildnis der Münze zum Christuskopf umdeutet. Technisch vergleichbar ist auch die Zehenseite aufgebaut, deren Zentrum jedoch im Barock ersetzt wurde. Das Feld selbst wird nicht schuppenförmig, sondern durch zwei Diagonal- oder Andreaskreuze in dreieckige Felder unterteilt. In diesen befindet sich jeweils ein Edelstein, der die meisten Dreiecke wiederum in drei Kompartimente aufteilt, die in der *opus interrasile*-Technik vor rotem Grund einzelne Tiere und vor allem Rankenfüllungen zeigen. Diese Ranken besitzen Verbindungen zur Initialornamentik der gleichzeitigen Ruotprechtgruppe der Reichenauer Buchmalerei, beispielsweise des Egbert-Psalters, insbesondere jedoch zur touronischen Buchmalerei des 9. Jahrhunderts, worauf Hiltrud Westermann-Angerhausen hingewiesen hat.[30] Da diese Ranken motivisch wiederum die Rankenemails des Rahmens vorprägen, wirkt sich dies auf den gesamten Formenapparat der Stirnseite aus.

Möglicherweise wurden touronische Formen, die zusammen mit Metzer Vorlagen auch für die Tierdarstellungen des *opus interrasile* Pate standen, unter anderem über Handschriften wie die Touroner Bibel von St. Maximin vermittelt, deren Fragmente Reiner Nolden zusammengestellt hat.[31] Das Touroner Formvokabular basiert jedoch seinerseits bereits auf weitverbreiteten, vorkarolingischen Formulierungen, wie sie insbesondere im langobardischen Umfeld von Cividale, Brescia oder Torcello überliefert sind. In diesem zeitlichen Horizont hat Westermann-Angerhausen auch ihre Vergleiche für das Schuppenmuster der Fersenseite gefunden. Ebenso könnte man für die Diagonalkreuze mit ihren kleinteiligen vegetabilen bzw. zoomorphen Füllungen auf vorkarolingische Zierplatten wie an dem um 700 entstandenen Teuderigusreliquiar von St.-Maurice oder auch karolingischen Ellwanger Kästchen verweisen.[32] Die Stirnseiten des Egbert-Schreins orientierten sich demnach offensichtlich an karolingischen oder sogar vorkarolingischen Mustern mit einer Tendenz zu „archaischen" Formulierungen. Nicht zuletzt die Wahl von derartigem zoomorphem Dekor, der so seit spätkarolingischer Zeit im sakralen Kontext kaum mehr vorkommt, ist ein dezidierter Verweis auf längst vergangene Zierformen.

Intensiv sind diese Stirnseiten unter dem Aspekt der Spolie diskutiert worden. Insbesondere Hiltrud Westermann-Angerhausen hat in der Versammlung fränkischer Zierstücke die besondere Erhabenheit des Reliquiars formuliert gesehen. Bruno Reudenbach hat dies als eine Authentisierungsstrategie zum Altersnachweis der Reliquien interpretiert.[33] Beides ist sicherlich zutreffend. Bemerkenswert ist jedoch darüber hinaus, dass sich die Egbert-Werkstatt in besonderer Weise um eine Einheitlichkeit der Gestaltung der Stirnseiten bemühte und von einer Herausstellung der Spolien durch eine Kontrastierung mit aktuellerer Formgebung absah. Stattdessen wurden auch die neu geschaffenen Partien, die deutlich überwiegen, in einem Duktus ausgeführt, der sich an älteren Formen orientiert. Dies zeigt sich besonders deutlich bei den Emails, die in ihrer Rankenführung, ihrem spiegelsymmetrischen Aufbau und der Figuration eindeutig karolingischen Vorbildern wie dem vor 835 entstandenen karolingischen Paliotto von Sant'Ambrogio in Mailand verpflichtet sind.[34] Sie bilden darin eine Einheit mit dem Rankenwerk insbesondere der Zehenseite.

Auffallend anders sind die Längsseiten gestaltet. Hier dominieren die Feldfüllungen durch den blanken Spiegel von Elfenbeinplatten, auf die mittig in den äußeren Feldern je eine Emailplatte mit einem Evangelistensymbol und in der Mitte ein gegossener Löwe angebracht sind. Nichts ist mehr von der kleinteiligen, mehrschichtigen Gestaltung der Stirnseiten zu erkennen, sondern stattdessen überwiegt eine beruhigte Noblesse. Auch sind die Emails hier nicht als Vollschmelze, sondern als Grubenschmelze ausgeführt, die somit erhebliche Teile ihres goldenen Rezipienten erkennen lassen. Dies greifen auch die eigentlich wie an den Stirnseiten gesetzten, aber von dort motivisch abweichenden Rahmenemails auf, die eben nicht vegetabil, sondern ornamental als Senkschmelze ausgeführt sind. Beide entstammen jedoch eindeutig der gleichen Werkstatt und auch der gleichen Kampagne, wie die Übereinstimmung technischer Detail, der Farbe und auch der Stegführung eindeutig belegen.[35]

Die Herleitung der Senkschmelze aus Byzanz ist schon lange erkannt worden.[36] Nicht thematisiert wurde hingegen die formale Stimmigkeit mit den Elfenbeinen, die ebenfalls in der byzantinischen Kunst um die Romanos-Gruppe im letzten Drittel des 10. Jahrhunderts ihre unmittelbaren Parallelen hat.[37] Offensichtlich bemühte man sich bei den Langseiten um ein byzantinisierendes Erscheinungsbild, das mit beeindruckender Sicherheit bis in die orientalisierenden Ornamente der Rahmenemails hinein durchgehalten wurde. Der glatte, unstrukturierte Hintergrund hatte sich in Byzanz seit dem zweiten Drittel des 10. Jahrhunderts entwickelt, wofür nur auf die Buchmalerei mit der Einführung des Goldgrundes oder eben die Elfenbeine wie beispielsweise die byzantinische Hodegetriatafel in Utrecht verwiesen sei.[38]

Sonst greifen die Stirnseiten einen frühmittelalterlichen, tendenziell nordalpin-fränkischen *modus* auf, während die Langseiten auf aktuelle byzantinische Weise formuliert wurden. Beide Gestaltungsweisen werden nebeneinander gezeigt und in der durch die Rahmungen prinzipiell vergleichbaren Gesamtstruktur auch prononciert einander gegenübergestellt, was ihre Verschiedenheit besonders augenscheinlich macht. Sie prägen dabei auch die insgesamt neu entworfenen Formen der Rahmenemails, die in dieser Anlehnung komponiert wurden und wie ein Hinweis auf beide Konzepte wirken.

Damit stellt sich die Frage, ob eine solch dezidierter Verweis auf Zeitstile, wie er hier als Authentizitätsargument für die Reliquien (der Leib des Apostels Andreas lag in Konstantinopel) und als Traditionsnachweis letztlich für den Trierer Erzstuhl eingesetzt wurden, als Zitat zu bezeichnen ist. Ein solches Stilzitat besitzt kein spezifisches Vorbild, sondern leitet seinen Stil aus einer Summe von Formen ab, die gemeinsam zur Anregung genommen werden, ohne dass eine direkte formale Übereinstimmung bestehen würde. Der Zitatcharakter geht somit von einer stilistischen Objektgruppe aus, der Stileinheitlichkeit als inhaltlich aufgeladene Form zugetraut wird. Lesbar wird dies erst durch die Gegenüberstellung abweichender Stilfomen auf den jeweils benachbarten Seiten. Erst der synchrone Blick markiert die Addition der Stilebenen und erhebt damit die Stilform zur Ausdrucksform. Ein scharf definierter Zitatbegriff, wie er hier eingangs formuliert worden ist, stößt zur Benennung dieses Phänomens an seine Grenzen. Dennoch ist die intentional geprägte Stiladaption mit den klassischen Stilsystemen, die letztlich von einem Personal-, Regional- oder Zeitstil ausgehen, nicht zu greifen. Auch handelt es sich nicht um eine Stilkopie, da Stile nicht für den Gesamtrahmen übernommen werden, sondern durch die dezidierte Gegeneinandersetzung und auch die erkennbare Neuanfertigung als Setzung markiert werden. Dies nähert sie dem Zitat an.

Schluss

Kennzeichnend für das Zitat ist seine Funktion als Verweis zum Zweck einer relationalen Bezugnahme. In der Regel handelt es sich um ein zweiteiliges Bezugssystem zwischen dem zitierten und dem zitierenden Objekt, wobei die Übernahme einseitig ist. Das Zitat kann dabei zur Legitimation des neuen Objektes (Theophanu-Kreuz, Jüngeres Mathilden-Kreuz) genauso wie zur Eingliederung in einen durch das zitierte Objekt gegebenen Kontext (Otto-Mathilden-Kreuz, Aschaffenburger Kruzifixus) dienen. Grundlage der Vermittlung inhaltlicher Ebenen ist dabei immer die Lesbarkeit des Zitates durch dessen Betonung und formale Isolierung im Gesamtkontext. Dies erfordert eine gewisse Klarheit der Zitatstruktur, und hier mag ein Grund dafür liegen, dass in ottonischer Zeit kein einziges Goldschmiedewerk gefunden wurde, das zwei oder gar noch mehr Urbilder gleichzeitig zitiert. Vielmehr ist das Jüngere Mathilden-Kreuz mit seiner Bezugnahme auf das Otto-Mathilden-Kreuz ein gutes Beispiel, bei dem andere übernommene Gestaltungsmittel (wie beispielsweise die vom Kreuz mit den großen Senkschmelzen übernommene Kantenrahmung) nicht als Zitate, sondern als allgemeine Nachfolge eines formal fortschrittlichen Elementes zu klassifizieren sind. Die Grenze zwischen Kopie und Zitat, die definitorisch exakt zu formulieren ist, wird durch die Übernahme zitathafter Heraushebung von Einzelelementen, die durch die Einbettung in den Gesamtrahmen einer Kopie eigentlich überflüssig wäre, unscharf; offenbar fungiert diese Strategie als Verstärkung der Lesbarkeit.

Definitorisch auszuschließen ist eigentlich auch das Zitat von allgemeineren Stilformen, mit denen nicht auf ein zitiertes Werk, sondern wie beim Egbert-Schrein auf eine allgemeine Zeitstellung oder einen Duktus verwiesen wird. Auch hier kommen jedoch Strategien des Zitates zur Anwendung, die von einer Sonderform des „Stilzitates" sprechen lassen.

Das Zitat diente den Konzeptoren des 10. und 11. Jahrhunderts zum Transport inhaltlicher Aussagen. Dabei ist der Kommunikationsaspekt im Sinne einer Botschaftsvermittlung sicherlich von größerer Relevanz, jedoch setzt das Zitat eine Kenntnis des Urbildes voraus, die letztlich elitär ist. Mag dies bei der Verwahrung beider Objekte im gleichen Kirchenschatz, wie in Essen, noch zumindest für den Konvent und seinen Umkreis dauerhaft gesichert sein, so sind überregionale Bezugnahmen und vor allem Bezugnahmen auf historische Belegungen der Urbilder von einem spezifischen und letztlich wohl auch vergänglichen Informationsstand abhängig. Auf die Dauer würden diese Objekte den Inhalt ihres Zitates verlieren, wenn man die Zielrichtung allein auf einen Betrachter ausrichten würde. Dies greift jedoch zu kurz, und man wird in Anlehnung an Reliquien auch durch die Zitate eine Anreicherung des Objektes an sich postulieren dürfen, die auf das Objekt und den Auftraggeber selbst gerichtet ist. Gewissermaßen wird das Objekt in seiner Behauptung so zu einer Selbstvergewisserung, die Aufnahme einer Zitatrelation bereichert den inhaltlichen Gehalt des Objektes und erfüllt die Relation unabhängig von einer dauerhaften Rezipierbarkeit. Dies dürfte auch beim Egbert-Schrein eine Rolle spielen, der nicht nur Authentizität und Historizität postuliert, sondern durch den Duktus des Stilzitates die Bezugnahme darstellt. Dies zielt nicht unbedingt auf eine Lesbarkeit, wie auch die Bischofsreihe des Egbert-Psalters keine Öffentlichkeit gehabt haben dürfte.

Die hier angeführten Beispiele von Zitaten und zitatähnlichen Strategien zeigen, wie sehr sich ottonische Konzeptoren und/oder Auftraggeber mit Zitaten auseinandergesetzt und diese eingesetzt sowie inszeniert haben. Dabei bieten sie nur einen kleinen Einblick in die Möglichkeiten, die sich innerhalb der ottonischen Goldschmiedekunst finden lassen. Grundsätzlich hängt die Erschließung eines Zitates von der Kenntnis des zitierten Werkes ab, und hier ist die Verlustrate insbesondere von Goldschmiedewerken eine erhebliche Erschwernis. Sensibilisiert man sich jedoch für die Strategien, mit denen Zitate aus ihrem Kontext zu einer Lesbarkeit herausgehoben werden, dann zeigen etliche Werke solche Strategien. Sie zu entschlüsseln oder mindestens als Ausdrucksformen zu würdigen (und nicht als Planänderungen oder Mängel misszuverstehen), ist ein lohnendes Unterfangen, denn dies gibt den Objekten etwas von ihrer Inhaltlichkeit und ihrem historischen Ort zurück. Eine Kunstgeschichte, die sich als Diszipin historisch aus der Stilgeschichte und Ikonographie herleitet, sich aber zunehmend funktionalen Aspekten geöffnet hat, kann hier das Ikonologiekonzept Aby Warburgs weiterentwickeln und die mittelalterlichen Objekte auch jenseits von Figürlichkeit und Gegenständlichkeit verstärkt als rhetorische Ausdrucksträger erfahren.

Anmerkungen

1 Die Grundlage bilden die epochalen Schriften von Günter Bandmann: Mittelalterliche Architektur als Bedeutungsträger, Berlin 1951; Günter Bandmann: Ikonologie der Architektur, in: Jahrbuch für Aesthetik und allgemeine Kunstwissenschaft 1951, 67–109 (ND Darmstadt 1969); Zur Bedeutung von Hans-Joachim Kunst und Wolfgang Schenkluhn für diese Thematik vgl. die Einleitung dieses Bandes.
2 Wolfgang Augustyn/Ulrich Söding (Hrsg.): Original – Kopie – Zitat. Kunstwerke des Mittelalters und der Frühen Neuzeit. Wege der Aneignung – Formen der Überlieferung, Passau 2010.
3 Verwiesen sei nur auf Christian Krausch: Das Bildzitat. Zum Begriff und zur Verwendung in der Kunst des 20. Jahrhunderts, Mönchengladbach 1995. – Grundlegend für das Thema ist immer noch Donat de Chapeaurouge: Wandel und Konstanz in der Bedeutung entlehnter Motive, Wiesbaden 1974. – Der geweiterte Kopiebegriff der Intertextualitäts-Debatte, wie ihn Julia Kristeva oder Roland Barthes auf der Grundlage von Michail Bachtin ausgearbeitet haben und nach dem jeder Text implizit als Summe von Kopien zu betrachten ist, soll hier nicht zur Anwendung kommen.
4 Zu den Abhängigkeiten der Handschriften vgl. Wilhelm Köhler: Die Tradition der Adagruppe und die Anfänge des ottonischen Stils in der Buchmalerei, in: Wilhelm Worringer u. a., (Hrsg.): Festschrift zum 60. Geburtstag von Paul Clemen am 31. Oktober 1926, Bonn 1926, 255–272; Albert Boeckler: Formgeschichtliche Studien zur Ada-Gruppe (Abhandlungen der Bayerischen Akademie der Wissenschaften, phil.-hist. Klasse, N.F. 42), München 1956, 22f., Anm. 48; Katharina Bierbrauer: Die Bilder und die Kanontafeln des Lorscher Evangeliars und ihre Nachwirkung, in: Hermann Schefers (Hrsg.): Das Lorscher Evangeliar. Eine Zimelie der Buchkunst des abendländischen Frühmittelalters (Arbeiten der Hessischen Historischen Kommission N.F. Bd. 18), Darmstadt 2000, 79–101, hier 86f.; Matthias Exner: Das Guntbald-Evangeliar. Ein ottonischer Bilderzyklus und sein Zeugniswert für die Rezeptionsgeschichte des Lorscher Evangeliars (Quellen und Studien zur Geschichte und Kunst im Bistum Hildesheim, Bd. 1), Regensburg 2008, 74–81; Vgl. zuletzt Klaus Gereon Beuckers: Bildnisse des 10. und 11. Jahrhunderts als rhetorische Konstruktion memorialer Funktion. Bemerkungen zum Widmungsbild des Svanhild-Evangeliars und den Essener Stifteremails, in: Barbara Welzel/Michael Schlagheck/Jens Lieven (Hrsg.): Netzwerke der Memoria. Festschrift für Thomas Schilp, Essen 2013, 85–106; Zur vergleichbaren Nachfolge des Wiener Krönungsevangeliars vgl. jüngst Matthias Exner: Typus, Kopie und Nachleben. Zur Wirkungsgeschichte des Krönungsevangeliars, in: Das Krönungsevangeliar des Heiligen Römischen Reiches, Kat. Kunsthistorisches Museum Wien, hrsg. v. Sabine Haag/Franz Kirchweger, Wien 2014, 95–130.
5 Zur Regensburger Buchmalerei vgl. grundlegend Georg Swarzenski: Die Regensburger Buchmalerei des X. und XI. Jahrhunderts. Studien zur Geschichte der deutschen Malerei des frühen Mittelalters, Leipzig 1901 (ND Stuttgart 1969); Regensburger Buchmalerei. Von frühkarolingischer Zeit bis zum Ausgang des Mittelalters, Kat. Bayerische Staatsbibliothek München, hrsg. v. Florentine Mütherich (Bayerische Staatsbibliothek, Ausstellungskataloge, Bd. 39), München 1987; Zu den Zitaten der Hand Gottes in den drei Handschriften vgl. beispielsweise Adam S. Cohen: The Uta Codex. Art, Philosophy, and Reform in Eleventh-Century Germany, Pennsylvania 2000, 28–33; vgl. zuletzt: Der Uta-Codex. Frühe Regensburger Buchmalerei in Vollendung.

Die Handschrift Clm 13601 der Bayerischen Staatsbibliothek, bearb. v. Karl Georg Pfändner/Brigitte Gullath, Luzern 2012.

6 Einen besonderen Stellenwert in der Diskussion hat die Wiederverwendung antiker Schmucksteine gefunden, bevor insbesondere Hiltrud Westermann-Angerhausen das Augenmerk auch auf wiederverwendete Emails gelenkt hat. Vgl. Geerto A. S. Snijder: Antique and medieval gems on bookcovers at Utrecht, in: The Art Bulletin 14, 1932, 5–52; William S. Heckscher: Relics of pagan antiquity in medieval settings, in: Journal of the Warburg and Cortauld Institutes 1, 1937/38, 204–220; Beat Brenk: Spolia from Constantine to Charleslemagne. Aestetics versus Ideology, in: Dumberton Oaks Papers 41, 1987, 103–109; Hiltrud Westermann-Angerhausen: Spolie und Umfeld in Egberts Trier, in: Zeitschrift für Kunstgeschichte 50, 1987, 305–330; Antje Krug: Gemmen und das Zeitalter Bernwards, in: Bernward von Hildesheim und das Zeitalter der Ottonen, Kat. Dom- und Diözesanmuseum Hildesheim u. a., hrsg. v. Michael Brandt/Arne Eggebrecht, Mainz 1993, Bd. 1, 161–172; Hiltrud Westermann-Angerhausen: Spolie – Zitat – Tradition. Die vorgotischen Emails und der Vorgänger des gotischen Schreins, in: Schatz aus den Trümmern. Der Silberschrein von Nivelles und die europäische Hochgotik, Kat. Schnütgen-Museum Köln u. a., hrsg. v. Hiltrud Westermann-Angerhausen, Köln 1995, 117–132.

7 Dan O'Hara: Skeuromorphology and Quotation; in: Martin Roussel (Hrsg.): Kreativität des Findens. Figurationen des Zitats (Morphomata, 2), Paderborn 2012, 281–293, hier 284, bildet zwar das Aachener Lotharkreuz als Beispiel für eine *crux gemmata* ab, bespricht an dieser Stelle aber nur die Edelsteinimitation durch Glasflüsse oder bemalte Elemente. Überhaupt zielt seine Einführung des Begriffs der ‚Skeuomorphologie' („*Skeuomorphology, as it is presently used, refers to a fashioning of artefacts in a form which is appropriate to another medium, and so to the migration of a form proper to the construction of an artefact in one material, to a replica of the same artefact constructed in another, usually less valuable material.*" S. 281) auf imitierende Formadaption zur Vortäuschung einer anderen Materialität bzw. zur Adaption materialspezifischer Erscheinungen in einem anderen Material. Hierin liegt ein anderer Zitatbegriff zugrunde, der nicht die Bezugnahme auf ein spezifisches Werk, dessen Inhaltlichkeit durch das Zitat angesprochen werden soll, meint und kann deshalb hier unberücksichtigt bleiben.

8 Die Wiederverwendung von Material als Rekurs auf die Herkunft des Materials aus der Hand eines Stifters, durch die der Stifter am Objekt bzw. in die mit dem Objekt vollzogenen liturgischen Handlung zur memorialen Funktion verortet wird, bildet hier eine eigene Kategorie. In diesem Kontext kann auch die einfache Materialverwertung eine eigene Verweisstruktur aufbauen – selbst wenn sie durch Betrachter und Nutzer nicht direkt als Übernahme lesbar sein sollte. Beispiele dafür finden sich in den Schmuckstiftungen adeliger Damen, die zu liturgischen Objekten umgearbeitet wurden bzw. dort Eingang fanden. Ein prominentes Beispiel ist das um 1006 entstandene Gisela-Kreuz in der Schatzkammer der Münchener Residenz, auf dem zahlreiche Emails eines profanen Schmucks wiederverwendet wurden. Zum Kreuz vgl. Bruno Reudenbach (Hrsg.): Karolingische und Ottonische Kunst (Geschichte der bildenden Kunst in Deutschland, 1), München 2009, 486f., Kat. Nr. 256 (Irmgard Siede); vgl. auch Klaus Gereon Beuckers: Schatz und Stiftungen. Allgemeine Bemerkungen zu Stiftungsmotivationen im Früh- und Hochmittelalter, in: Hedwig Röckelein (Hrsg.): Der Gandersheimer Schatz im Vergleich. Zur Rekonstruktion und Präsentation von Kirchenschätzen (Studien zum Frauenstift Gandersheim und seinen Eigenklöstern, 4), Regensburg 2013, 21–34.

9 Vgl. Josef Deér: Das Kaiserbild im Kreuz. Ein Beitrag zur politischen Theologie des früheren Mittelalters, in: Schweizer Beiträge zur Allgemeinen Geschichte 13, 1955, 48–110; Ihm folgten etliche Autoren, genannt sei nur eine Auswahl: Hermann Schnitzler: Rheinische Schatzkammer. Tafelband, Düsseldorf 1957, 29; Percy Ernst Schramm: Die deutschen Kaiser und Könige in Bildern ihrer Zeit. Teil 1 (Die Entwicklung des menschlichen Bildnisses, 1), Leipzig 1928 (erw. Neuauflage bearb. v. Florentine Mütherich, München 1983), 52, 175; Ernst Günther Grimme: Der Aachener Domschatz (Aachener Kunstblätter 42), Aachen 1972, 24–28; vgl. zuletzt auch Eliza Garrison: Ottonian imperial art and portraiture. The artistic patronage of Otto III and Henry II, Ashgate 2012, 44f., 75f.

10 Victor H. Elbern: Werdendes Abendland an Rhein und Ruhr, Kat. Villa Hügel Essen, Essen 1956, 231, Kat. Nr. 392; Victor H. Elbern: Das erste Jahrtausend. Kultur und Kunst im werdenden Abendland an Rhein und Ruhr. Tafelband, Düsseldorf 1962, 68, Kat. Nr. 303; Victor H. Elbern: Die Goldschmiedekunst im frühen Mittelalter, Darmstadt 1988, 111f.; Theo Jülich: Gemmenkreuze. Die Farbigkeit ihres Edelsteinbesatzes bis zum 12. Jahrhundert, in: Aa-

chener Kunstblätter 54/55, 1986/88, 99–251, hier 159–168, 201–204, 212–214; noch unentschieden Reudenbach 2009 (wie Anm. 8), 229f., Kat. Nr. 23 (Rebecca Müller); zuletzt mit ausführlicher Argumentation: Klaus Gereon Beuckers: Das Lotharkreuz im Aachener Domschatz, in: Kristin Marek/Martin Schulz (Hrsg.): Kanon Kunstgeschichte. Einführung in Werke und Methoden, Bd. 1: Mittelalter, München 2014, 81–109.

11 Zum Otto-Mathilden-Kreuz vgl. Georg Humann: Die Kunstwerke der Münsterkirche zu Essen, Düsseldorf 1904, 115–159; Leonhard Küppers/Paul Mikat: Der Essener Münsterschatz, Essen 1966, 30–33, 45–48; Heinz Köhn: Das Vortragekreuz des Herzogs Otto und der Äbtissin Mathilde. Das sog. erste Essener Mathildenkreuz, in: Aschaffenburger Jahrbuch 4, 1957, 231–238; Klaus Gereon Beuckers: Das Otto-Mathilden-Kreuz im Essener Münsterschatz. Überlegungen zu Charakter und Funktion des Stifteremails, in: Katrinette Bodarwé/Thomas Schilp (Hrsg.): Herrschaft, Bildung und Gebet. Studien zur mittelalterlichen Geschichte des Frauenstifts Essen (Essener Forschungen zum Frauenstift, 1), Essen 2001, 51–80; Der Essener Domschatz, hrsg. v. Birgitta Falk, Essen 2009, 64f., Kat. Nr. 6; zuletzt Sarah-Marlene Allzeit: Das Mathilden-Kreuz, in: Birgitta Falk/Andrea Hülsen-Esch (Hrsg.): Mathilde. Glanzzeit des Essener Frauenstifts, Essen 2011, 158f. (mit Literatur).

12 Zum Aschaffenburger Kruzifixus vgl. Gerhard Kampfmann: Ein Aschaffenburger Kruzifixus aus ottonischer Zeit?, in: Frankenland. Zeitschrift für fränkische Landeskunde und Kulturpflege 43, 1991, 151–154; Klaus Gereon Beuckers: Der Aschaffenburger Kruzifixus in der Aschaffenburger Stiftskirche, in: Mainfränkisches Jahrbuch für Geschichte und Kunst 46, 1994, 1–23; Manuela Beer: Triumphkreuze des Mittelalters. Ein Beitrag zu Typus und Genese im 12. und 13. Jahrhundert, Regensburg 2005, 180–183; Anna Pawlik: Das Bildwerk als Reliquiar? Funktionen früher Großplastik im 9. bis 11. Jahrhundert (Studien zur internationalen Kunstgeschichte, 98), Petersberg 2013, 175–181; Klaus Gereon Beuckers / Anna Pawlik: In Memory of Duke Otto of Swabia. The Cruzifix of Aschaffenburg, in: Gerhard F. Lutz / Marietta Cambareri/Shirin Fozi (Hrsg.): Striking Images. Christ on the Cross & The Emergence of Medieval Monumental Sculpture, New York 2014 (im Druck).

13 Vgl. Klaus Gereon Beuckers: Kaiserliche Äbtissinnen. Bemerkungen zur familiären Positionierung der ottonischen Äbtissinnen in Quedlinburg, Gandersheim und Essen, in: Thomas Schilp (Hrsg.): Frauen bauen Europa. Internationale Verflechtungen des Frauenstifts Essen (Essener Forschungen zum Frauenstift, 9), Essen 2011, 65–88.

14 Vgl. Klaus Gereon Beuckers: Der Essener Marsusschrein. Untersuchungen zu einem verlorenen Hauptwerk der ottonischen Goldschmiedekunst (Quellen und Studien. Veröffentlichungen des Instituts für kirchengeschichtliche Forschung des Bistums Essen, 12), Münster 2006; zuletzt Jennifer Liß: Der verlorene Marsusschrein, in: Falk/Hülsen-Esch 2011 (wie Anm. 11), 134–136; Die Reliquien des im 18. Jahrhunderts eingeschmolzenen Schreins wurden vermutlich kürzlich wiedergefunden: Detlef Hopp: Wurden die Reliquien aus dem verlorenen Marsusschrein wiederentdeckt?, in: Das Münster am Hellweg 65, 2012, 10–14.

15 Vgl. Winfried Korf: Der Münzenberg zu Quedlinburg, (Edition Metropolis, 1), Quedlinburg 1998; Gerhard Leopold: Die ottonischen Kirchen St. Servatii, St. Wiperti und St. Marien in Quedlinburg. Zusammenfassende Darstellung der archäologischen und baugeschichtlichen Forschungen von 1936 bis 2001 (Veröffentlichung des Landesamtes für Denkmalpflege und Archäologie Sachsen-Anhalt, Arbeitsheft 10), Halle 2010, 109–117.

16 Die Datierung des Westbaus konnte durch die Forschungen von Klaus Lange und seine These bestätigende Reliquienfunde für Mathilde gesichert werden, vgl. Klaus Lange: St. Cosmas und Damian zu Essen. Ein Plädoyer für eine neue Sicht der älteren Baugeschichte, in: Michael Schlagheck u. a. (Hrsg.): Herrschaft, Bildung und Gebet. Gründung und Anfänge des Frauenstifts Essen, hrsg. v. Essen 2000 (ND 2002), 43–57; Klaus Lange: Der Westbau des Essener Domes. Architektur und Herrschaft in ottonischer Zeit (Quellen und Studien. Veröffentlichungen des Instituts für kirchengeschichtliche Forschung des Bistums Essen, 9), Münster 2001; Zusammenfassend mit weiterer Literatur Klaus Gereon Beuckers: Die Westbauten ottonischer Damenstifte und ihre Funktion. Eine Skizze, in: Andreas Ranft/Wolfgang Schenkluhn (Hrsg.): Kunst und Kultur in ottonischer Zeit (more romano, 3), Regensburg 2013, 73–118, hier 87f.

17 Vgl. Beuckers 2001 (wie Anm. 11); zuletzt: Thomas Schilp: Kleidung aus Seide in Frauengemeinschaften? Spannungsfelder von Norm und Wirklichkeit, in: Annemarie Staufer/Thomas Schilp (Hrsg.): Seide im früh- und hochmittelalterlichen Frauenstift. Besitz – Bedeutung – Umnutzung, (Essener Forschungen zum Frauenstift, Bd. 11), Essen 2013, 49–99, hier 56f.; Beuckers 2013 (wie Anm. 4).

18 Vgl. Klaus Lange: Die Krypta der Essener Stiftskirche. Heuristische Überlegungen zu ihrer architektonisch-liturgischen Konzeption, in: Jan Gerchow/Thomas Schilp (Hrsg.): Essen und die sächsischen Frauenstifte im Frühmittelalter (Essener Forschungen zum Frauenstift, Bd. 2), Essen 2003, 161–184; Marie-Louise Hirschmüller: Die Grablege Mathildens, in: Falk/Hülsen-Esch 2011 (wie Anm. 11), 155–157.

19 Zum Jüngeren Mathilden-Kreuz vgl. Ulrich Knapp/Klaus Gereon Beuckers: Farbiges Gold. Die ottonischen Kreuz in der Domschatzkammer Essen und ihre Emails, Essen 2006, 13–15; Sybille E. Eckenfels-Kunst: Goldemails. Untersuchungen zu ottonischen und frühsalischen Goldzellenschmelzen, Berlin 2008, 64–69, Kat. Nr. 16; Falk 2009 (wie Anm. 11), 86f., Kat. Nr. 16.

20 Zum Kreuz mit den großen Senkschmelzen vgl. Beuckers 2006 (wie Anm. 14), 112f.; Knapp/Beuckers 2006 (wie Anm. 19), 10f.; Eckenfels-Kunst 2008 (wie Anm. 19), 69f., 256f., Kat. Nr. 17; Falk 2009 (wie Anm. 11), 70f., Kat. Nr. 9.

21 Vgl. Knapp/Beuckers 2006 (wie Anm. 19), 10–12; Falk 2009 (wie Anm. 11), 70f., 78f., Kat. Nr. 9, Nr. 13.

22 Vgl. Klaus Gereon Beuckers: Liturgische Ensembles in hochmittelalterlichen Kirchenschätzen. Bemerkungen anhand der Essener Ostergrabliturgie und ihrer Schatzstücke, in: Ulrike Wendland (Hrsg.): „… das Heilige sichtbar machen". Domschätze in Vergangenheit, Gegenwart und Zukunft (Landesamt für Denkmalpflege und Archäologie Sachsen-Anhalt, Arbeitsbericht 9), Regensburg 2010, 83–106; zuletzt auch Beuckers 2013 (wie Anm. 16), 31f.; zu den Stücken vgl. Falk 2009 (wie Anm. 11), 78–84, Kat. Nr. 13–15.

23 Zum Egbert-Schrein vgl. Hiltrud Westermann-Angerhausen: Die Goldschmiedearbeiten der Trierer Egbert-Werkstatt (Trierer Zeitschrift für Kunst und Geschichte des Trierer Landes und seiner Nachbargebiete, Beiheft 36), Trier 1973; Egbert. Erzbischof von Trier 977–993. Gedenkschrift der Diözese Trier zum 1000. Todestag, hrsg. v. Franz J. Ronig u. a. (Trierer Zeitschrift für Kunst und Geschichte des Trierer Landes und seiner Nachbargebiete, Beiheft 18), 2 Bde., Trier 1993, Bd. 1, 36f., Kat. Nr. 41; Michael Budde: Altare Portatile. Kompendium der Tragaltäre des Mittelalters 600–1600, 3 Bde., Münster 1997, Kat. Nr. 4; Reudenbach 2009 (wie Anm. 8), 350, Kat. Nr. 119 (Andrea Schaller).

24 Vgl. Hiltrud Westermann-Angerhausen: Überlegungen zum Trierer Egbertschrein, in: Trierer Zeitschrift 40/41, 1977/78, 201–220; Westermann-Angerhausen 1987 (wie Anm. 6); Hiltrud Westermann-Angerhausen: Egbert von Trier und Gregor der Große – Tradition und Repräsentation, in: Michael Embach u. a. (Hrsg.): Sanvta Treveris. Beiträge zu Kirchenbau und bildender Kunst im alten Erzbistum Trier. Festschrift für Franz Ronig zum 70. Geburtstag, hrsg. v. Trier 1999, 709–731; vgl. Victor H. Elbern: Bildstruktur – Sinnzeichen – Bildaussage. Zusammenfassende Studie zur unfigürlichen Ikonographie im frühen Mittelalter, in: Arte medievale 1, 1983, 17–37, hier 35.

25 Irmingard Achter: Die Kölner Petrusreliquien und die Bautätigkeit Erzbischof Brunos (953–965) am Kölner Dom, in: Victor H. Elbern (Hrsg.): Das erste Jahrtausend, 3 Bde., Düsseldorf 1962/64, Textbd. 2, 948–991, hier 977–991; grundlegend Eugen Ewig: Kaiserliche und apostolische Tradition in mittelalterlichen Trier, in: Trierer Zeitschrift 24/26 (1956/58), 147–186; zuletzt Wolfgang Schmid: Zwischen Frömmigkeit und Politik: Reliquien im Mittelalter. Das Beispiel Erzbischof Egberts von Trier, in: Georg Mein/Heinz Sieburg (Hrsg.): Medien des Wissens. Interdisziplinäre Aspekte von Medialität, Bielefeld 2011, 65–98; vgl. Thomas Labusiak: Legitimation durch Tradition. Die Buchkunst der Ottonen und Erzbischof Egbert von Trier (977–993), in: Ranft/Schenkluhn 2013 (wie Anm. 16), 187–200.

26 Zum Petrusstab vgl. Ronig 1993 (wie Anm. 23), Bd. 1, 38f., Kat. Nr. 43 (mit älterer Literatur); Eckenfels-Kunst 2008 (wie Anm. 19), 45f., 277–281, Kat. Nr. 26,.

27 Museo Archeologico Nazionale Cividale, Cod. 136; vgl. Arthur Haseloff: Der Psalter Erzbischof Egberts von Trier. Codex Gertrudianus in Cividale (Festschrift der Gesellschaft für nützliche Forschung Trier), Trier 1901; Ronig 1993 (wie Anm. 23), Bd. 1, 20, Kat. Nr. 3 (mit älterer Literatur); Thomas Labusiak: Die Ruodprechtgruppe der ottonischen Reichenauer Buchmalerei. Bildquellen – Ornamentik – stilgeschichtliche Voraussetzungen, Berlin 2009, 52–59, 231–235.

28 Vgl. Joachim Prochno: Das Schreiber- und Dedikationsbild in der deutschen Buchmalerei. 1. Teil bis Ende des 11. Jahrhunderts (800–1100) (Die Entwicklung des menschlichen Bildes, 2), Leipzig 1929, 32f.; Klaus Gereon Beuckers: Das ottonische Stifterbild. Bildtypen, Handlungsmotive und Stifterstatus in ottonischen und frühsalischen Stifterdarstellungen, in: Klaus Gereon Beuckers/Johannes Cramer/Michael Imhof (Hrsg.): Die Ottonen. Kunst – Architektur – Geschichte, Petersberg 2002, 63–102, hier 80.

29 Vgl. Sybille E. Eckenfels-Kunst: Kostbar wie Edelstein. Zur Verwendung ottonischer Emails, in: Beuckers u. a. 2002 (wie Anm. 28), 175–188.

30 Westermann-Angerhausen 1973 (wie Anm. 23), 86–99, passim.
31 Reiner Nolden (Hrsg.): Die Touronische Bibel der Abtei St. Maximin vor Trier, Trier 2002.
32 Zum Teuderigusreliquiar vgl. Reudenbach 2009 (wie Anm. 8), 227f, Kat. Nr. 21 (Rebecca Müller); zuletzt Le Trésor de l'abbaye de Saint-Maurice d'Augaune, Kat. Louvre Paris, hrsg. v. Élisabeth Antoine-König, Paris 2014, 52–55, Kat. Nr. 9 (Pierre Alain Mariaux); zu zoomorphen Ornamenten des 8./9. Jahrhunderts zuletzt Ulrike Sander: Der Ältere Lindauer Buchdeckel in seinen originalen Bestandteilen, Diss. Bonn 2007 [http://hss.ulb.uni-bonn.de/2007/1058/1058-text.pdf]; zum Elwanger Kästchen vgl. Die Macht des Silbers. Karolingische Schätze im Norden, Kat. Archäologisches Museum Frankfurt u. a., hrsg. v. Egon Wamers/Michael Brandt, Regensburg 2005, 101–103, Kat. Nr. 32 (Michael Brandt).
33 Bruno Reudenbach: Reliquiare als Heiligkeitsbeweis und Echtheitszeugnis. Grundzüge einer problematischen Gattung, in: Vorträge aus dem Warburg-Haus 4, 2000, 1–36; vgl. auch Bruno Reudenbach: Heil durch Sehen. Mittelalterliche Reliquiare und die visuelle Konstruktion von Heiligkeit, in: Markus Mayr (Hrsg.): Von Goldenen Gebeinen. Wirtschaft und Reliquie im Mittelalter (Geschichte und Ökonomie, 9), Innsbruck 2001, 135–147.
34 Zum Mailänder Paliotto vgl. Günther Haseloff: Email im frühen Mittelalter. Frühchristliche Kunst von der Spätantike bis zu den Karolingern (Marburger Studien zur Vor- und Frühgeschichte, Sonderband 1), Marburg 1990, hier 77f.; Carlo Capponi (Hrsg.): L'Altare d'Oro di Sant'Ambrogio, Mailand 1996; Zu den ottonischen Emails vgl. Rainer Kahsnitz: Ottonische Emails. Zum Stand der Forschung, in: Zeitschrift des deutschen Vereins für Kunstwissenschaft 52/53, 1998/99, 114–150, hier 125f.; Eckenfels-Kunst 2008 (wie Anm. 19), 47f., 329–341, Kat. Nr. 52.
35 Vgl. Eckenfels-Kunst 2008 (wie Anm. 19), 47f.
36 Zu byzantinischen Emails vgl. immer noch Klaus Wessel: Die byzantinische Emailkunst vom 5.–13. Jahrhundert (Beiträge zur Kunst des christlichen Ostens, 4), Recklinghausen 1967.
37 Zur Romanosgruppe vgl. Adolph Goldschmidt/Kurt Weitzmann: Die byzantinischen Elfenbeinskulpturen des X.–XII. Jahrhunderts (Denkmäler deutscher Kunst, II.4), Bd. 2: Reliefs, Berlin 1934 (ND 1979), hier 15f.; Anthony Cutler: The Hand of the Master. Craftmanship, Ivory, and Society in Byzantium (9th – 11th century), Princeton 1994, hier 197f.; Anthony Cutler: The Date and Significance of the Romanos Ivory, in: Christopher Moss/Katharine Kiefer (Hrsg.): Byzantine East, Latin West. Art-Historical Studies in Honor of Kurt Weitzmann, hrsg. v., Princeton 1995, 605–614.
38 Zur Buchmalerei des 10. Jahrhunderts. vgl. Kurt Weitzmann: Byzantinische Buchmalerei des IX. und X. Jahrhunderts (Österreichische Akademie der Wissenschaften, Philosophisch-Historische Klasse, Denkschriften, 243; Veröffentlichungen der Kommission für Schrift- und Buchwesen des Mittelalters, Reihe IV, 2), 2 Bde., Wien 1996 (OA Bd. 1 Berlin 1935); Axinia Džurova: Byzantinische Miniaturen. Schätze der Buchmalerei vom 4. bis 19. Jahrhundert, Regensburg 2002, hier 61f.; zur Utrechter Hodegetria vgl. Goldschmidt/Weitzmann 1930 (wie Anm. 36), 39, Nr. 46; The Glory of Byzantium. Art and Culture of the Middle Byzantine Era a.d. 843–1261, Ausst. Kat. Metropolitan Museum of Art New York, hrsg. v. Helen C. Evans/William D. Wixom, New York 1997, 138f., Nr. 86.

LEONHARD HELTEN

Hallenkirchen. Drei offene Fragen

Der Gegenstand meines kurzen Beitrags sind Hallenkirchen. Den Ausgangspunkt bildet die Elisabethkirche in Marburg mit ihrem in der deutschen Kunstwissenschaft berühmten Hallenlanghaus. Sie wurde in den Jahren 1235–1283 über dem Grab der heilige Elisabeth errichtet und war eine der bedeutendsten Wallfahrtsstätten des Mittelalters.[1] Vor 30 Jahren war die Elisabethkirche fest im Blick des Kunsthistorischen Instituts in Marburg, zur 700 Jahrfeier ihrer feierlichen Weihe im Jahre 1283. Die Ausstellung damals war ein großer Wurf, methodisch, konzeptionell und sogar finanziell, denn es blieb zum Schluss sogar noch reichlich Geld übrig.

Hans-Joachim Kunst leitete damals das Ausstellungsprojekt *Die Elisabethkirche – Architektur in der Geschichte*,[2] dessen Untertitel „Architektur in der Geschichte" zusammen mit seiner dialektischen Umkehrung „Geschichte in der Architektur" zum methodischen Leitmotiv der Ausstellung avancierte, die keine Objekte, sondern Problemfelder vor Augen stellen wollte. „Denn es wird hier versucht, die mittelalterliche Architektur nicht als Illustrationsobjekt historischer Ereignisse zu sehen, sondern sie als integralen Bestandteil historischer Prozesse zu verstehen."[3] Zentraler Begriff war das „Zitat in der Architektur". Eingeführt in die Kunstwissenschaft hatte den Begriff Hans-Joachim Kunst, verstanden und verwendet hat er ihn stets als Teil eines Begriffspaars: *Freiheit und Zitat in der Architektur des 13. Jahrhunderts. Die Kathedrale von Reims*, so der vielzitierte Titel seines zuvor erschienenen Beitrags im 1981 von Karl Clausberg u. a. herausgegebenen Kolloquiumsband zu *Bauwerk und Bildwerk im Hochmittelalter*.[4]

Den grundlegenden Aufsatz zur Architektur der Elisabethkirche in Marburg schrieb 1983 im Ausstellungsband dann Wolfgang Schenkluhn zusammen mit Peter van Stipelen.[5] Überzeugend legte er erstmals auf der gegebenen methodischen Grundlage sehr differenziert die Gründe für die Frühdatierung der Trierer Liebfrauenkirche dar und ihre Vorbildhaftigkeit für die Marburger Elisabethkirche. Im Begleitheft zur Ausstellung werden die Ergebnisse wie folgt zusammengefasst: „Der ursprüngliche Plan des Thüringischen Landgrafenhauses und des Deutschen Ordens für den Bau der Elisabethkirche war bereits der, ein dreischiffiges Hallenhaus mit einem Dreikonchenchor zu verbinden. Diese Konzeption wurde von der Liebfrauenkirche in Trier her entwickelt und war darauf abgestellt, das Vorbild im Marburger Neubau sichtbar anwesend zu machen. Hierfür übernahm man zum einen die in der Trierer Kirche vorhandene Dreikonchenanlage und gab ihr die Schlußform des Trierer Ostchors. Man verband also in der Marburger Elisabethkirche zwei Spezifika der Trierer Liebfrauenkirche unter Verzicht des nur für Trier wichtigen Braine-Zitats [gemeint ist St-Yved in Braine, L.H.]. Dabei wurde der Innenaufriß des Trierer Ostchors in Marburg gleichsam nach außen gewendet [...] Im Innern ist der Wandaufriß gegenüber Trier verändert und weitgehend vereinfacht. Das dreischiffige Hallenlanghaus in Marburg ist ebenfalls von Trier her konzipiert. Ursprünglich sollte nämlich [...] das Gewölbe-Pfeilersystem der Trierer Liebfrauenkirche übernommen werden. Darüber hinaus besaß das Trierer Langhaus nicht nur das ‚hochgotische Jochsystem', queroblonge und quadratische Joche, sondern seine Seitenschiffe erreichten bereits, wie der Querschnittsvergleich mit Marburg belegt, eine hallenartige Höhe."[6] (Abb. 1, 2)

Das von Wolfgang Schenkluhn herausgearbeitete Zitat der Trierer Liebfrauenkirche in Marburg stieß in der Forschung auf breite Akzeptanz. Zwei Punkte indes verwundern im Rückblick: Zum einen blieb eine schnelle Karriere des Zitatbegriffs aus. Auch bei seinen Protagonisten. In der von Hans-Joachim Kunst und Wolfgang Schenkluhn wenig später vorgelegten ausgezeichneten und vielbeachteten Analyse *Die Kathedrale von Reims. Architektur als Schauplatz politischer Bedeutungen* fällt der Begriff beiläufig nur ein einziges Mal.[7] Zum anderen erstaunt, dass die einfache Frage, warum bei der Elisabethkirche alle Schiffe auf gleiche Höhe geführt wurden, durch eine Relativierung des Hallenbegriffs ganz aus dem Blick geriet. Jürgen Michler hatte damals bereits die Argumente für die Ursprünglichkeit des Hallenplans vorgetragen,[8] und mit dem Nachweis eines gegen 1245 gefaßten, später aufgegebenen Hallenplans für die Kölner Minoritenkirche, die eine entsprechende frühe Planung für Marburg voraussetzt, auch die Vorzeitigkeit des Marburger Hallenlanghauses gegenüber dem Zisterzienserklosters Haina begründet. Unter dem Titel „Die Halle in der Basilika – Die Basilika in der Halle" wurde nun in der Marburger Ausstellung der Unterschied zwischen diesen beiden häufigsten Raumtypen relativiert: „Genauere Untersuchungen zeigen nämlich, daß ein Gegensatz zwischen Basilika und Halle weder architektonisch noch historisch besteht. Was man unter ‚Halle' gemeinhin versteht, kann auch in einer Basilika festgestellt werden, wie umgekehrt basilikale Momente in fast jeder Hallenkirche auftauchen. So bilden die doppelten Seitenschiffe des basilikalen Kölner Doms für sich genommen eine Halle und wurden dergestalt zum Vorbild für das Hallenlanghaus des Mindener Doms (1268–1290)",[9] bis hin zu den obergadenabbildenden Momenten der Hallenkirche.[10] Tatsächlich fehlen den Protagonisten dieser Herangehensweise die Korrektive. Auch den Kritikern, wenn etwa Norbert Nußbaum das in der Marburger Ausstellung vertretene Aachen-Zitat in der Liebfrauenkirche in Trier hinsichtlich des Vergleichs der Trierer Aufrissgliederung mit der Aachener Raumanordnung als „ein Paradestück begrifflicher Abstraktion" verwirft.[11] Was ist Intention, was bleibt Allusion? Eine bis heute offene Frage, auch weil die Ikonographie seit den späten 70er Jahren zu einer Art Internationalem Stil der Kunstwissenschaft avancierte und für alle Kunstgattungen einen *clavis interpretandi* bereitzuhalten schien, in deren Folge sich oftmals nicht allein Bildanalysen im ikonographischen Anlauf erschöpften.[12]

HALLENKIRCHEN. DREI OFFENE FRAGEN

Abb. 1: Marburg, Elisabethkirche, Langhaus und Südkonche nach Osten.

Es muss kein Zufall sein, dass die wenigen nachrechenbaren Befunde ernüchtern. So stand schon Hans-Joachim Kunst in den 60er Jahren mit seiner Dissertation über den ersten Hallenumgangschor in Deutschland im Dom zu Verden an der Aller vor dem Problem, dass ausgerechnet die Kathedrale von Reims mit ihren scheidbogenbreiten Gurten das unmittelbare architektonische Vorbild für den Verdener Dom mit seinen breiten Scheidbögen und schmalen rippengleichen Gurten war. Nach der unterstellten abbildhaften Qualität der Gewölbebögen hätte es umgekehrt sein müssen: die ‚raumtrennende Funktion' in der Basilika hätte durch breite Scheidbögen akzentuiert werden müssen, die raumverbindende Funktion in der Hallenkirche durch schmale Scheidbögen. Sein nachrechenbarer Befund: „Die Zahl der Hallenkirchen, in

LEONHARD HELTEN

Abb. 2: Ausstellungstafel zur Ausstellung: Die Elisabethkirche. Architektur in der Geschichte.

denen die Scheidbögen sehr breit sind, übertrifft im späten 13. und 14. Jahrhundert die, in welchen der Verschleifung der Jochgrenzen die der Schiffsgrenzen entspricht."[13] Zum gleichen Ergebnis kommt 1999 Norbert Nußbaum in seiner umfassenden Untersuchung über die Geschichte und Form des gotischen Gewölbes: „Angesichts der weitaus überwiegenden Zahl deutscher Hallen mit kräftig ausgebildeten, schiffstrennenden Scheidbögen muß betont werden, daß die Halle sich im Reich keineswegs zum richtungslosen Einheitsraum entwickelte, wie es eine nationale Kunstgeschichtsschreibung propagierte. Tatsächlich scheint die Halle in Mitteleuropa von zahlreichen Bauherren ganz unterschiedlichen Standes als kostengünstiger Bautyp favorisiert worden zu sein, in dem der gotische Obergaden mit seinen kostspieligen Wandgliederungen und Maßwerkfenstern durch raumhohe Stützenstellungen ersetzt wurde."[14]

Die Postulierung dieses richtungslosen Einheitsraums aber und damit der „Hallenidee", geht auf Kurt Gerstenbergs 1913 erschienene *Deutsche Sondergotik* zurück, das bei weitem erfolgreichste Werk zur Architektur des späten Mittelalters in Deutschland. Gerstenberg suchte damals eine ‚nordische Renaissance' dem italienischen Quattrocento gleichberechtigt zur Seite zu stellen und erklärte den spätgotischen Hallenraum vor allen anderen Raumtypen als die epochale Kulturleistung einer germanischen ‚Rasse'.[15] Das Werk ist längst als einseitig gerade in der Auswahl der Bauten und als sozialgeschichtlich verfehlt erkannt, seine Terminologie aber gehört bis heute zum festen Vokabular der Spätgotik-Forschung und ebenso kompensiert bis heute seine Relativierung vielfach das Fehlen eines eigenen übergreifenden Ansatzes für die inflationäre Zahl von Einzelstudien. Insbesondere durch die Bindung der Hallenkirche an eine intendierte Raumvorstellung: dezidierten Gegnern dieser Verknüpfung wie Werner Müller und Norbert Quien, die unterstreichen, dass der zweidimensional entwerfende Architekt im Planungsprozess die jochübergreifenden Gewölbefiguren der Spätgotik in der dritten Dimension nur in reduzierter Form habe vorhersehen können, hält Norbert Nußbaum sofort entgegen, dass dies die Imaginationsfähigkeit des Architekten grundsätzlich in Frage stelle.[16]

Auch dies ist eine offene Frage. Die zeitgenössischen Schriftquellen geben uns oft zwar genau und detailliert darüber Auskunft, wann der beauftragte Architekt für seinen Planentwurf mit wem welche Vorbilder besucht hat und welche Reisekosten ihm vom Auftraggeber erstattet wurden, alternative Vorschläge aber werden dann meist nach dem Bauaufwand sortiert (*costelick of oncostelick*), nicht nach Bautypen.[17] Noch weniger wissen wir über Bildquellen. Weitgehend im Dunkel bleiben die ganz seltenen zeichnerischen Wiedergaben, die über die planimetrischen Darstellungskonventionen hinausgehen, die bei weitem berühmtesten sind die beiden Zeichnungen der Chorkapelle der Kathedrale von Reims aus dem sogenannten Skizzenbuch des Villard de Honnecourt, begonnen um 1225/30 (Abb. 3–4). Das erste Blatt führt an: „Ves ci le doite mo(n)tee des capeles de le glise de Rains (et) toute le maniere, ensi com eles sunt p(ar) dedens droites en lor estage" (Seht hier den genauen Oberbau der Kapellen der Kirche von Reims und die ganze Art und Weise gerade so, wie sie im Innern in ihren Geschossen sind).[18]

Die Besonderheit dieser Kapelle, dass ihr Sockel rund geführt und die darüber liegende Fensterzone aber vieleckig gebrochen ist, ließ sich nur in einer perspektivischen Ansicht darstellen. Aber Villards Perspektive weicht in wesentlichen Punkten von unserer zentralperspektivisch konditionierten Sehgewohnheit ab: die Horizontalen würden wir bei einer Innenraumdarstellung nach oben heben, Villard krümmt sie nach unten, wie wir es für Außenbaudarstellungen gewohnt sind. Der Grad der Krümmung nimmt zudem von unten nach oben hin zu, leicht zu erkennen in Höhe des Laufgangs mit seinen schulterbogigen Öffnungen, Villard nennt sie

Abb. 3: Skizzenbuch des Villard de Honnecourt, Tafel 60.

HALLENKIRCHEN. DREI OFFENE FRAGEN

Abb. 4: Skizzenbuch des Villard de Honnecourt, Tafel 61.

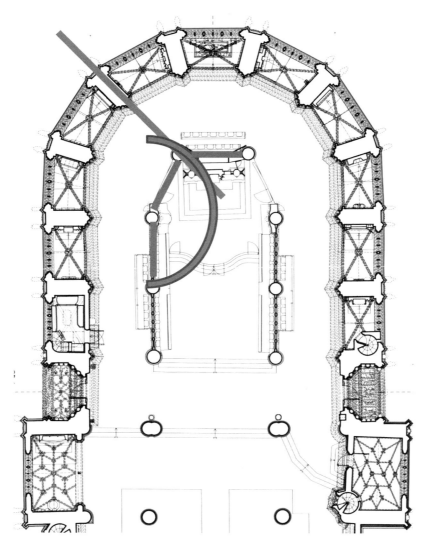

Abb. 5: Schwäbisch-Gmünd, Hl. Kreuz-Kirche, Grundrisszeichnung.

‚verborgene Bögen'. Schließlich verschiebt Villard die Scheitelpunkte der beiden seitlichen Spitzbögen nach außen statt nach innen, am Außenbau umgekehrt, was vielleicht am meisten verwundert. Für Hans R. Hahnloser sind diese Besonderheiten nur folgerichtig „nach mittelalterlicher Naturbeobachtung", er räumt jedoch ein: „Ich gestehe, daß sich mir das gesetzmäßige dieser scheinbaren Unregelmäßigkeiten erst nach jahrelangem Umgang mit den Zeichnungen erschlossen hat."[19]

HALLENKIRCHEN. DREI OFFENE FRAGEN

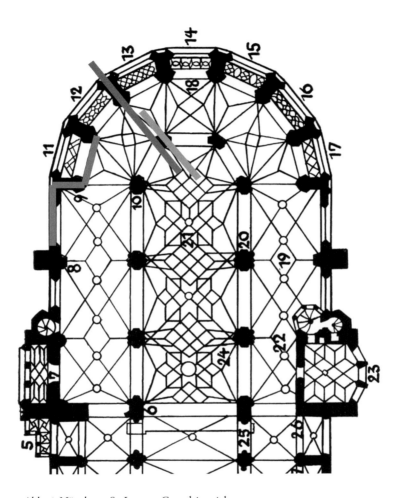

Abb. 6: Nürnberg, St. Lorenz, Grundrisszeichnung.

Die Frage der Bildquellen berührt die Planfindung überdies auch ganz grundsätzlich, insbesondere mit der Erfindung der Druckkunst, die nun eine ganz andere Verbreitung bildlicher Vorlagen der architektonischen Vorbilder gewährleistet und damit auf den Planungsprozess zurückwirkt. Kreuzkapelle und Hl. Grab in Görlitz aus dem letzten Viertel des 15. Jahrhunderts stehen für diese Zäsur in der Geschichte der Vergegenwärtigung mittelalterlicher Architektur, hier der Nachbildung der Heiligen Stätten in Jerusalem durch Georg Emmerich in Görlitz, da

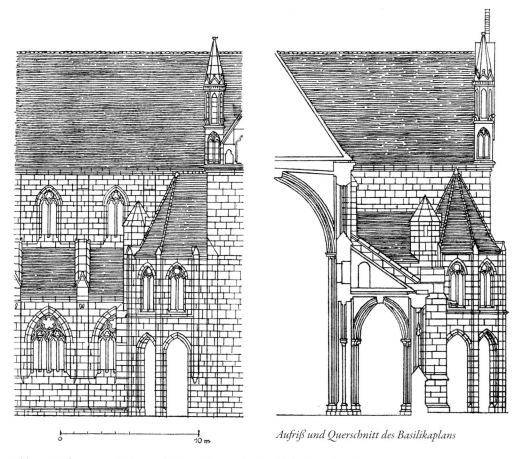

Aufriß und Querschnitt des Basilikaplans

Abb. 7: Meißen, Dom. Rekonstruktionszeichnung der basilikalen Langhausplanung.

diese nun auch für jene, die nicht selbst vor Ort waren, die nicht persönlich die Heiligen Stätten besucht hatten, anhand der verbreiteten Drucke über das jeweilige Verhältnis von Vorbild und Rezeption urteilen konnten.[20]

Keine sichtbaren Zäsuren in der Architektur des späten Mittelalters hinterließen indes die vielbeschriebenen Katastrophen, demographische wie konjunkturelle Einbrüche, wie Norbert Nußbaum zuletzt noch einmal überzeugend hervorhob: „Weil Baukosten von jeher nicht mit Naturalerträgen gegenzurechnen sind, sondern in Heller und Pfennig aufgebracht werden müssen, ist der Bauboom des Spätmittelalters ein Produkt des freien Geldes. Es baut, wer Geld hat oder solches auftreiben kann, welchen Standes er auch immer sei. Es bauen Kreditgeber und Kreditnehmer gleichermaßen, und in den Jahrzehnten dezimierter Bevölkerung nach den großen Pestwellen wird nicht weniger gebaut, weil sich die Vermögen nun in den Händen der

Abb. 8: Meißen Dom, südliches Seitenschiff nach Osten.

glücklich Überlebenden bündeln und deren dankbare Erleichterung manche Stiftung begünstigt. Auch in den Perioden schwacher Konjunktur läßt der Baueifer nicht nach, wenn die unsicheren Zahlen nicht trügen. Wie in heutigen Zeiten fließt jenes Geld, das nicht in den Warenkreislauf gelangt, vorzugsweise in Immobilien. Ökonomisierung des Bauens meint hier Investition in Erwartung eines reellen, gebauten Gegenwertes, und dies auch im Sakralbau. Fromme Stifter begnügen sich nicht mehr mit einem Eintrag in die Memorialbücher, sondern wollen ihre Dotationen durch Artefakte dokumentiert sehen, die dem Vollzug der *memoria* Ort und dauerhaften Handlungsrahmen geben. Die Künstler sind beauftragt, diesen sich kontinuierlich weitenden Rahmen zu füllen. Sie dienen nun sehr verschiedenen Herren und sind gefordert, die Sprachebene ihrer Erzeugnisse an Status und Dignität des Beauftragenden und an dessen Absichten auszurichten."[21]

Es lohnt, sich von diesem konzis umrissenen Befund der abschließenden dritten offenen Frage zu nähern, der Stellung des vermeintlichen Schöpfungsbaus der deutschen Spätgotik, dem 1351 begonnenen Hallenumgangschor der Hl. Kreuz-Kirche zu Schwäbisch-Gmünd. Seine kunsthistorische Stellung als Schöpfungsbau beruht „im wesentlichen auf einer höchst anfechtbaren Studie zur Entwicklung der Hallenkirche"[22], eben jener von Kurt Gerstenberg zur deutschen Sondergotik aus dem Jahre 1913, die 1969 von der Wissenschaftlichen Buchgesellschaft Darmstadt neu aufgelegt wurde. Und sie beruht auf der mehr als zweifelhaften Annahme einer einheitlichen Planung, wie schon die Grundrissdisposition verdeutlicht: der Hallenumgangschor wurde über einem äußeren regelmäßigen 7/12 Polygon mit trapezförmigen Einsatzkapellen hochgeführt, statt der Strebepfeiler umziehen schmale Sporne in der Verlängerung der Kapellenrippen den äußeren Kontur.[23] Zweifellos knüpft diese Planung an die komplexen hochgotischen Formrepertoires der Kathedralen von Paris und Köln an, mit dem Neubau ihrer Pfarrkirche orientierte man sich in Schwäbisch-Gmünd damit am höchsten Anspruchsniveau. Die differenzierten achsensymmetrischen Dienstbündel an den Kapellenkopfpfeilern verweisen auf einen radialen Aufbau des Chores und anschließende trapezförmige Umgangsjoche, finden aber keine Entsprechung im inneren dreiseitigen Polygon, das weder aus einem geometrisch regelmäßig gebildeten Vieleck konstruiert ist, noch mit den ergrabenen Fundamenten des inneren Polygons korreliert. Im Ergebnis eine unregelmäßige Weiterführung der Chorhalsarkaden, die keine überzeugende Einwölbung des Umgangs mehr zulässt, eine Vereinfachung des Binnenchors, die der „virtuosen Kenntnis der Form und ihres wirkungstechnischen Potentials" diametral entgegensteht. Mit den Worten Norbert Nußbaums: „... der innere Stützenkranz wirkt wie eine sekundäre, nachträglich in diesen Gesamtraum eingefügte Arkatur..."[24] Tatsächlich wirkt er nicht nur so, er ist es. 1377 wurden die Arbeiten am Chor unterbrochen, der Bau notdürftig eingedeckt und 1410 geweiht.[25] Die heutigen feinmaschigen Netzgewölbe zog schließlich der Werkmeister Alberlein Jörg ab 1491 ein, eine Gewölbelösung, die zur Erbauungszeit des Gmünder Chores noch gar nicht existierte. Für die ambitionierten Bauherren des 14. Jahrhunderts in Schwäbisch-Gmünd aber kann eine solche Grundrissdisposition nur ein inakzeptables Ergebnis, eine Notlösung sein, auch wenn die Verfasser des Inventarbandes des Heiligkreuzmünsters dagegen-

HALLENKIRCHEN. DREI OFFENE FRAGEN

Abb. 9: Verden, Dom, südlicher Chorumgang nach Osten.

halten: „Die abenteuerliche These eines Konzeptionswechsels von einem 7/12-Binnenchorschluß zur heutigen Lösung innerhalb von vier Jahren (1377–1381) bei Helten, nur aufgrund der Dienstbündel erschlossen, kann hier unberücksichtigt bleiben, da sich eine basilikale Chorplanung auch an den Freistützen hätte auswirken müssen bei einer möglichen Bauzeit von 26 Jahren (1351–1377)."[26] Fast scheint es, als wolle man mit aller Macht an der Einheitlichkeit der Planung festhalten, um damit die Vorstellung einer der ganz wenigen Zäsuren in der Architektur des späten Mittelalters zu erhalten. Die Bürger Nürnbergs wussten es jedenfalls zu schätzen, als der Werkmeister Georg Heinzelmann 1439 bei der Rezeption des Gmünder Chores in der Lorenzkirche der Stadt mit der Einrückung des Kapellenkranzes und veränderter Stützenstellung des Binnenchores den 7/12 Schluss mit dem dreiseitigen Binnenchor durch alternierend quadratische und dreiseitige Gewölbefelder geometrisch überzeugend miteinander verband.[27]

Was bleibt, ist immerhin ein sehr ambitionierter Neubau in Gmünd, der vielfach rezipiert wurde, sich aber kaum als Zäsur für einen in jeder Hinsicht heterogenen durch Status und Dignität geprägten, jeder monokausalen Erklärung entziehenden Bauboom im späten Mittelalter eignet. Anders eine Gruppe von drei Bauten, mit denen ich meinen Beitrag schließen möchte, es sind dies die Langhausbauten der Dome in Minden, Paderborn und Meissen aus dem letzten Drittel des 13. Jahrhunderts. Sie wurden allesamt basilikal begonnen und nach einem Planwechsel im Hallenquerschnitt vollendet.[28] Hier ermöglichen die neuen großen vielbahnigen Maßwerkfenster über identischem Grundriss eine ungleich größere repräsentative Wirkung. In Minden reichte die Palette der Vorbilder von Reims, Laon, Paris, Amiens, Semuren-Auxois, Limburg und Köln bis zum Minden benachbarten Bistum Paderborn. Die Ausführung der Mindener Fenster lässt aber erkennen, dass kein an den französischen Bauten geschulter Architekt tätig war: die dicken Stäbe und die eckig gestuften Fenstergewände belegen dies; sie gleichen den Profilen des Paderborner Domlanghauses und der Stiftskirche in Lippstadt."[29] Alle zeitgenössischen Maßwerkbildungen waren Ende des 13. Jahrhunderts über die großen Bauhütten im Medium der Zeichnung verfügbar. Ein leitender Architekt konnte, er musste aber nicht mehr diese Bauten selbst gesehen haben. „Und die großen Probleme, die sich mit der architektonischen Einbindung der Fenster in den Aufriss bei wandbreiten Fenstern einstellen, sind bei der Ausführung als Einsetzfenster irrelevant. Für die Rezeption dieser großen neuen Maßwerkfenster benötigte man nur eine möglichst große Wandfläche, in die das Fenster dann mit seitlichen Wandstreifen eingesetzt werden kann."[30] Unabhängig von allen Raumvorstellungen beförderten diese neuen großen Maßwerkfenster im letzten Drittel des 13. Jahrhunderts ein neues Aufrisssystem, für das der Hallenquerschnitt konstitutiv war und das den bischöflichen Auftraggebern Formen gesteigerter Monumentalität und Repräsentation ermöglichte. Die Hochführung der drei Kirchenschiffe auf eine gemeinsame Höhe gründete in Minden, Paderborn und Meißen weder auf einer bestimmten Raumvorstellung und schon gar nicht auf einer gegebenen Grundrissdisposition, sie resultierte hier allein aus einer technischen Innovation im Aufrisssystem am Ende des 13. Jahrhunderts und führte dann im Dom zu Verden an der Aller zum ersten Hallenumgangschor in Deutschland.

Anmerkungen

1. Richard Hamann/Kurt Wilhelm Kästner: Die Elisabethkirche zu Marburg und ihre künstlerische Nachfolge, Bd. 1: Kurt Wilhelm-Kästner: Die Architektur, Marburg 1924; Jürgen Michler: Die Langhaushalle der Marburger Elisabethkirche, in: Zeitschrift für Kunstgeschichte 32, 1969, 104–132; Hans-Joachim Kunst: Zur Ideologie der deutschen Hallenkirche als Einheitsraum, in: architectura, Zeitschrift für Geschichte der Architektur 1, 1971, 38–53; ders., Die Elisabethkirche in der Fotografie, in: Marburger Jahrbuch für Kunstwissenschaft 20, 1981, 72–80.
2. Hans-Joachim Kunst (Hrsg.): Die Elisabethkirche. Architektur in der Geschichte (700 Jahre Elisabethkirche in Marburg, 1283–1983), Marburg 1983. Ausstellung vom 30.4.–31.7.1983 im Landgrafenschloß zu Marburg.
3. Hans-Peter Schwarz (Hrsg.): Begleitheft zur Ausstellung „Die Elisabethkirche – Architektur in der Geschichte", Wissenschaftliche Mitarbeiter: Reinhard Lambert Auer, Gabi Dolff-Bonekämper, Uwe Geese, Gabriele Holthuis, Theresia Jacobi, Hans-Joachim Kunst, Wolfgang Schenkluhn, Frauke Scherf, Hans-Peter Schwarz, Peter van Stipelen, Marburg 1983, 7.
4. Hans-Joachim Kunst: Freiheit und Zitat in der Architektur des 13. Jahrhunderts. Die Kathedrale von Reims, in: Karl Clausberg u. a. (Hrsg.): Bauwerk und Bildwerk im Hochmittelalter. Anschauliche Beiträge zur Kultur- und Sozialgeschichte, Gießen 1981, 87–102. In den Niederlanden der frühen 1980er Jahre war es Aart J. J. Mekking, der über seine kritische Auseinandersetzung mit Günter Bandmann: Mittelalterliche Architektur als Bedeutungsträger, Berlin 1951 (2005 in englischer Sprache: Early medieval architecture as bearer of meaning) neue Wege der Architekturanalyse erschloss: Aart J. J. Mekking: De Sint-Servaaskerk te Maastricht, Utrecht 1986; Elisabeth den Hartog, Raphael Rijntjes, Jos Stöver und Eelco van Welie: Bouwen en Duiden. Studies over Architectuur en Iconologie, Alphen aan den Rijn 1994.
5. Wolfgang Schenkluhn/Peter van Stipelen: Architektur als Zitat. Die Trierer Liebfrauenkirche in Marburg, in: Kunst 1983 (wie Anm. 2), 19–53.
6. Schwarz 1983 (wie Anm. 3), 56.
7. Hans-Joachim Kunst/Wolfgang Schenkluhn: Die Kathedrale in Reims. Architektur als Schauplatz politischer Bedeutungen, Frankfurt am Main 1987. Bei vergleichbarem Textumfang durchzieht der Zitatbegriff mit 43 Textstellen noch das gesamte Begleitheft der Marburger Ausstellung.
8. Michler 1969 (wie Anm. 1), 104–132.
9. Schwarz 1983 (wie Anm. 3), 28.
10. Schwarz 1983 (wie Anm. 3), 32.
11. Norbert Nußbaum, Deutsche Kirchenbaukunst der Gotik. Entwicklung und Bauformen, Köln 1985, 54–55: „Neuerdings sieht man in ihr [der Trierer Liebfrauenkirche, L.H.] das ehrgeizige Projekt des Trierer Erzbischofs Dietrich von Wied, mit den Formen der Reimser Kathedrale, der Krönungskirche der Kapetinger, die Aachener Pfalzkapelle als Krönungskirche des deutschen Königs nachzubilden und so dem Anspruch auf das Krönungsrecht Ausdruck zu verleihen, das der Trierer Metropolit dem Kölner streitig machte. Doch zu wenig erinnert in Trier an Aachen. Die beiden gleichwertigen Umgangsgeschosse des karolingischen Oktogons klingen in Trier allenfalls in den schmalen Laufgängen der Polygone an. Die Geschoßteilung der Vierungspfeiler ist feinsinnig auf den Chor abgestimmt, bewirkt aber keineswegs eine Geschoßverdopplung der gesamten Raumschale; denn maßgeblich ist die basilikale Staffelung von Haupt- und Nebenräumen. Sie mit der Aachener Raumanordnung zu identifizieren, ist ein Paradestück begrifflicher Abstraktion. Ebenso wenig hat die ‚romanisierende' Westfront der Liebfrauenkirche mit ihren Rundbögen und runden Treppentürmchen an den Flanken mit der großen Nischenwand des Aachener Westbaus zu tun."
12. Vgl. Wolfgang Kemp in seinem Vorwort zu Svetlana Alpers: Kunst als Beschreibung. Holländische Malerei des 17. Jahrhunderts, Köln 1985, 7–20; Klaus Jan Philipp: Zur Herleitung der Gewölbe des Prager Veitsdomes. Ikonographie spätgotischer Gewölbefigurationen, in: kritische berichte 13, 1985, Heft 1, 45–54
13. Hans-Joachim Kunst: Die Entstehung des Hallenumgangschores. Der Domchor zu Verden an der Aller und seine Stellung in der gotischen Architektur, in: Marburger Jahrbuch für Kunstwissenschaft 18, 1969, 77, Anm. 297.
14. Norbert Nußbaum/Sabine Lepsky: Das gotische Gewölbe. Eine Geschichte seiner Form und Konstruktion, Darmstadt 1999, 159.
15. Vgl. Nußbaum 1985 (wie Anm. 11), 186; Kurt Gerstenberg, Deutsche Sondergotik, München 1913.
16. Werner Müller/Norbert Quien: Von deutscher Sondergotik. Architekturfotografie – Computergrafik – Deutung, Baden-Baden 1997; dagegen die Rezension von Norbert Nußbaum im Journal für Kunstgeschichte 3, 1999, Heft 1, 14–18.
17. Für die Niederlande vgl. Klaus Jan Philipp: „Eyn huys in manieren van eynre kirchen". Werkmeister, Parliere, Steinlieferanten, Zimmermeister und die

Bauorganisation in den Niederlanden vom 14. bis zum 16. Jahrhundert, in: Wallraf-Richartz-Jahrbuch 50, 1989, 69–113; Leonhard Helten: Kathedralen für Bürger. Die St. Nikolauskirche in Kampen und der Wandel architektonischer Leitbilder städtischer Repräsentation im 14. Jahrhundert, Amsterdam 1994, 24–28.

18 Zitiert nach Hans R. Hahnloser: Villard de Honnecourt, Kritische Gesamtausgabe des Bauhüttenbuches ms.fr 19093 der Pariser Nationalbibliothek, Graz ²1972, 162.

19 Hahnloser 1972 (wie Anm. 18), 163: „Folgerichtig – wenigstens nach mittelalterlicher Naturbeobachtung und unserem perspektivisch verbildeten Sehen entgegen – ist auch der Umstand, daß die Spitzen der äußeren Spitzbogen nach außen verschoben sind und nicht nach innen. Wir erblicken die entferntere Fensterlaibung in ihrer ganzen Breite und Ausdehnung (die nähere aber überschnitten, also schmäler und kleiner), folglich muß sie größer, breiter gezeichnet werden. Bei der Außenansicht erscheint dies Verhältnis mit Recht umgekehrt."

20 Ernst-Heinz Lemper: Die Kapelle zum Heiligen Kreuz beim Heiligen Grab in Görlitz, in: Kunst des Mittelalters in Sachsen. Festschrift für Wolf Schubert zum 60. Geburtstag, Weimar 1967, 142–157; Gustaf Dalmann: Die Kapelle zum Heiligen Kreuz und das Heilige Grab in Görlitz und Jerusalem, Görlitz 1961. [Anm. Red.: vgl. Beitrag von Christian Freigang in diesem Band.]

21 Norbert Nußbaum: Die Raumentwürfe des Hans von Burghausen und die Ökonomisierung des Bauens, in: Stefan Bürger/Bruno Klein (Hrsg.): Werkmeister der Spätgotik. Position und Rolle der Architekten im Bauwesen des 14. bis 16. Jahrhunderts, Darmstadt 2009, 92.

22 Nussbaum 1985 (wie Anm. 11), 187.

23 Leonhard Helten: „Reizende Bouwmeester". Der Werkvertrag zwischen den Kirchherren von St. Peter zu Leiden und dem Werkmeister Rutger aus Köln aus dem Jahre 1391, in: Stefan Bürger/Bruno Klein (Hrsg.): Werkmeister der Spätgotik. Position und Rolle der Architekten im Bauwesen des 14. bis 16. Jahrhunderts, Darmstadt 2009, 133.

24 Nußbaum 1985 (wie Anm. 11), 153.

25 Nußbaum 1985 (wie Anm. 11), 152.

26 Richard Strobel: Die Kunstdenkmäler der Stadt Schwäbisch Gmünd, I, Stadtbaugeschichte, Stadtbefestigung, Heiligkreuzmünster, mit Beiträgen von Klaus Jürgen Herrmann, Ulrich Müller, Andreas Thiel, Stefan Timpe und Peter Wagenplast, München/Berlin 2003, 214.

27 Nußbaum 1985 (wie Anm. 11), 233–234.

28 Leonhard Helten: Mittelalterliches Maßwerk, Entstehung – Syntax – Topologie, Berlin 2006, 239; Zuletzt Leonhard Helten: Um 1300. Neue Formen der Repräsentation im Kirchenbau, in: Artium Quaestiones 24, 2014.

29 Helten 2006 (wie Anm. 28), 239.

30 Ebd.

CHRISTIAN FREIGANG

Sakrale Potenz und historische Authentizität: „Zitate" heiliger Bauten[1]

Die Denkfigur des Architekturzitats und davon abgeleitete hierarchische Bezüglichkeiten – dieser oder jener Bau „zitiert" ein Vorbild – sind mittlerweile zu einem gängigen, häufig auch unbewusst verwendeten Relationsbegriff der architekturhistorischen Hermeneutik geworden. Es wäre interessant, dies zu historisieren: Sehr wahrscheinlich würde man dann aufdecken, dass es sich dabei letztlich um eine Denkfigur handelt, die sich vor allem der Epoche des architektonischen Historismus verdankt. Das bedeutungshaft sinnstiftende „Zitieren" von architektonischen Baumotiven, Bauten und Großensembles hat ja gerade im 19. Jahrhundert eine semantische und syntaktische Komplexität erfahren, die eine besondere dechiffrierende „Lektüre" eines Bauwerks als wesentliche Wahrnehmungsform einforderte. Die Pariser Oper etwa ist nur in ihren Zitaten auf Palladio, Michelangelo, den Louvre, Versailles, das Bordeleser Theater usw. zu „verstehen". Ob eine solche bildungsbeflissene Lektüre als Analyseverfahren dem Werk gerecht wird und ob nicht gerade auch die Affizierung durch emotive Stimmungsqualitäten eine mindestens ebenso bedeutsame Rolle spielt, ist eine andere Frage, die hier nicht beantwortet werden soll. Jedenfalls stellte aber die Anwendung solcher hermeneutischer Verfahren auf die Analyse mittelalterlicher Architektur seit den siebziger und achtziger Jahren des vergangenen Jahrhunderts eine wesentliche und inspirierende Innovation dar. Denn in Absetzung vom Begriff der Architekturkopie, wie sie Krautheimers berühmte Studie von 1942 formuliert hatte, ging es nun nicht ausschließlich um die Referenzen von baulichen Gesamtentitäten auf bestimmte Vorbildbauten, die integraliter „kopiert" werden sollten.[2] Vielmehr erschien nun, in den Studien von Robert Suckale, Hans-Joachim Kunst, Matthias Müller und vor allem programmatisch von Wolfgang Schenkluhn, das Bauwerk als ein durchaus heterogener „Text" mit einer Vielzahl intertextueller Bezüge und Bedeutungsdimensionen.[3] Explizit war damit verbunden, die architektonische Konzeption als ein intentionales und programmatisches Kompositionsverfahren zu begreifen, eben nicht nur als einen opportunen oder traditionalen „Kopiervorgang". Folglich musste es der historischen Forschung wesentlich darum gehen, die Komponenten dieses „Textes" herauszupräparieren. Der Begriff des Zitats lag dabei wohl insofern nahe, als er implizit voraussetzte, „randscharfe" semantische Untereinheiten definieren zu können. Natürlich ist das keine leichte Aufgabe, denn es gibt ja in der Architektur keine Anführungszeichen und noch weniger eine Fußnote als Quellennachweis, stattdessen aber Brüche in der Gesamtstruktur eines Bauwerks, ersichtlich heterogene Anspruchsniveaus, stilistische Unvereinbarkeiten, motivische Unterstreichungen innerhalb eines Bauwerks, die – nur dem Kenner zugänglich – die semantischen Bestandteile mittelalterlicher Architekturen freizulegen erlauben. Mit dieser Neuorientierung war jedenfalls eine emanzipatorische Zielsetzung verbunden, denn oftmals sollten diese Komponenten ja als politische, soziale oder juridische Botschaft zu deuten sein. Insofern formulierte diese Erneuerung der mittelalterlichen Architekturgeschichte eine insgesamt positive und optimistische Prognose, nämlich diejenige, auch über das Mittelalter und Europa hinaus Architektur als kompliziertes politisches Medium zu verstehen, dessen Mechanismen nunmehr essentiell vom Architekturhistoriker zu entschlüsseln seien. Ich selbst kann mich gut an diese Aufbruchsstimmung und die damit einhergehenden Reibungen und Widerstände erinnern, auch an die Diskussionen, die Schenkluhns frühe Schriften zu den Bettelorden hervorriefen.

Freilich gibt es in der Tat Einwände und kritische Nachfragen zu formulieren, etwa bezüglich der dauerhaften Semantisierbarkeit von architektonischen Formgebilden, der Wahrnehmungsmöglichkeiten von Architektur im Mittelalter oder der Interaktion zwischen Architektur, Ritual und Liturgie bzw. bezüglich der Frage, in welchem Maße Architektur als solche überhaupt semantisch aufladbar sein kann.[4]

In diesem Kontext stellt auch die Abbildtreue bei Architekturkopien bzw. -zitaten ein eigenes Themenfeld dar, geht es doch hierbei um die mediale Qualität von Sinnvermittlung. Die Erkennbarkeit des Zeichens im Bauwerk kann ja – um etwa mit Peirce zu argumentieren – nicht allein im ikonischen Abbild von Vorbildbauten bestehen, sondern zugleich auch im indexikalischen Verweis – etwa in einer Gründungsinschrift – oder auch in der interpretierenden symbolischen Relation, etwa in der auf eine bestimmte Frömmigkeitspraxis abhebenden Altarausstattung eines Gebäudes. Wenn wir dies konstatieren – und implizit hat das schon Krautheimer getan –, dann fällt auf, dass es einige Bauten gibt, die sich in der Tat auf formaler, „ikonischer" Ebene sehr ähnlich sehen. Dazu zählen außer den Nachfolgebauten der Aachener Pfalzkapelle vor allem die Nachbildungen des Heiligen Grabes und die französischen *Saintes Chapelles*. Gerade vor dem Hintergrund der von Krautheimer herausgestellten vielfältigen Bezugsmöglichkeiten kann eine solche große mimetische Treue nicht nur dem Zufall geschuldet sein. Einige mögliche Gründe dafür seien im Folgenden diskutiert.

Die ehemalige Chorherrenstiftskirche in Denkendorf bei Esslingen stellt eine bemerkenswerte Nachbildung des Heiligen Grabes dar (Abb. 1). Es handelt sich um die erste und einzige deutsche Niederlassung des Ordens vom Heiligen Grab, den Sepulchrinern, gestiftet durch einen Edelfreien Berthold, der nach 1120 eine Pilgerreise nach Jerusalem angetreten hatte und 1129 sowie 1142 dem Kapitel der Grabeskirche eine schon bestehende Eigenkirche seines Vorgängers übereignet hatte. Die Kirche, nunmehr Zentrum des Ordens vom Heiligen Grab, wurde besitz- und verwaltungsrechtlich dem Kapitel der Grabeskirche zugewiesen und dem

Abb. 1: Denkendorf, Chorherrenstiftskirche, Krypta.

CHRISTIAN FREIGANG

besonderen päpstlichen Schutz unterstellt.[5] Das Kloster mit seiner Filialkirche der Grabeskirche wurde bald zum Zentrum eines Netzes von Prioraten und auch einer bedeutenden Wallfahrt. Anziehungspunkt war vor allem eine berühmte Kreuzreliquie, das in etwa zur selben Zeit wie die Klostergründung angefertigte Denkendorfer Kreuz, heute im Württembergischen Landesmuseum. Die Präsenz der Reliquie des vom Blut Christi getränkten Partikels aus dem Heiligen Land wurde aber noch auf andere Weise vermittelt. Hier ist vor allem die auf das Grab Christi fokussierende Liturgie der Stiftsherren zu erwähnen, die zudem auch noch architektonisch unterstützt wurde. In den Boden der wohl um 1200 eingerichteten langgestreckten Krypta nämlich wurde eine rechteckige Vertiefung, ein Bodengrab, eingelassen. Krypta und Grab evozierten also – verstärkt durch die liturgischen Handlungen – unmissverständlich den zentralen Gedanken der Grabesverehrung: In der evidenten Absenz des menschlichen Leibes Christi wird die Auferstehung Christi als zentrales Heilsgeschehen Wirklichkeit. Dabei dient die höhlenartige Krypta in Verbindung mit der leeren Vertiefung als zeichenhafter und in der Passionsliturgie auch konkret nutzbarer Ortsverweis auf die Jerusalemer Topographie. Es handelt sich natürlich nicht um eine exakte „Kopie" der *spelunca* in der Grabeskirche. Formale Identität spielt in Denkendorf – anders als etwa im Grabnachbau in Eichstätt – architektonisch keine Rolle. Anders ist dies allerdings bei dem Denkendorfer Kreuz, das angeblich ein Partikel des Kreuzes Christi sowie Steinfragmente seines Grabes umschließt (Abb. 2): Wie zuletzt Holger Klein und Gia Toussaint deutlich gemacht haben, sind die Kreuzreliquiare die Form schlechthin, mit der nach Beginn der Kreuzzüge die heilsstiftende Präsenz Christi mobil und gleichzeitig unmittelbar erkennbar gemacht werden konnte: Um die Authentizität der Partikels sicherzustellen, entwickelten sich angesichts der Inflation und Nachfrage von unscheinbaren Bruchstücken Strategien, diese zu visualisieren und zu authentifizieren.[6] Dazu gehört die in Byzanz lang etablierte Form des Doppelkreuzes. Die Bildform selbst wurde dabei „geadelt durch die in ihr aufbewahrte Kreuzpartikel, die mit ihrer *virtus* auch den sie umhüllenden Träger durchdringt".[7] Die Sakralität der Reliquie überträgt sich auf die sie bergende Hülle. Diese kann sich als heilsstiftende Bildform verselbständigen, und das lässt sich in bemerkenswerter Weise eben für Denkendorf konkretisieren. Denn mit hoher Wahrscheinlichkeit umschließt die Staurothek gar keine authentischen Partikel, sondern es handelt sich um eine – allerdings in Palästina hergestellte – Fälschung. Wie wichtig die für Authentizität der Heilswirkung garantierende Form des Reliquiars war, zeigen nicht zuletzt zahlreiche Vergleichsstücke zu Denkendorf. Hier kam es insbesondere auf die formale Übereinstimmung an, um den etablierten Typus der Reliquie vom Wahren Kreuz erkennbar zu halten. Wir haben es also im Gesamtkomplex Denkendorf mit unterschiedlichen mimetischen Strategien zu tun: Kreuzreliquie und Architektur beruhen nicht auf einem vergleichbaren, weil medienabhängigen Kopienverständnis, und das ist aufgrund ihrer verschiedenen Zweckbestimmungen, Gebrauchsfunktionen und Bedeutungsüberlagerungen auch verständlich. Interessant scheint mir aber die Feststellung, dass die primäre Hülle des – vorgeblichen – Heiligtums, das Doppelkreuz, am stärksten darauf verpflichtet ist, eine getreue Formkopie darzustellen. Für die

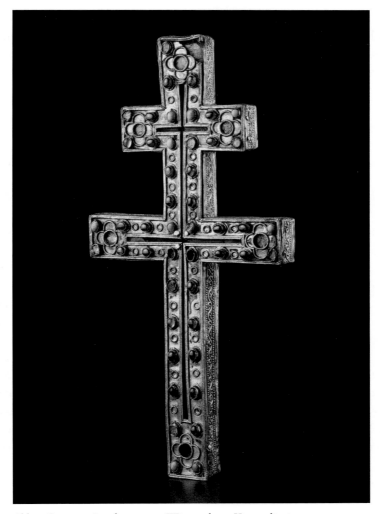

Abb. 2: Stuttgart, Landesmuseum Württemberg, Kreuzreliquiar aus Kloster Denkendorf.

rahmende Architektur, obgleich auch im weiteren Sinne auf das Heilige Land bezogen, gilt dies in deutlich geringerer Weise.

Eine solche Einwirkung eines authentischen, von *virtus* durchdrungenen sakralen Kerns auf die ihn umgebende Hülle kann nun auch an einem weiteren berühmten Ensemble durchgespielt werden: Der Pariser Ste-Chapelle (Abb. 3) und ihren teilweise sehr genauen Nachbauten, insbesondere denjenigen in Bourges (zerstört) und in Vincennes (Abb. 4). Die *raison d'être* besteht ja in der Rahmung, Umhüllung und Nobilitierung eines überreichen geistlichen

Abb. 3: Paris, Sainte-Chapelle von Süden.

Schatzes aus Passionsreliquien. Ein entscheidendes Kriterium in deren Präsentation in Paris war ihre multiple Entrückung, Umhüllung bzw. die rituell streng geregelte Sichtbarmachung durch Annäherung und Öffnung der umfangenden Hülle.[8] Die Passionsreliquien, vor allem diejenigen von Kreuz, Lanze und Dornenkrone – allesamt mit dem Blut Christi getränkt – waren ja in Reliquiaren eingeschlossen, die ihrerseits in einem Schrein geborgen waren, dessen Öffnung als königliches Prärogativ galt. Dieser Schrein stand inmitten eines in der Höhe entrückten Baldachins, und das Gesamtensembles wurde wiederum vom den Liturgen, den skulptierten Aposteln und schließlich von der Architektur selbst eingehüllt. Diese mehrfachen Reliquienhüllen

Abb. 4: Vincennes, Sainte-Chapelle.

waren aufgrund ihrer Formen ihrerseits von quasisakraler Potenz: Das Kreuzreliquiar hatte die typische Form des Doppelkreuzes, der Schrein folgte offenbar der für Nordfrankreich und das Rhein-Maas-Gebiet verbindlichen Form des hausartigen Kastens mit Quergiebel (Abb. 5), und die Großarchitektur übernahm die Typologie der hochherrschaftlichen Palastkapelle, wie sie unmittelbar zuvor in St-Germain-en-Laye, Reims usw. verwirklicht worden war. Es ist die Frage, ob diese im wahrsten Sinne des Wortes vielschichtige Umhüllung des höchst preziösen geistlichen Schatzes nicht selbst in ihrer formalen Ausgestaltung sakral durchdrungen wurde. Jedenfalls ist auffällig, dass bei der Gründung der Ste-Chapelle in Vincennes 1379 durch Karl V. der

Abb. 5 : Paris, Sainte-Chapelle, Inneres des Reliquienschreins.

Bezug auf das Pariser Vorbild in vielfältiger Hinsicht vorgeschrieben wurde. Dies wurde zunächst durch eine weitgehende institutionelle Übernahme gewährleistet: Die Zusammensetzung des geistlichen Kollegiums entsprach derjenigen in Paris, und auch die Hauptreliquien Dornenkrone und Kreuz entstammten der Ste-Chapelle in Paris. Wie dort war die Form des Kreuzreliquars byzantinisch konnotiert – *à l' œuvre de Venise* – also wohl als Doppelkreuz gestaltet. In ihrer heilsstiftenden Wirksamkeit war Vincennes insofern eine sehr genaue Replik des hauptstädtischen Vorbildes und vermochte insofern die programmatische Bezugnahme von Karl V. auf Ludwig den Heiligen nachdrücklich zu untermauern. In diesem Zusammenhang ist nun ein Rechnungsfragment für den Bau der Kapelle in Vincennes aus dem Ende des 14. Jahrhunderts von Interesse. Diesem lässt sich entnehmen, dass der Hauptpolier Schablonen (*moules*) anzufertigen hatte, deren Form durch Zeichnungen (*traits*) aus der Hand des *maître maçon du roi* vorgegeben war.[9] Offenbar lief die Bauleitung zentral über Paris ab und war – nur so kann man die Quelle deuten – auch für die weitgehende formale Übereinstimmung zwischen Paris und Vincennes verantwortlich. Diese Vergleichbarkeit der Bauwerke hob zuvorderst darauf ab, eine sakrale Replik zu erstellen. Angesichts dieses Bestrebens, in liturgischer und institutioneller wie formaler Hinsicht Repliken zu kreieren, gewinnt nun offenbar die architektonische Kopie eine besondere Bedeutung, denn ähnlich wie im Falle der Kreuzreliquiare hat sie Anteil an der visuellen Authentifizierung der königlichen Institutionen einer spezifischen Passionsverehrung und -liturgie sowie der königlichen Memoria.

Nach dieser Auffassung wäre die Ste-Chapelle derart von der Heilskraft der durch sie geborgenen Reliquien durchdrungen, dass ihre architektonische Form gleichsam sakrosankt wurde oder aber in ihrer Spezifik auf höchstrangige Reliquien verwies – gleichsam monumentale, im Stadtraum sofort identifizierbare Reliquiare, analog zu den oben benannten Staurotheken.

Gilt dies nun auch für die zahlreichen Heiliggrabkopien, die demnach aufgrund ihrer sakralen Potenz ihrem verehrten Vorbild in Jerusalem zu folgen hatten? Ich möchte diese Thematik an einer bekannten, eigenartigen Nachbildung der Passionstopographie erläutern, dem Kalvarienberg in Görlitz, zwischen 1480 und 1520 als Endpunkt eines Kreuzwegs aus der Stadt errichtet (Abb. 6–11).[10] Vom Eingang in die Kalvarienstätte aus trifft man zunächst auf die sogenannte Kreuzkapelle mit der Vergegenwärtigung des Kreuzigungsgeschehens (Abb. 6). Der Bau, als erster Teil der Gesamtlage bis ca. 1500 vollendet, bietet sich als eine steil aufragende, zweigeschossige spätgotische Kapelle dar, in deren Erdgeschoss das Grab Adams evoziert wird (Abb. 7), während im Obergeschoss ein Teil des Golgathafelsens mit den Pfostenlöchern der drei Kreuze nachgebildet ist (Abb. 8). Unmittelbar nördlich der Kreuzkapelle steht als Umbildung des Salbsteins, auf dem der Leichnam Jesu zur Grablegung vorbereitet wurde, ein Schutzbau, der eine skulpturale Beweinungsdarstellung Hans Olmützers (?) mit Maria und dem tot vor ihr liegenden Sohn birgt (Abb. 9). In etwa 30 Meter Entfernung davon erhebt sich eine wohl ab ca. 1500 errichtete, erstaunlich exakte Nachbildung der Grabädikula Christi (Abb. 10). Insgesamt entspricht die Anordnung der drei Stationen maßgleich ihrem Jerusalemer Vorbild (Abb. 11).[11] Anders aber als in anderen Nachbildungen dieser Topographie verzichtete man in

Abb. 6: Görlitz, Kalvarienberg, Kreuzkapelle von Norden.

Abb. 7: Görlitz, Kalvarienberg, Kreuzkapelle, Erdgeschoss (Adamskapelle) mit künstlichem Riss in der Ostwand.

Abb. 8: Görlitz, Kalvarienberg, Kreuzkapelle, Obergeschoß innen.

Görlitz auf die Nachbildung der großen Rotunde, die das eigentliche Grabmal umfängt. Es geht in Görlitz nicht um die architektonische Nachbildung der architektonischen Hülle des Passionsgeschehens; diese ist vielmehr gleichsam abgenommen, um solchermaßen die drei Hauptstationen umso prägnanter freilegen zu können.

Die Evokation des Passionsgeschehens wird in Kreuzkapelle und Grabädikula in einer bemerkenswerten archäologischen Treue vorgeführt (vgl. Abb. 12). Im Obergeschoss erstreckt

SAKRALE POTENZ UND HISTORISCHE AUTHENTIZITÄT: „ZITATE" HEILIGER BAUTEN

Abb. 9: Görlitz, Kalvarienberg, Salbhäuschen.

sich an der Ostwand, bühnenartig um eine Stufe erhöht, ein Streifen rauen Mauerwerks, in dem drei Löcher für die Kreuzpfosten eingelassen sind, außerdem etwas südlich von der Mittelachse eine Rinne, die das Blut Christi zu dem Felsenspalt führt, der sich gemäß Mt 27,51–52 auftat, während im Moment von Christi Tod der Vorhang im Tempel zerriss (Abb. 8). Von der Rinne führt ein klaffender künstlicher Riss durch das Mauerwerk der Ostwand im Erdgeschoss (Abb. 7). Außerdem ist auf dem Boden der Oberkapelle eine reliefierte Nachbildung der INRI-Tafel vor dem mittleren Kreuzloch zu sehen. In der Nordostecke erhebt sich ein steinerner Tisch mit einem vergitterten Repositorium, in dem sich drei Würfel als Assoziation an die in allen Evangelien berichtete Verteilung des Rockes Christi unter den Soldaten befinden. Diese Würfel sind eine nachreformatorische Ergänzung, sollen aber ältere ersetzt haben.[12]

Es handelt sich insgesamt um eine „Installation", in der der Besucher wie ein ‚verspäteter' Teilnehmer des Kreuzigungsgeschehens ankommt. Wesentlich ist hier, ausgewählte Zitate der Jerusalemer Passionstopographie so zu vereinen, dass gleichsam die biblische Essenz der Passionspuren auf Golgatha gewonnen wird. Dem entspricht auch der kleine Bau der Grabädikula. Diese reproduziert – wie zuletzt Meinert überzeugend analysiert hat – in erstaunlich präziser Weise den Baubestand der Grabädikula in der Grabeskirche in der Zeit um 1500. Allerdings diente als Vorbild nicht das „Original", sondern eine Kompilation von Maß- und Dispositions-

Abb. 10: Görlitz, Kalvarienberg, Nachbildung der Grabädikula Christi.

angaben aus verschiedenen Pilgerberichten. Diese wurden offenbar gemäß dem Holzschnitt des Grabmonuments von Erhard Reuwich angeordnet, der den 1486 erstmals gedruckten Pilgerbericht des Bernhard von Breitenbach illustriert (Abb. 13). Dieser Holzschnitt, im Gegensatz zu den meist dilettantischen und ungenauen zeitgenössischen Handzeichnungen der Heiligen Stätten von außergewöhnlicher Abbildungstreue und zudem massenhaft verbreitet, galt umgehend als die authentische Abbildung der Jerusalemer Örtlichkeit.[13]

Dem geistlichen Pilger, der sich vor Reuwichs Stich den Besuch der heiligen Stätten imaginieren kann, wird also in Görlitz eine dreidimensionale Umsetzung geboten. Der geistliche

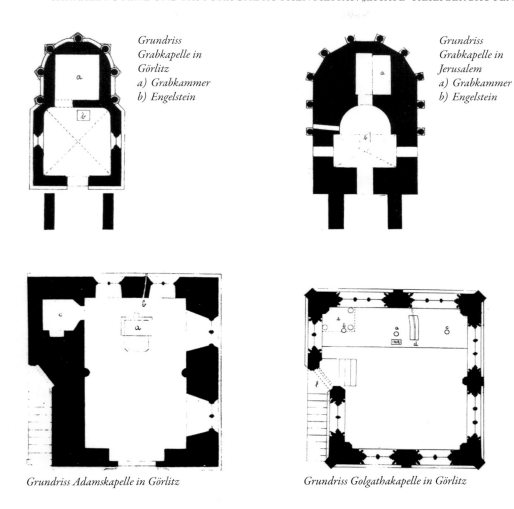

Abb. 11: Görlitz, Grundrisse der Grabädikula im Vergleich mit dem Jerusalemer Vorbild sowie Grundrisse der Kreuzkapelle.

Pilger wird gleichsam zum weltlichen Pilger, der den richtigen Weg in der Grabeskirche nehmen kann, die richtige Anzahl von Schritten vollführt und gar der visuell entsprechenden Kopie der Grabädikula ansichtig wird. Zuvor hatte er Handlungen imitieren können, die denjenigen der Pilger am Golgathafelsen entsprachen: Die Wahrnehmung der Felsenspalte oder das Ausmessen der Tiefe der Kreuzpfostenlöcher. Dabei folgte der Jerusalempilger mit diesem Besichtigungsprogramm biblischen Personen, insbesondere den Heiligen Frauen als Zeuginnen von Christi Tod und Auferstehung. In der Görlitzer Realieninszenierung sind für diese Rollen – mit Ausnahme des Salbhäuschens – Leerstellen formuliert, in die die Besucher eintreten können.

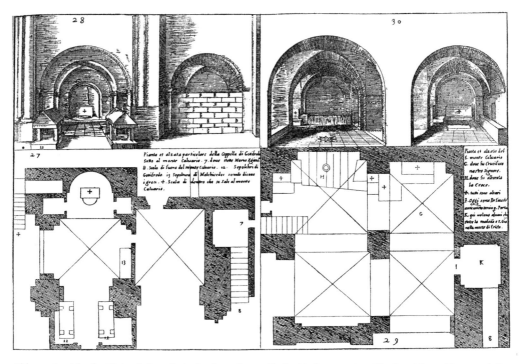

Abb. 12: Ansicht der Golgathakapelle in der Jerusalemer Grabeskirche um 1600, Kupferstich aus Trattato delle Piante & Immagini de Sacri Edifizi di Terra Santa von Fra Bernardino Amico, Florenz 21620).

Wenn dabei die Überreste des Geschehens derart detailgenau auf die wahren *loca sacra* verweisen, steigert dies das identifikatorische Moment beträchtlich.

Es handelt sich in Görlitz insgesamt um eine doppelte Strategie: Zum einen die archäologisch-historische Rekonstruktion von Stätten des Heiligen Landes, zum anderen die Einbeziehung der Pilger in einen authentischen, aber fragmentierten topographischen Rahmen, der auszufüllen ist mit einer rein imaginativen Vervollständigung der Nachfolge Christi.

Man könnte zur Erklärung der mimetischen Treue zunächst annehmen, dass die Görlitzer Kopie der Grabesädikula ähnlich wie die oben diskutierten *sacrosanctae capellae* eine erhöhte sakrale Potenz bzw. Verehrungswürdigkeit beanspruchen konnte. Derartiges gilt ja durchaus für die massenhaft eingesammelten Steinpartikel von den Heiligen Stätten, die dann zu Reliquiaren umgebaut bzw. in diese eingefügt wurden. Allerdings scheinen solche Praktiken vor allem den Fußböden und Erdboden als den Flächen gegolten zu haben, die Jesus betreten hatte. Das Hauptinteresse der Pilger am Grab galt primär dem Innenraum der Grabeshöhle, die durch die Ädikula eingehaust ist und ihrerseits durch die Rotunde überfangen wird. Berührungsreliquien wurden aber offenbar insbesondere von der Grabbank Christi, und weniger von beliebigen

Abb. 13: Erhard Reuwich, Ansicht der Grabädikula Christi, Holzschnitt aus: Breydenbach, Bernhard von: Peregrinatio in terram sanctam ..., Mainz 1486.

Stellen der Ädikula genommen. Sie ist kein Reliquiar zur Umhüllung der Sekundärreliquie der Grabbank. Insofern hatte die Wahrnehmung als bildliche oder architektonische Kopie selbst wohl keine heilsstiftende oder sündenerlassende Wirkung. Die Ädikula ist insofern kein „Kultbau", der in ein mimetisch treues dreidimensionales Abbild zu übersetzen war, sondern stellt ein dreidimensionales bildhaftes Simile vor, das die somatische und psychische Nacherlebbarkeit der Passion steigern sollte.

Die Gründe für die neue präzise Abbildungstreue der Heiligen Stätten sind woanders zu suchen. Insbesondere zeigt sich – parallel mit der Wiederentdeckung der Antike und ihrer baulichen Überreste in Italien – im späten 15. Jahrhundert ein neues, gleichsam archäologisches Interesse an den ‚wahren' historischen Stätten des Heiligen Landes. Das ist exemplarisch in den verschiedenen Heilig-Land-Schriften des Ulmer Dominikaners Felix Fabri nachzuvollziehen, von denen uns insbesondere das *Evagatorium in Terram sanctam* interessieren soll.[14] Es stellt einen sehr umfangreichen und vielschichtigen Pilgerbericht dar, der darauf abzielt, verschiedenste gelehrte Rezeptionsschichten der Pilgerfahrt zu vermitteln: von der geistlichen Meditation über die eingehende Landeskunde und Geschichte bis hin zu den abenteuerlichen und anekdotischen Episoden. Es entsteht mithin eine lebensweltliche Kohärenz, in der das Heilige Land eingebettet ist. Dazu gehört eben auch eine detaillierte Beschreibung der Heiligen Stätten, die gerade im Fall der Grabädikula so präzise verfährt, dass man das Bauwerk fast nachbauen könnte.[15] In diesem Zusammenhang verweist Fabri in bezeichnender Weise auf die ergänzende bildliche Dokumentation durch die Holzschnitte Reuwichs. Die kohärente und detaillierte Schilderung Jerusalems macht aber auch eine vielfach verdorbene Gegenwart kenntlich, die die Würde und Authentizität des Ortes überformt und denaturiert: An dieser Stelle wird nun die historische Dimension in der Erfassung insbesondere der Grabeskirche wirksam: Fabri bietet, aufbauend auf einer quellenkritischen und gleichsam bauarchäologischen Analyse, eine ausführliche Baugeschichte bis in die Gegenwart. Im Ergebnis legt Fabri den historischen Kern des biblischen Geschehens frei, den man sich im Geiste „vorstellen" müsse. Fabris historische Rekonstruktion ist zugleich eingebettet in eine latente Bildkritik: Die Mosaiken in der Grabädikula und der Anastasisrotunde seien wegen der Verschmutzung und den Abkratzungen der Pilger unlesbar geworden, der Portalsturz über dem Haupteingang stark mutiliert – gleichsam nutzlos, ganz im Gegenteil zu der erinnernden Vorstellung des historischen Urzustandes.[16]

Gewisse auffällige Ähnlichkeiten zur Gestaltungsauffassung in Görlitz sind nicht zu übersehen: Die Hauptreferenz für das Aussehen des Heiligen Grabes ist dieselbe, für authentisch gehaltene Abbildung bei Breitenbach, die in ihrer Altertümlichkeit und stilistischen Fremdheit deutlich hervorgehoben ist. Ähnliches gilt für die „Installation" in der Kreuzkapelle, in der vorgegeben wird, hier sei die historische Geographie des Kreuzigungsortes von modernen Überbauungen freigelegt worden, und getreu kopiert in die Niederlausitz übertragen worden. In beiden Ensembles werden diese präzisen historischen Zitate nicht durch begleitende Bildwerke kommentiert und überformt – ganz gemäß der archäologischen Freilegung durch Fabri.

Diese Beispiele zeigen auf, wie fruchtbar eine Historisierung des Kopien- und Zitatverständnisses in der Architekturgeschichte sein kann. Erst der Zusammenhang zwischen als authentisch verbürgten Architekturbildern, archäologischer Untersuchung und philologischer Kritik bedingt die Notwendigkeit, in Görlitz nun tatsächlich mimetisch getreu zu zitieren. Architektonisch zu kopieren und zu zitieren ist insofern einzufügen in einer Geschichte des Lesens und des Sehens. Die Fälle Fabri und Görlitz bilden ein typisch spätmittelalterlich-frühneuzeitliches Phänomen, das seine Entsprechungen etwa in den bibeltextkritischen Arbeiten eines Erasmus von Rotterdam bzw. dem detailgenauen Studium der antiken Architektur in Italien hat. Davon abzusetzen sind die Fälle der Saintes-Chapelles, in denen den Architekturen als preziösen Hüllen würdigster Reliquien gleichsam der Charakter eines Reliquiars zukam, dessen Form sich – vergleichbar anderen Reliquiaren – als ein Typus verselbständigen und als solcher zitiert und kopiert werden konnte. Doch auch hier ist zu differenzieren: Die Ädikula um das Grab Christi hatte keinen Status als Reliquiar, sondern wurde deswegen kopiert, um Topographien der mentalen Vergegenwärtigung des Passionsgeschehens zu schaffen – nicht zu zitieren! Wenn die Treue der baulichen Kopien in einigen Fällen im Spätmittelalter erstaunlich zunimmt, so hat dies mit einem durchaus spezifischen, vor 1500 aufkommenden historisch-archäologischem Bewusstsein zu tun.

Anmerkungen

1 Der Vortragstext wurde nur geringfügig geändert und um wesentlich erscheinende Anmerkungen ergänzt.
2 Richard Krautheimer: Einführung zu einer Ikonographie der mittelalterlichen Architektur, in: Richard Krautheimer: Ausgewählte Aufsätze zur europäischen Kunstgeschichte, Köln 1988, 134–197; Urspr.: Introduction to an „Iconography" of Medieval Architecture, in: Journal of the Warburg and Courtauld Institute 5, 1942, 1–33
3 Wolfgang Schenkluhn (Hrsg.): Ikonographie und Ikonologie mittelalterlicher Architektur (Hallesche Beiträge zur Kunstgeschichte, 1), Halle 1999; ders.: Ordines studentes. Aspekte zur Kirchenarchitektur der Dominikaner und Franziskaner im 13. Jahrhundert, Berlin 1985; Hans-Joachim Kunst/Wolfgang Schenkluhn: Die Kathedrale in Reims. Architektur als Schauplatz politischer Bedeutungen., Frankfurt am Main 1988, 70–84.
4 Zugegeben sei, dass ich selbst die politische Ikonographie der Architektur als kritische Inspiration begriffen habe: Christian Freigang: Kathedralen als Mendikantenkirchen. Zur politischen Ikonographie der Sakralarchitektur unter Karl I., Karl II. und Robert dem Weisen, in: Tanja Michalsky (Hrsg.): Medien der Macht. Kunst zur Zeit der Anjous in Italien (Akten des internationalen Tagung im Liebighaus – Museum Alter Plastik. Frankfurt/M. 1997), Berlin 2001, 33–60; ders.: Zur Wahrnehmung regional spezifischer Architekturidiome in mittelalterlichen Diskursen, in: Uta Maria Bräuer/Emanuel S. Klinkenberg/Jeroen Westerman (Hrsg.): Kunst & Region. Architektur und Kunst im Mittelalter. Beiträge einer Forschergruppe (Clavis. Kunsthistorische Monografieën, 20), Utrecht 2005, 14–33; ders.: Französische und deutsche Hochgotik. Interkulturalität und kulturelles Gedächtnis als Kriterien der mittelalterlichen Architekturgeschichte, in: Eva Dewes/Sandra Duhem (Hrsg.): Kulturelles Gedächtnis und interkulturelle Rezeption im europäischen Kontext (Vice versa. Deutsch-französische Kulturstudien, 1), Berlin 2007, 397–413.
5 Geneviève Bresc-Bautier: Le cartulaire du chapitre du Saint-Sépulcre de Jérusalem (Documents relatifs à l'histoire des Croisades, 15), Paris 1984, v. a. Akt 12 u. 71; Klaus Gereon Beuckers: Stift und Stiftskirche. Bemerkungen zur Frage einer Typologie der romanischen Stiftskirchen in Südwestdeutschland, in: Sönke Lorenz u. a. (Hrsg.): Funktion und Form. Die mittelalterlichen Stiftskirche im Spannungsfeld von Kunstgeschichte, Landeskunde und Archäologie (Schriften zur südwestdeutschen Landeskunde, 59), Ostfildern 2007, 149–173; Kaspar Elm: St. Palagius in Denkendorf. Die älteste deutsche Propstei des Kapitels vom Hlg. Grab in Geschichte und Geschichtsschreibung, in: Kaspar Elm u. a. (Hrsg.): Landesgeschichte und Geistesgesichte. Festschrift für Otto Herding zum 65. Geburtstag (Veröffentlichungen der Kommission für geschichtliche Landeskunde in Baden-Württemberg, 92), Stuttgart 1977, 80–130; auch in: Kaspar Elm: Umbilicus mundi: Beiträge zur Geschichte Jerusalems, der Kreuzzüge, des Kapitels vom Heiligen Grab in Jerusalem und der Ritterorden (Instrumenta canonissarum regularium Sancti Sepulcri, 7), Sint-Kruis (Brügge) 1998, 321–398.
6 Holger A. Klein: Byzanz, der Westen und das „wahre Kreuz". Die Geschichte einer Reliquie und ihrer künstlerischen Fassung in Byzanz und im Abendland (Spätantike – frühes Christentum – Byzanz. Kunst im ersten Jahrtausend, Reihe B, 17), Wiesbaden 2004; Gia Toussaint: Die Kreuzreliquiare und die Konstruktion von Heiligkeit, in: Hartmut Bleumer u. a. (Hrsg.): Zwischen Wort und Bild. Wahrnehmungen und Deutungen im Mittelalter, Köln u. a. 2010, 33–77.
7 Toussaint 2010 (wie Anm. 6), 53.
8 Sauveur-Jérôme Morand: Histoire de la Ste-Chapelle royale du Palais, Paris 1790, 40; Jean-Michel Leniaud/Françoise Perrot: La Sainte Chapelle, Paris 1991.
9 Ulrike Heinrichs-Schreiber: Vincennes und die höfische Skulptur. Die Bildhauerkunst in Paris 1360–1420, Berlin 1997; Odette Chapelot/Jean Chapelot/Jean-Pascal Foucher: Un chantier et son maître d'œuvre : Raymond Du Temple et la Sainte Chapelle de Vincennes en 1395-1396, in: Odette Chapelot (Hrsg.): Du projet au chantier. Maîtres d'ouvrage et maîtres d'œuvre aux XIVe–XVIe siècles, Paris 2001, 433–488.
10 Christian Freigang: Bildskeptische Nachbildungsmodi der Passionstopographie Christi im Spätmittelalter: der Görlitzer Kalvarienberg, in: Hans Aurenhammer/Daniela Bohde (Hrsg.): Räume der Passion. Hamburg vorauss. 2014; Marius Winzeler: „Elende Spielerei" und „wichtiges Werk" für „ein frommes Gehmüth". Das Heilige Grab in Görlitz – ein symbolischer Garten des Mittelalters im Wandel der Zeit, in: Topiaria helvetica, 2006, 43–53; Ines Anders/Marius Winzeler (Hrsg.): Lausitzer Jerusalem. 500 Jahre Heiliges Grab zu Görlitz. Ausst.-Kat. Görlitz. Görlitz 2005; Till Meinert: Die Heilig-Grab-Anlage in Görlitz. Architektur und Geschichte eines spätmittelalterlichen Bauensembles, Esens 2004; Ernst-Heinz

Lemper: Die Kapelle zum Heiligen Kreuz beim Heiligen Grab in Görlitz, in: Elisabeth Hütter u. a. (Hrsg.): Kunst des Mittelalters in Sachsen. Festschrift Wolf Schubert, Weimar 1967, 142–157; Gustav Dalman: Die Kapelle zum Heiligen Kreuz und das Heilige Grab in Görlitz und in Jerusalem. s. l. n. d. [Görlitz 1916]; Gustav Dalman: Das Heilige Grab in Görlitz und sein Verhältnis zum Original in Jerusalem, in: Neues Lausitzisches Magazin 91, 1915, 198–244 (hier auch eine Zusammenstellung der Quellen); allg. s. a. weiterhin Karl Alois Kneller: Geschichte der Kreuzwegandacht von den Anfängen bis zur völligen Ausbildung, in: Stimmen aus Maria-Laach. Katholische Blätter, 25. Ergänzungsband (Ergänzungsheft 98), Freiburg 1908, 1–216.

11 Dalman 1915; Dalman 1916 (wie Anm. 10), passim.
12 Winzeler 2006 (wie Anm. 10), 48.
13 Frederike Timm: Der Palästina-Bericht des Bernhard von Breidenbach und die Holzschnitte Erhard Reuwichs. Die Peregrinatio in terram sanctam (1486) als Propagandabericht im Mantel der gelehrten Pilgerschrift, Stuttgart 2006; Zum Lob der Abbildungstreue Reuwichs: Fratris Felicis Fabri Evagatorium in Terrae Sanctae, Arabiae et Egypti peregrinationem, hrsg. v. Konrad Dieter Hassler, 3 Bde. Stuttgart 1843–1849 (Bibliothek des literarischen Vereins in Stuttgart; 2–4), Bd. I, 329–330: *Ecce, illa est dominici monumenti descriptio, prout hodie stat; et haec descriptio ad oculum patet in peregrinali, quod feci magnificus et ingenuus vir, Dominus Bernhardus de Braitenbach ... qui fuit comes meae secundae peregrinationis, in quo artificiali effigiatione fecit figuram dominici monumenti depingi, sicut et alia, ut patebit. Receperat enim secum ingeniosum et eruditum pictorem, quem pretio conduxit, qui a venetiano portu et deinceps potiorum civitatum et locorum habitudines et formas figuraret, quo det magistraliter et proprie fecit. Cui ergo placet, eandem picturam inspiciat, et praefatam descriptionem clare intelliget.*
14 Fabri (wie Anm. 13).
15 Arwed Arnulf: Architektur- und Kunstbeschreibungen von der Antike bis zum 16. Jahrhundert, München/Berlin 2004, 200–214.
16 Fabri (wie Anm. 13), I, 344.

ULRIKE SEEGER

Wie im Expressionismus das Architekturzitat funktionieren könnte: Einfühlung und Abstraktion als Weg zu einem ‚geistigen Architekturzitat'
Ein Versuch

Hans-Joachim Kunst und Wolfgang Schenkluhn haben die Zitattheorie seinerzeit anhand der mittelalterlichen Architektur entwickelt.[1] Leitfäden und Korrektive ihrer Theoriebildung waren so prominente Bauten wie die Aachener Pfalzkapelle Kaiser Karls des Großen, deren bedeutungstragende Rezeption durch das gesamte Mittelalter hindurch sicherlich zu den lehrreichsten Kapiteln der Architekturgeschichte gehört. Auch für die mittelalterliche Ordensarchitektur hat der methodische Ansatz von Wolfgang Schenkluhn völlig neue Perspektiven eröffnet. Die Frage nach gezielten Rückgriffen auch auf Bauten außerhalb des Ordens und vor allem die Frage nach dem Warum eines solchen Rückgriffs[2] haben ein tieferes Verständnis des mittelalterlichen Weltbildes gebracht, als die vorangegangenen Erklärungsmodelle von Schulzugehörigkeit[3] und Kunstlandschaft[4] es vermochten.

Inwieweit die anhand der mittelalterlichen Architektur entwickelten Ideen durch die späteren Epochen der Architektur- und Kunstgeschichte zu tragen vermögen, wurde für die Autorin nach Abschluss ihrer von Wolfgang Schenkluhn betreuten Dissertation[5] zur methodischen Leitfrage. Freilich mussten sich die Erklärungsmodelle wandeln. Die magere Quellenlage des Mittelalters brachte Erklärungsmodelle hervor, die gemessen an späteren Epochen holzschnitthaft erscheinen mussten. Hier haben sich ungleich vielfältigere Quellen und oftmals sogar persönliche Aufzeichnungen erhalten, durch die wir eine differenzierte Kenntnis von Planungsabläufen, Baugeschichten und Nutzungsintentionen haben. Auch mussten die den Rezeptionsvorgängen zugrundeliegenden Medien präzisiert und ihre Palette erweitert werden. Zum Auftraggeber treten die in ihrem Werdegang nunmehr zumeist bekannten Künstler sowie zeitspezifische Duckerzeugnisse in konkret nachzuweisender Verbreitung und Zugänglichkeit. Erklärungsmodelle und Medien des Transfers sind in den nachmittelalterlichen Epochen zu verfeinern, die Fragen nach der Herkunft von Bautypen, Funktionszusammenhängen und Formen einerseits und der spezifischen Art ihrer Aneignung sowie dann der Zielsetzung einer solchen Aneignung andererseits bleiben jedoch nach wie vor zentral und bewähren sich auch in Früher Neuzeit und Moderne.[6]

Wir wissen, dass ein eindimensionales Fortschritts- und Entwicklungsdenken in kaum einem Fall der Kunst- und Architekturgeschichte gerecht wird. Das Neue bringt gerade dadurch den Fortschritt, dass es einen Rückgriff auf das aus unterschiedlichen Gründen als bedeutend empfundene Alte enthält. Die gemäß der jeweiligen Epoche zu differenzierenden weiterführenden Fragen sind deshalb, auf was genau, auf welchem Wege und mit welchem Ansinnen wurden diese Rückgriffe vollzogen.

Einer der Antriebe, aus denen heraus Kunst und Schenkluhn seinerzeit die Theorie des ‚Architekturzitats' entwickelt haben, lag in ihrer Präzision und Konkretheit. Sie lieferte ein Gegenmodell zu der als vage empfundenen Stilgeschichte, die in ihren Erklärungsmodellen mit Einflüssen und diversen mehr oder weniger aktiv gewonnenen Eindrücken der Künstler jonglierte und natürlich stets mit dem geradezu zwingenden Entwicklungsmodell von Knospen, Reifen und Welken rechnete. Das im Titel des vorliegenden Beitrags angekündigte „geistige Architekturzitat", das ja ein nicht konkret-materiell, sondern abstrahiert-geistig vergegenwärtigtes Zitat bezeichnet, scheint somit zunächst im Widerspruch zu dieser anvisierten Konkretheit zu stehen. Die Analyse expressionistischer Bauten und ihres Entstehungskontextes lehrt jedoch, dass ein aktives, absichtvolles Handeln, das ein wichtiges Abgrenzungsmerkmal von aktivem Zitatmodell zu passivem Einflussmodell darstellt,[7] im Expressionismus nicht nur unterstellt werden darf, sondern dank der naturgemäß reicheren Quellenlage in vielfältiger Weise sich auch nachweisen lässt.

Mit dem Begriff des „geistigen Architekturzitats" sollen Rezeptions- und Rückgriffsphänomene in der expressionistischen Architektur gefasst werden, die zu jener Zeit nicht wörtlich, also nicht als wiedererkennbare Zitate vollzogen wurden, sondern rein geistig, immateriell, durch Einfühlung und Abstraktion. Sie sollten eine offene Geistesverwandtschaft zum Ausdruck bringen mit viel Raum für Visionen der Erneuerung. Die nachfolgenden Ausführungen gelten also nicht, wie der Wilhelm Worringers „Abstraktion und Einfühlung" entlehnte Untertitel suggerieren könnte, der hinreichend bekannten Gotikbegeisterung und Gotikrezeption im deutschen Expressionismus,[8] sondern allgemein dem damaligen Umgang mit zu vergegenwärtigenden, verheißungsvollen Vorbildern.

Zum Gegenstand der Betrachtung wurde eine Serie von expressionistischen Sommerhäusern gewählt, die der in Berlin ansässige, 1884 in Königsberg in Ostpreußen geborene Architekt Max Taut kurz nach dem Ersten Weltkrieg auf der Ostseeinsel Hiddensee errichtet oder für die Insel auch nur entworfen hat. Eine ausführliche Darstellung dieser insgesamt fünf Häuser mit eingehenden Analysen aufgrund der zugehörigen Bild- und Schriftquellen findet sich an anderer

Stelle⁹. Hier sollen nur einige wenige Aspekte und diese auch nur soweit aufgegriffen werden, wie sie den damaligen Umgang mit Ur-, Vor- und Referenzbildern zu illustrieren vermögen.

Die Architekten des Expressionismus haben darüber reflektiert, wie die Architektur Geistiges, also etwas Immaterielles, schaffen könne, wo sie doch wie keine andere künstlerische Gattung an das Materiell-Irdische des Baumaterials gebunden sei. Bruno Taut, der vier Jahre ältere und Theoretiker der beiden Taut-Brüder, hat mit dem Glashaus der Kölner Werkbundausstellung von 1914 eine besonders frühe und zugleich die bedeutendste Lösung vorgestellt (Abb. 1). Seine Idee war die Geometrisierung und prismatische Zerlegung der Formen sowie die Verwendung von buntem Glas. Für Bruno Taut und den von ihm verehrten Dichter Paul Scheerbart verband sich damit ein kosmisches Existenzgefühl.

Das bunte, in kristallinen Formen gebrochene Glas hatte etwas Verheißungsvolles, Kosmisches, für die praktische Anwendung war es allerdings nicht besonders geeignet. Der parallel zum Kölner Glashaus, ebenfalls 1914 entstandene, 1920 publizierte Entwurf von Max Taut für ein drehbares, gleichfalls gläsernes Haus auf der Kurischen Nehrung (Abb. 2) gehört deshalb auch in den Bereich jener Architektur, die nicht gebaut wurde.¹⁰ Auf einem festen achteckigen Sockel sollte sich über sechzehn Ecken das drehbare, gänzlich verglaste Hauptgeschoss erheben. Seine pyramidenförmig aufgestellten buntfarbigen Oberlichter hätten sich dem gläsernen Kuppelraum mit prismatisch gebrochener roter Glasspitze und weiteren aufgestellten Oberlichtern ankristallisiert.

Auf Hiddensee, das als abgeschiedene Künstlerinsel einen nach dem Ersten Weltkrieg auch von der Berliner Avantgarde gerne aufgesuchten Gegenentwurf zu den kommerziellen Seebädern auf Rügen und dem mecklenburgischen Festland darstellte, musste Max Taut andere, für die täglichen Erfordernisse eines Hauses tauglichere Mittel entwickeln, um die wilde, unberührte Schönheit der Insel und das besondere Lebensgefühl der alternativen Badegäste zum Ausdruck zu bringen. Seine Ideen waren mindestens so vielfältig wie die Anzahl der fünf dort zwischen 1921 und 1924 entworfenen und errichteten Häusern. Im Hinblick auf das Architekturzitat werden hier nur zwei Häuser zum Zuge kommen, nämlich das erste, Entwurf gebliebene Haus für den befreundeten Maler Franz Mutzenbecher (Abb. 3–4) und Haus Gehlen (Abb. 5), welches das späteste und zugleich architekturgeschichtlich anspruchsvollste Taut-Haus auf Hiddensee ist. Die Gegenüberstellung dieser beiden Häuser lässt einen Weg erkennen von einem konkreten, diesseitigen Gebrauch des Architekturzitats zu einem abstrakteren Gebrauch, der durch Einfühlung und Abstraktion gewonnen, seine volle Wirkung wiederum nur mittels Einfühlung entfalten konnte.

Haus Mutzenbecher wurde 1921 als Atelierhaus für einen engen Malerfreund entworfen, der gesundheitlich angeschlagen aus dem Ersten Weltkrieg zurückgekehrt war und auf der Insel Rückzug und künstlerische Inspiration suchte. Um Ursprünglichkeit, Abgeschiedenheit und Einfachheit zum Ausdruck zu bringen, griff Max Taut gestalterisch auf Bauernhäuser seiner ostpreußischen Heimat zurück. Am Außenbau zeigten dies geradezu signalhaft die kräftigen Hänge- oder Reithölzer zur Stabilisierung des Dachfirstes. Sie waren charakteristisch für Ostpreußen, während auf Rügen und Hiddensee die Firste der Reetdächer durch weniger auffällige

ULRIKE SEEGER

Abb. 1: Bruno Taut, Glashaus auf der Werkbundausstellung, Köln 1914.

Querverflechtungen fixiert wurden. Der Erdgeschoss-Grundriss war in Anlehnung an ein bäuerliches Mittelflurhaus entwickelt, wobei der Flur allerdings das Haus nicht ganz durchquerte, sondern vor dem Wohnzimmer endete. Der seitlich an die Küche geschmiegte Verschlag für Kohlen und Naturalien stand in der Tradition eines angebauten Stalls.

Für einen ostpreußischen Bauernhof wäre Haus Mutzenbecher trotz seiner beachtlichen Länge von knapp 10 Metern wohl ungeeignet gewesen. Auch als Atelierhaus scheint es nur bedingt tauglich, da das nach Norden ausgerichtete Atelier zwar von größerer Höhe als Küche und Wohnzimmer war, wegen der durchgehend kleinen Fenster aber nur wenig Licht erhielt. Was das Haus mit seinem mächtigen Strohdach und den massiven Hängehölzern jedoch unmissverständlich zum Ausdruck brachte, war das Schutzbedürfnis seines Bewohners und die Suche nach vorindustrieller, unakademischer Ursprünglichkeit. Die hierfür bemühten Vor- und Urbilder setzte Taut wörtlich, konkret und wiedererkennbar ein. Das dadurch intendierte Lebensgefühl jedoch abstrahierte vom entbehrungsreichen bäuerlichen Leben und galt unakademisch-unmittelbarem künstlerischem Schaffen.

Von ganz anderem Zuschnitt als Haus Mutzenbecher, wenngleich ebenfalls eingeschossig mit ausgebautem Dach, ist Haus Gehlen (Abb. 5), das Max Taut im Herbst 1924 für das Leipziger Verlegerehepaar Dr. Max und Margarete Gehlen entwarf. 1924 setzte nach überstandener Hyperinflation eine politische und wirtschaftliche Stabilisierung ein, die sich auch im Sommerhaus für den temporären Aufenthalt an der soliden Ziegelbauweise und der großzügigen Durchfensterung bemerkbar machte.

Auffallend an Haus Gehlen ist die Achsialsymmetrie von Außenbau und Dach, die im Erdgeschoss mit einer achsialsymmetrischen Aufteilung einhergeht (Abb. 6). Taut hat das nach

EINFÜHLUNG UND ABSTRAKTION ALS WEG ZU EINEM ‚GEISTIGEN ARCHITEKTURZITAT'

Abb. 2: Max Taut, drehbares Haus auf der Kurischen Nehrung 1914, publiziert 1920.

Südosten ausgerichtete zentrale Wohnzimmer zu beiden Seiten von den jeweils gleichgroßen Räumen der Diele und der Veranda flankiert. Alle drei Aufenthaltsräume gehen fast nahtlos ineinander über, da lediglich zwischen Wohnzimmer und Veranda eine verglaste Tür mit zusätzlichen verglasten Standflügeln besteht, die Räume ansonsten zueinander offen sind (Abb. 7). Außerdem reihen sich in fast nahtloser Folge, und über zwei Ecken geführt, 13 große zweiflügelige Fenster mit dicht gesetzten Fenstersprossen aneinander. Am Außenbau fasste Taut die Raumsequenz des Inneren durch die einspringende Kubatur und das dadurch weit vorkragende Dach zusammen.

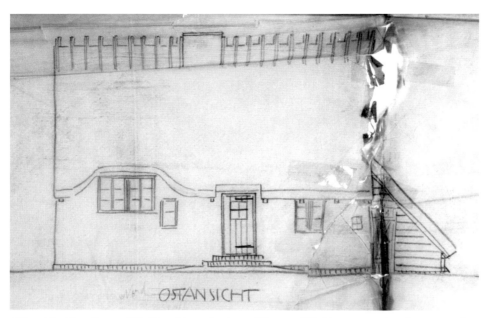

Abb. 3: Max Taut, Entwurf für Haus Mutzenbecher in Kloster auf Hiddensee 1921, Ansicht von Norden.

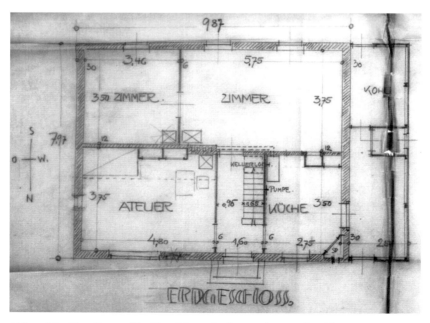

Abb. 4: Max Taut, Entwurf für Haus Mutzenbecher in Kloster auf Hiddensee 1921, Erdgeschossgrundriss.

EINFÜHLUNG UND ABSTRAKTION ALS WEG ZU EINEM ‚GEISTIGEN ARCHITEKTURZITAT'

Abb. 5: Kloster auf Hiddensee, Haus Gehlen 1924, Ansicht von Süden.

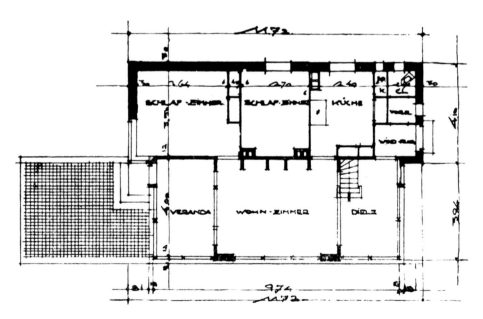

Abb. 6: Kloster auf Hiddensee, Haus Gehlen 1924, Erdgeschossgrundriss.

Abb. 7: Kloster auf Hiddensee, Haus Gehlen 1924, Veranda.

Das Innere entfaltet eine ganz besondere Raum- und Lichtwirkung. Den Eindruck, den man in diesem Raum hat, ist nicht etwa der eines Käfigs, was man angesichts der vielen Fenstersprossen vielleicht denken könnte, sondern der einer kristalliner Transparenz. Diese Transparenz ist folgendem Wahrnehmungsphänomen geschuldet. Wegen des starken Dachüberstandes verbleibt der Raum auch bei sonnigem Wetter in gleichmäßigem sanftem Dämmerlicht. Im Gegenzug bekommt die sehr viel hellere Natur etwas Leuchtendes. Dabei wird durch die Vielzahl der kleinen Scheiben und die ausgesprochen filigranen Fenstersprossen die leuchtende Natur mosaikartig zergliedert.

Dieses mosaikartige Zergliedern der Außenwelt ist als architektonische Umsetzung der im Expressionismus allgegenwärtigen Kristallmetapher[11] zu begreifen. Der Kristall galt im Expressionismus als Symbol für das Geistige. Er kommt aus der Erde, der Herkunft alles Irdischen, hat dieses Irdische jedoch in ein Geistiges, also Immaterielles verwandelt, da er seine ursprüngliche dunkle Materialität in eine helle, klare und reine Durchsichtigkeit überführt hat. Im Kristall sah man im Expressionismus das gesamte Universum enthalten, da man durch ihn einerseits in das Innere der Erde blickt, er andererseits durch seine vielfach gebrochenen Flächen die gesamte sichtbare Welt einzufangen vermag und prismatisch gebrochen reflektiert.

Max Taut hat die Kristallmetapher bereits in Haus Müller, seinem 1922 gebauten Erstling auf Hiddensee, aufgegriffen. Dort hat er die Verandaecke aus mehreren symmetrisch aneinander-

Abb. 8: Vitte auf Hiddensee, Haus Müller 1922, kristalline Ecke mit Stützmauer.

Abb. 9: Stahnsdorf bei Berlin, Erbbegräbnis Wissinger 1922–1923.

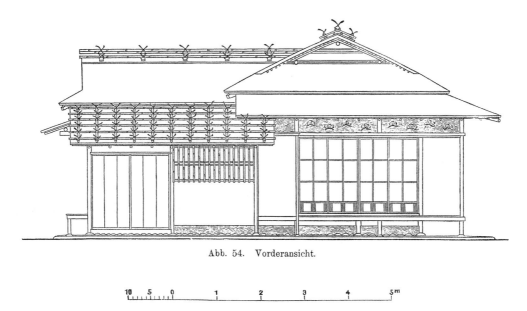

Abb. 10: Japanisches Sommerhaus, publiziert 1903.

stoßenden, massiv gemauerten Kristallflächen zusammengesetzt und die gegenüberliegende Schutzmauer im spitzen Winkel aus der Erde herauswachsen lassen (Abb. 8). Ausgangspunkt dieser heute bizarr anmutenden Formfindung war vermutlich das gleichzeitig entstandene Erbbegräbnis Wissinger auf dem Friedhof Stahnsdorf bei Berlin (Abb. 9), wo sie, ganz im Sinne des Kristallisierungsprozesses, die Überwindung des Todes und die Hoffnung auf Auferstehung zum Ausdruck brachte.

Unterstützt wird die kristalline Transparenz des Inneren von Haus Gehlen durch die Art und Weise, wie Taut die Balkendecke im Erdgeschoss ausgerichtet hat. Das durch die schon erwähnte eingezogene Kubatur besonders weit vorkragende Dach wird durch Stichbalken in rechteckige Felder unterteilt. Sie setzen sich nahtlos ins Innere fort und bleiben gleich den Deckenbalken als Unterzüge sichtbar. Die Sichtbarkeit dieser im Holzbau durchaus geläufigen Konstruktion lässt die Stellung der Außenwände variabel erscheinen. Zusammen mit der feingliedrigen und umfänglichen Durchfensterung der Außenwände vermittelt dieser Kunstgriff eine enorme Leichtigkeit und betont die Durchlässigkeit des Raumes für das Leuchten der mosaikartig zergliederten Natur.

An der völlig symmetrisch gestalteten Südwestfront offenbart Haus Gehlen einen fernöstlichen, asiatischen Charakter, der sich bei eingehender Analyse auf Japan eingrenzen lässt. Verantwortlich für den japanischen Charakter sind vor allem die Dachgauben. Ihre Grate liegen exakt in der Verlängerung der Grate des Walmdachs, so dass sich in der Silhouette ein einmal gestuftes Dach mit zwei unterschiedlichen Neigungswinkeln ergibt. Die charakteristische,

EINFÜHLUNG UND ABSTRAKTION ALS WEG ZU EINEM ‚GEISTIGEN ARCHITEKTURZITAT'

Abb. 11: Oku-Shinden, publiziert von Bruno Taut, in: Neue Wohnung 1923.

einmal gestufte Dachsilhouette ergab sich bei japanischen Häusern dadurch, dass das Haus ringsum von einer Veranda umgeben war, die von einem eigenen Dach samt Überstand geschützt wurde, welches dem Hauptdach untergeschoben war (Abb. 10). Konstruktiv haben die Dächer von Haus Gehlen und des hier zum Vergleich abgebildeten japanischen Sommerhauses freilich nichts gemeinsam, der Effekt in der Silhouette ist aber durchaus vergleichbar. Auch könnte das an Haus Gehlen singuläre Motiv der die beiden Kaminschlote horizontal miteinander verbindenden Steinplatte in der Firstzier des japanischen Hauses seinen gestalterischen Ursprung haben. Die Steinplatte erstreckt sich über den gesamten kurzen First und betont ihn dadurch in ähnlicher Weise wie die dem japanischen Dach aufgebundenen Bambusstangen.

Bemerkenswerterweise setzen sich die Bezüge zum japanischen Haus im Inneren von Haus Gehlen fort. Hier sind es die Weite des Raumes, die großzügige Durchfensterung mit der auffallend kleinen Scheibeneinteilung und ganz besonders die im Kontrast zur weißen Wand schwedischrot gefassten Unterzüge und Wandvorlagen, die an den japanischen Wohnraum erinnern. Denn im japanischen Wohnraum bleibt das Holzskelett als dunkle Leisten an Wand und Decke sichtbar (Abb. 11). Auch die raumhohe Aufmauerung der Kaminwand zusammen mit ihrer strengen, symmetrischen Gestaltung könnte der Rezeption japanischer Innenräume geschuldet sein (Abb. 12).

Der Anstoß für Max Taut, sich mit dem japanischen Haus auseinanderzusetzen, kam allem Anschein nach über seinen Bruder Bruno, der wiederum von einer 12-teiligen Fotoserie zum

Abb. 12: Kloster auf Hiddensee, Haus Gehlen 1924, Wohnzimmer mit Kaminwand.

Inneren des traditionellen japanischen Hauses in Wasmuths Monatshefte aus dem Jahr 1922 auf das Thema gestoßen wurde. Wie Manfred Speidel, der Aachener Bauhistoriker und Japankenner, plausibel nachweisen konnte, war Bruno Taut von den dort abgebildeten Innenräumen so begeistert, dass er einen historischen japanischen Innenraum (Inneres der Oku-Shinden-Halle des Sanboin-Tempels bei Kyoto) in sein 1924 publiziertes Buch „Die neue Wohnung. Die Frau als Schöpferin" aufnahm. Bruno Taut, von dem wir im Unterschied zu Max zahlreiche architekturtheoretische Äußerungen haben, hat die geradezu transparente Leichtigkeit und die sparsame Möblierung des japanischen Hauses als Befreiung des Menschen vom Materiellen begriffen. In diesem Sinne, also dem Überwinden des Materiell-Irdischen, dürfte die Rezeption des japanischen Hauses die kristalline Transparenz von Haus Gehlen ergänzt haben.

Im Unterschied zu Haus Mutzenbecher, wo Max Taut die herbeizitierten Urbilder noch wörtlich und objektiv wiedererkennbar einsetzte, vergegenwärtigte er seine Referenzen für Haus Gehlen auf einem abstrakteren Niveau. Der japanische Innenraum dürfte als Vorbild kaum sofort erkannt worden sein. Viel eher äußerte sich seine Referenz in einer körperlichen Gestimmtheit oder auch einer Geistesverwandtschaft, hervorgerufen durch die transparente Leichtigkeit des Raumes. Außerdem bezog Taut mit der Kristallmetapher in Haus Gehlen auch Naturgegebenes, nicht von Menschenhand Geschaffenes ein. Im spätesten seiner Hiddensee-Häuser war Taut zu einer geistig-einfühlenden Durchdringung seiner Referenzbilder gelangt.

Die Umsetzung gelang ihm dabei durch fortschreitende Sublimierung, Spiritualisierung und Abstraktion. Folgt man der dargelegten Argumentation, so ließe sich für den Expressionismus die anhand der mittelalterlichen Architektur entwickelte Zitattheorie durch den Begriff des geistigen, also des nicht materiell fassbar sein wollenden Architekturzitats erweitern.

Anmerkungen

1 Wolfgang Schenkluhn: Bemerkungen zum Begriff des Architekturzitats, in: Ars. Časopis ústav umenia Slovenskej Akadémie Vied 41, 2008, 3–13.
2 Wolfgang Schenkluhn: Ordines studentes. Aspekte zur Kirchenarchitektur der Dominikaner und Franziskaner im 13. Jahrhundert, Berlin 1985.
3 Georg Dehio/Gustav von Bezold: Die kirchliche Baukunst des Abendlandes, historisch und systematisch dargestellt, 2 Textbde., Stuttgart 1892. – Der Schulzusammenhang wurde von Dehio vornehmlich anhand der Bauten der der Hirsauer Reform entwickelt.
4 Hans Erich Kubach: Ordensbaukunst, Kunstlandschaft und „Schule", in: Die Klosterbaukunst. Arbeitsbericht der deutsch-französischen Kunsthistoriker-Tagung, Mainz 1951.
5 Ulrike Seeger: Zisterzienser und Gotikrezeption. Die Bautätigkeit des Babenbergers Leopold VI. in Lilienfeld und Klosterneuburg (Kunstwissenschaftliche Studien, 69), München 1997.
6 Ulrike Seeger: Stadtpalais und Belvedere des Prinzen Eugen. Entstehung, Gestalt, Funktion und Bedeutung, Wien 2004.
7 Schenkluhn 2008 (wie Anm. 1), 4.
8 Magdalena Bushart: Der Geist der Gotik und die expressionistische Kunst. Kunstgeschichte und Kunsttheorie 1911–1925, München 1990.
9 Ulrike Seeger: Max Tauts expressionistische Sommerhäuser auf der Insel Hiddensee, dem „geistigste[n] aller deutschen Seebäder", in: architectura 41, 2011, 159–194.
10 Vgl. Josef Ponten: Architektur, die nicht gebaut wurde, Stuttgart/Berlin/Leipzig 1925.
11 Regine Prange: Das Kristalline als Kunstsymbol. Bruno Taut und Paul Klee. Zur Reflexion des Abstrakten in Kunst und Kunsttheorie der Moderne, Hildesheim 1991; Henrik Leschonski: Der Kristall als expressionistisches Kunstsymbol. Studien zur Symbolik des Kristallinen in Lyrik, Kunst und Architektur des Expressionismus (1910–1925) (Europäische Hochschulschriften, Reihe 1, 1960), Frankfurt am Main u. a. 2008.

THOMAS COOMANS

Die Kunstlandschaft der Gotik in China

Eine Enzyklopädie von importierten, hybridisierten und postmodernen Zitaten

China und die Architektur der Gotik bildeten den Rahmen einer erstaunlichen Begegnung zwischen Orient und Okzident, geprägt von gegenseitiger Anziehung und einem „Culture Clash". Im 19. und 20. Jahrhundert standen gotische Kirchen oft im Zentrum des Konflikts zwischen den imperialistischen Interessen westlicher Nationen, einschließlich missionarischer Evangelisierung, und der Fremdenfeindlichkeit des kaiserlichen und republikanischen Chinas, bis hin zur Kulturrevolution. Doch seit einem Vierteljahrhundert wird die Gotik unter den postmodernen Formen für den Bau von neuen Kirchen wiederbelebt, zudem sind viele alte Kirchen zum kulturellen Erbe geworden und somit geschützt. Wie war ein solcher Wandel möglich? Gibt es eine gotische Kunstlandschaft in China, die auf westlichen Modellen basiert, deren Ergebnis aber eindeutig chinesisch ist?

Die gotische Architektur in China ist bisher ein wenig bearbeitetes Thema.[1] Unsere Forschung beschränkt sich auf Zeitschriften und Archive von Missionaren sowie Feldarbeit in China.[2] Die folgenden Zeilen konzentrieren sich hauptsächlich auf katholische Missionen, die zweifellos die bedeutsamsten und international wichtigsten waren[3], aber mit den protestantischen Missionaren aus Nordeuropa und den Vereinigten Staaten konkurrierten.[4] Dieser Artikel bemüht sich zunächst um eine Enzyklopädie der nationalen gotischen Stile in den großen chinesischen Hafenstädten, den Schnittstellen zwischen Ost und West. Anschließend unterscheiden wir bei den Kirchen des riesigen chinesischen Festlandes zwischen jenen, die vor und nach 1900, dem Jahr des Boxeraufstandes, errichtet wurden. Die ersteren sind oft das Ergebnis von Verschmelzung und kreativem Austausch zwischen Missionaren und lokalen Gemeinden, während die zweite Gruppe den Triumph des katholisch-gotischen Modells ausdrückt. Ab den 1920er Jahren und mit der neuen Strategie der Inkulturation der Kirche und der Modernisierung der chinesischen Gesellschaft wurde das gotische Paradigma in Frage gestellt. Neue Formen der modernen Gotik, auch unter Einsatz von Stahlbeton, wurden vor allem für Protestanten entwickelt. Zum Schluss folgen zwei aktuelle Trends: einerseits die postmoderne Gotik, andererseits der Denkmalschutz von alten Gebäuden.

Dieser Artikel greift auch einige methodologische Reflexionen zum Fall China auf. Durch die Abgrenzung der wissenschaftlichen Disziplinen werden die Mediävisten in der Regel nicht dazu ermutigt, ihr räumlich-zeitliches Forschungsfeld um das Interesse am Historismus oder an der Kolonialarchitektur anderer Kontinente zu erweitern. Dennoch hat die Verbreitungsrichtung der Arten und Formen durch moderne Missionare Ähnlichkeit mit jener der religiösen Orden im 12. und 13. Jahrhundert. Allerdings erreichen die Gotik und ihre nationalen Varianten im 19. Jahrhundert ihre volle universelle Dimension, mit einer Architektur, die reich an Zitaten nationaler mittelalterlicher Formen ist. Daher stellt sich die Frage nach den Gründen für diese Zitate: War es Nachahmung, Nostalgie oder Ideologie?[5] Nur eine genaue Kontextualisierung ermöglicht von Fall zu Fall eine Antwort.

Die „Missionare der Gotik"

Das 19. Jahrhundert wurde im Westen durch die industrielle Revolution und die starke Betonung der nationalen Identität geprägt, wurde aber auch durch die Entwicklung der kolonisatorischen Imperialismen in einem bisher nie da gewesenen Ausmaß gekennzeichnet. Nach der Überwindung der Folgen der Französischen Revolution und des Kaiserreichs profitierten die christlichen Kirchen von einer religiösen Erweckung, die die Entstehung neuer religiöser Bewegungen und an die moderne Welt angepasster Institutionen bewirkte.[6] Unter ihnen standen die missionarischen Einrichtungen, von Katholiken und Protestanten, an der Spitze der Besiedlung von Nordamerika, Afrika und Asien. Diese Missionare bekehrten im Namen Christi, aber auch im Interesse ihres Herkunftslandes. Der paradoxeste Fall war zweifellos Frankreich, das das Senden seiner katholischen Missionare in die Kolonien begünstigte und anderswo in der Welt, einschließlich der anti-klerikalen Verfolgung während der Dritten Französischen Republik, säkular wirkte.[7] Für seinen Teil förderte das britische Empire die anglikanische Kirche in seinem Einflussbereich. Auf der ganzen Welt profitierte die Verbreitung der protestantischen Gemeinden vom Bevölkerungswachstum und der Migration, insbesondere in die Vereinigten Staaten und nach Kanada.

Der Bau von Kirchen entstand nicht nur aus einem Bedürfnis nach neuen Gemeinschaften und Pfarreien, sondern gab auch die Möglichkeit, religiöse und nationale Identität im öffentlichen Raum zu zeigen. Aus diesem Grund wurde in Europa die Wahl eines architektonischen Stils im 19. Jahrhundert zu einer obsessiven Frage, die sich schnell unter den Missionaren in den Kolonien verbreitete – ganz im Sinne des „in welchem Stil sollen wir bauen" von Heinrich Hübsch (1828). Der universelle neoklassische Kanon, der den Westen im späten 18. Jahrhundert dominiert hatte und sogar zum nationalen Stil in den Vereinigten Staaten wurde, wurde zu Beginn des 19. Jahrhunderts unter dem Einfluss von Romantik, Historismus und Rationalismus in Frage gestellt. Jede Staatsnation übernahm einen oder mehrere nationale Stile, die auf antiken Monumenten beruhten, die während einer ruhmreichen Zeit ihrer Geschichte gebaut wurden. Die archäologische Bewegung begann sich für mittelalterliche Architektur zu interessieren, vor allem für gotische Architektur, die unter dem Einfluss der Methode von Viollet-le-Duc studiert, restauriert, nachgeahmt und sogar reproduziert wurde. In dieser ständigen Interaktion zwischen der Vergangenheit und der Gegenwart trugen die architektonischen Akademien, Fachpublikationen und die Behörden, die für die Erhaltung von Denkmälern zuständig waren, zur Definition der nationalen Paradigmen bei.

Sobald sie über die personellen und finanziellen Ressourcen verfügten, halfen die Missionare bei der Verbreitung ihrer nationalen Stile, ebenso wie von spezifischen religiösen und nationalen Ideologien, auf der ganzen Welt. So entstand eine imperiale anglikanische Gotik in den englischen Kolonien von Kanada bis Neuseeland, in Indien und in Afrika.[8] In den französischen Kolonien und Regionen mit französischer Identität wie Quebec übernahmen die katholischen Kirchen einen explizit französisch-gotischen Stil.[9] In den Städten der neuen Welt, in denen verschiedene religiöse und nationale Gemeinschaften nebeneinander lebten, wurden Kirchen aller Arten und Stile errichtet.[10] Dank spezialisierter Handbücher für die Erbauer von Kirchen standen den Missionaren und Bauherren Informationen über Arten, Pläne, Formen, Materialien, technische Beratung und Berechnung der Baukosten zur Verfügung.[11] So erhielt die Gotik Mitte des 19. Jahrhunderts eine universelle Dimension, behielt aber die Vielfalt ihrer nationalen Ursprünge.[12] Als der christliche Stil par excellence wurde die Gotik, mit ihren nationalen Farben und Akzenten, von Missionaren bis nach China exportiert.

Die ersten Geschichten der nationalen Architektur wurden im 19. Jahrhundert geschrieben, wobei jeder Nationalstaat seine eigene verfasste, jeweils in Abgrenzung zu jener seines Nachbarn. In Nordeuropa nahm die gotische Architektur den ersten Platz ein: Sie bezieht sich auf das Mittelalter und spätere Epochen, so dass die Geschichte der Architektur erheblich vom 19. Jahrhundert, der großen Zeit des Historismus, abhängt. Vor dem Hintergrund der Fragen ihrer Zeit begannen Historiker die Vergangenheit zu erforschen und erstellten eine Kunstgeographie, die Raum und Zeit auf der ganzen Welt strukturierte.[13] Im Kontext von Kolonialismus und dem Zusammentreffen zwischen den missionarischen Orden und nationalen Interessen hinterfragten einige Historiker die Rolle der religiösen Orden in der Verbreitung der Gotik im 12. und 13. Jahrhundert. Die Parallelität war verlockend. Sie gingen sogar so weit, die Zisterzienser als „Missionare der Gotik" zu sehen, die den neuen Stil aus dem Zentrum, der Île de France, in einigen peripheren Regionen wie Italien, Nordengland, Schottland, Skandinavien und Mitteleuropa verbreiten.[14] Wir diskutieren nicht die Grundlage dieser Fragestellung, stellen aber den Einfluss des modernen Kontextes bei der Formulierung einer Frage zur mittelalterlichen Vergangenheit fest.

Man könnte auch die Frage zurückwerfen und überlegen, ob die Verbreitungsbewegung von Architektur und Identität im Mittelalter moderne Missionare beeinflusst hat, aus der Perspektive der Katholischen Erweckungsbewegung zu den im Sinne der von der Romantik idealisierten mittelalterlichen Paradigmen zurückzukehren? Anders ausgedrückt: So wie die Historiker des 19. Jahrhunderts weder die mittelalterliche Architektur der Zisterzienser untersuchten, noch ihre spezifischen Eigenschaften erkannten, so identifizierten sich die Zisterzienser und Trappisten des 19. Jahrhunderts auf ihrer Suche nach einer eigenen Identität in der modernen säkularen Welt nicht mit der romanischen Architektur „des heiligen Bernhard".[15] Also wählte man für den Wiederaufbau der Abtei von La Trappe in der Normandie (1887–1895) einen lokalen Stil statt der burgundischen Zisterzienser-Romanik. Nachdem Historiker den Begriff des „Zisterzienser-Stils" erfunden hatten, übernahmen ihn die Mönche zur Legitimation ihrer Identitätsbestrebungen.[16]

Im Jahre 1883 gründeten französische Trappisten die erste christliche Abtei auf chinesischem Boden: Notre-Dame de Consolation in Yangjiaping 楊家坪 (Hebei).[17] Ihre einfachen Gebäude wurden mit lokalen chinesischen Mitteln errichtet. Die Gemeinde erlebte einen großen Aufschwung und begann im Jahr 1903 mit Hilfe eines belgischen Missionars und Architekten, Pater Alphonse De Moerloose (He Gengbai 和羹柏), mit der Errichtung von großen Gebäuden.[18] De Moerloose wurde um 1880 an der École Saint-Luc in Gent ausgebildet und war von der ästhetischen, moralischen und anti-modernen Theorie von A.W.N. Pugin geprägt. In China baute er nach dem Prinzip der ästhetischen Nüchternheit der Zisterzienser eine Abtei im Stil der flämischen Backsteingotik des 13. Jahrhunderts, mit hölzernen Bögen und vollständig weiß im Inneren (Abb. 1). Dieses Beispiel veranschaulicht das Konzept der „Missionare der Gotik", entsprechend der universalistischen Perspektive der katholischen Kirche im 19. Jahrhundert und der kolonialen Perspektive der westlichen Nationalstaaten.

Eine Enzyklopädie der nationalen Gotik in den Vertragshäfen

Im Gegensatz zu Kolonien, die ausschließlich von einem einzigen Mutterland abhängig waren und hauptsächlich den dominanten stilistischen Einflüssen des kolonisierenden Landes unterlagen, wurde China nie gänzlich kolonisiert und war verschiedenen Einflüssen der westlichen Nationen ausgesetzt, die versuchten, Marktanteile zu erobern. Jede Niederlage des chinesischen Reiches führte zu einem neuen „ungleichen Vertrag" zugunsten der westlichen Staaten und Japans.[19] Einerseits erwarb man „Konzessionen" oder „halbkoloniale" Territorien in den Vertragshäfen, die Verbindungen zwischen China und der Welt herstellten,[20] andererseits zwangen die Verträge China dazu, das Eindringen katholischer und protestantischer Missionare ins Landesinnere, bis in die Mongolei, nach Tibet und in die Mandschurei zu akzeptieren.[21]

In den großen Vertragshäfen wie Shanghai 上海 und Tianjin 天津, aber auch im Botschaftsviertel in Peking kam es durch die Verwendung verschiedener Stile durch westliche Vertreter zu einem regelrechten Wettstreit.[22] Man kann, wie etwa entlang der „Straße der Nationen" bei Weltausstellungen, von echten Enzyklopädien der architektonischen Stile sprechen. Mehr als jeder andere Gebäudetyp drückten die Kirchen die nationale und religiöse Identität der angli-

DIE KUNSTLANDSCHAFT DER GOTIK IN CHINA

Abb 1: Die Missionare der Gotik: Die Trappistenabtei von Yangjiaping (1903–1922).

kanischen Briten, der katholischen Franzosen, der orthodoxen Russen, der lutherischen Preußen, der evangelischen Amerikaner und der katholischen Portugiesen (in Macao 澳門) aus.

Die älteste in China errichtete gotische Kirche ist die anglikanische Kathedrale auf Hongkong Island. Den Beginn einer Reihe von städtischen Kirchen markierend, die für die kolonialen Vertreter in den britischen Kolonien gebaut wurden, war St. John in Hong Kong 香港 (1844–1850), gotisch, englisch und anglikanisch.[23] Zur gleichen Zeit wurde in Shanghai von französischen Jesuiten die Kirche Saint-François Xavier (1848–1853) gebaut – klassisch, französisch und katholisch. Der Stil der Fassade nahm Bezug auf die missionarische Architektur des 17. und 18. Jahrhunderts und die Jahrhunderte lange Anwesenheit der Jesuiten in China.[24] Nach der französisch-britischen Militärexpedition nach China in den Jahren 1858–1860 erhielt Frankreich das katholische Protektorat, und französische Missionare übernahmen wiederum das gotische Paradigma. Seit den 1830er Jahren und der Generation von Victor Hugo, Prosper Mérimée und Viollet-le-Duc wurde die Gotik der neue nationale Stil in Frankreich, der eng mit den Kathedralen des Mittelalters verbunden war.[25]

In China war der Wendepunkt der Bau der Kathedrale von Guangzhou 广州 (Guangdong), der persönlich von Kaiser Napoleon III (1863–1888) gefördert wurde (Abb. 2). Diese gotische Kathedrale mit zwei Türmen war mehr als ein Zitat, sondern fast eine Kopie der Kirche Sainte-Clotilde in Paris, dem Archetyp der Neugotik, erbaut von den Architekten Christian Gau und

Abb. 2: Französische Gotik: Die Kathedrale von Guangzhou (1863–1888) ist eine Kopie der Kirche Sainte-Clotilde in Paris.

Abb. 3: Französische Gotik: Die Fassade der Nordkathedrale oder Beitang in Peking (1888–1903) wurde von jener der Kathedrale Notre-Dame in Paris inspiriert.

Théodore Ballu (1846–1857).²⁶ Die Errichtung eines solchen Symbols in Guangzhou, am Standort eines durch französische Kanonenboote zerstörten Palastes und Wohngebietes, war ein arroganter Akt, der die „zivilisatorische Mission" Frankreichs versinnbildlichen sollte. Die französische Gotik des 13. Jahrhunderts, von Viollet-le-Duc erforscht und von seinen Anhängern propagiert, kam im Zuge einer militärischen Expedition nach China. Der Bau der Kathedrale dauerte ein Vierteljahrhundert: Die Pläne des französischen Architekten Hermite musste von chinesischen Arbeitern ausgeführt werden, die der Gotik völlig fremd und feindlich gegenüberstanden. Zusätzlich zu den technischen Schwierigkeiten bei der Konstruktion der Gewölbe, Strebepfeiler, Maßwerkfenster etc., standen die vertikalen Linien der Turmspitzen und die Granitkonstruktion im Gegensatz zu Fengshui und chinesischer Bautradition. Die gotischen Formen trugen dazu bei, die Spannungen zu radikalisieren und verursachten einen echten *culture clash*.²⁷

Die Assoziation von katholischer Religion und französischer Gotik muss im Kontext des katholischen Protektorats Frankreichs verstanden werden. Es fixierte in den Verträgen von 1844 bis 1858 die Beziehungen zwischen dem chinesischen Staat und der katholischen Kirche, und gab im Jahre 1860 der französischen Vertretung eine zentrale Rolle in den Beziehungen zwischen sämtlichen katholischen Missionaren aller Nationalitäten, der Bevölkerung und den chinesischen Behörden.²⁸ Trotz der Bezüge zu den Jesuiten im 17. Jahrhundert wählten die französischen Missionare nicht mehr den Barockstil für ihre Gebäude, wie an der Kathedrale des Nordens (Beitang, 1865 und 1888) in Beijing 北京 (Abb. 3), der St. Josephs-Kathedrale (1861–1862) in der Französischen Konzession in Shanghai, der als Gedächtniskirche konzipierten Kathedrale Notre-Dame des Victoires (Wanghailou, 1870) in Tianjin und der Kathedrale der Unbefleckten Empfängnis (1883–1888) in Hong Kong zu sehen ist. Gleichzeitig bestellten die Engländer beim berühmten Architekten George Gilbert Scott die Pläne für die Holy Trinity Cathedral (1866–1869) in Shanghai.²⁹ Diese große viktorianische gotische Kirche könnte in jeder Stadt des britischen Mutterlandes stehen (Abb. 4).

Nach dem Scheitern des Boxeraufstandes im Jahre 1900, der später diskutiert werden wird, erreichten die westlichen Nationen ihre größte Macht und behielten sie bis zum Sturz der Qing-Dynastie im Jahre 1911. Während dieser Zeit wurden die größten westlichen Kirchen in China gebaut. In den Vertragshäfen waren diese Kirchen reine Export-Produkte. In Shanghai bauten die französischen Jesuiten die St. Ignatius-Kathedrale (1905–1911) in Zikawei (Xujiahui 徐家汇). Entworfen vom schottischen Architekten William Dowdall im Stil der französischen Gotik des 13. Jahrhunderts, ist diese Kathedrale die größte Kirche in China (Abb. 5).³⁰ Im gleichen Bezirk Zikawei gründete man die Schule der christlichen Kunst in Tou-Sè-Wè (Tushanwan 土山湾), wo seit 1851 Waisen in der Ölmalerei, Glasmalerei, der Herstellung von Statuen und vor allem in der Produktion liturgischer Ausstattung geschult wurden, und so den gewaltigen Bedarf der chinesischen Kirchen bedienten.³¹ Hier wurden nicht nur chinesische Handwerker in westlichen Stilen und Techniken ausgebildet, vielmehr konnte man durch ihre Arbeit kostspielige Importe aus Europa vermeiden. Lange Zeit war der gotische Stil an der Schule dominierend.

Die Konzessionen in Shanghai waren die kosmopolitischsten Gebiete Chinas. Hier gab es eine Reihe von katholischen, anglikanischen, orthodoxen und protestantischen Kirchen – und Synagogen.³² Diese Gebäude waren mehr als eine Summe von Zitaten, sondern wahre Enzyklopädien nationaler Stile, die sich nicht nur auf Variationen des gotischen Stils beschränkten. Weniger als fünf Jahre nach der Ankunft der Transsibirischen Eisenbahn in Harbin 哈尔滨 (Heilongjiang) bauten die Russen die Orthodoxe Kathedrale St. Sophia (1907).³³ Im Gebiet von Qingdao 青岛 (Shandong) errichtete die deutsche Regierung eine lutherische Kirche für das Militär: Die auf einem Hügel gelegene, von Curt Rothkegel (Luo Kege 罗克格) im Jugendstil entworfene Christuskirche (1908–1910) besitzt einen massiven Turm mit bayrischer Turmhaube.³⁴ In Tianjin bauten die Franzosen eine Kathedrale (Xikai, 1912–1916), deren Fassade und Vierungskuppel ein direktes Zitat der Kathedrale Sainte-Marie Majeure in Marseille darstellt, die von 1852 bis 1893 vom Architekten Leon Vaudoyer errichtet wurde.³⁵ Die Verbindung zwischen den beiden Hafenstädten war allen Franzosen bekannt, die in Marseille in Richtung Fernost aufbrachen und in Tianjin in Nordchina nach einer Schiffsreise von etlichen Wochen landeten. Diese beiden beinahe 8600 km auseinanderliegenden „Zwillingskirchen" erscheinen wie Figuren auf dem globalen Schachbrett.

Akkulturation und chinesisch-gotische Hybridisierung

Abseits der Vertragshäfen, der großen Kathedralen und einiger symbolischer Orte waren die vor 1900 errichteten christlichen Kirchen und Kapellen in China generell schlicht. Weit entfernt von den Vertragshäfen versuchten sich die Missionare durch das Prinzip der Akkulturation zu integrieren, also durch Assimilierung der chinesischen Kultur. Diese Begegnungen brachten Kirchen aller Arten hervor, je nach lokalen architektonischen Traditionen der verschiedenen chinesischen Regionen und der nationalen Identitäten der Missionsgesellschaften. Viele dieser Kirchen wurden während der antichristlichen Ausschreitungen zerstört oder einfach durch größere Gebäude ersetzt. Die Geschichte der Missionen in China ist eine Serie von Verfolgungen und Massakern an christlichen Missionaren im Rahmen von Revolten, die sich außerhalb staatlicher Kontrolle abspielten, wie etwa dem Taiping-Aufstand 太平天国 (1850–1864) und dem Aufstand in Tianjin 天津教案 (1870).³⁶ Missionare und ihre Kirchen wurden als Vertreter des westlichen Imperialismus gesehen und zu Zielen von Angriffen. Für jedes Martyrium und jede Zerstörung wurden vom französischen Protektorat Entschädigungen entgegengenommen und die Kirchen wiedererrichtet.

Die zwischen 1860 und 1900 errichteten Kirchen sind uns hauptsächlich durch ikonographische Quellen, Drucke und Fotografien in Archiven und Missionszeitschriften bekannt. All diese Kirchen wurden von Chinesen gebaut und zeigten den Willen der Missionare zur Akkulturation. Ihre Konstruktion variierte zwischen den Regionen und den zur Verfügung stehenden Baumaterialien, war aber in jedem Fall sehr unterschiedlich zur westlichen Baukunst. Die

Abb. 4: Viktorianische Gotik: Die englische und anglikanische Holy-Trinity-Kathedrale in Shanghai (1866–1869).

Abb. 5: Triumphierende französische Gotik: Die Kathedrale Saint-Ignace in Shanghai ist die größte Kirche Chinas (1905–1911).

Abb. 6: Hybride Gotik: Nicht identifizierte Kirche irgendwo in der Ostmongolei, vor 1900.

Kirchen waren nach Süden orientiert und oft quer auf einer Terrasse gebaut, hatten keine Türme und besaßen Dächer, die von chinesischen Konstruktionen getragen wurden. Dennoch versuchten die Missionare die Kirchen durch Integration von westlichen Elementen, die größtenteils der gotischen Formensprache entstammten, von ihrer Umgebung zu unterscheiden. Im Kontext der Akkulturation wurden ursprünglich gotische Elemente wie Spitzbögen, teils mit Maßwerk, Fialen und Kapitellen bevorzugt (Abb. 6). Die Bilder zeigen die große Kreativität, die aus dem Zusammentreffen von Missionaren, die keine Architekten waren, und lokalen Gemeinden entstand. Meist ging es darum, den Konvertiten ein Gefühl der Vertrautheit zu vermitteln, während Kreuze und Details zeigten, dass es sich um Kirchen handelte und nicht um Tempel oder einfache Häuser.

Unter den frühesten Kirchen im 19. Jahrhundert ist die von 1874–1876 errichtete Kirche St. Josef in Guiyang 贵阳 (Guizhou) eine faszinierende Mischung aus chinesischen und missionsgotischen Traditionen (Abb. 7).[37] Die flache und glatte Fassade wird von drei großen Rundfenstern durchbrochen, die die Dreifaltigkeit symbolisieren und an die Kirche Santa Maria sopra Minerva in Rom erinnern, während die Giebel in chinesischen Stufen enden und

Abb. 7: Hybride Gotik: Die Apsis der Kirche von Guiyang ist von Fenstern in Spitzbögen durchbrochen und wird von einer Holzpagode mit Uhr bekrönt (1874–1876, restauriert 2004–2006).

die Oberfläche reich dekorierte farbige Muster aufweist. Die polygonale Apsis wird von gotischen Steinfenstern durchbrochen, gleichzeitig aber von einem Glockenturm in Form einer Holzpagode bekrönt.

Der Triumph der Gotik nach 1900

Die dramatischste Episode in den Beziehungen zwischen dem kaiserlichen China und der westlichen Welt war der Boxeraufstand 义和团运动.[38] Viele Missionare und Hunderttausende chinesische Christen wurden getötet und Hunderte von Kirchen in den Provinzen Shandong, Hebei und Innere Mongolei zerstört. Der Aufstand kulminierte zwischen Juni und August 1900 in Peking, als der deutsche Botschafter Clemens von Ketteler 克林德 (Ke Linde) ermordet und das Botschaftsviertel ebenso wie die Nordkathedrale (Beitang) belagert wurde. Im Vertrag von 1901, auch bekannt als das Boxer-Protokoll, wurden signifikante und erniedrigende Reparationszahlungen verhängt, denen zufolge die chinesische Regierung die Rekonstruktion der zerstörten Kirchen und die Errichtung von Märtyrerdenkmälern finanzieren musste. Von diesem Moment an gab es kein Hindernis mehr für die Errichtung großer Kirchen mit Türmen und monumentalen Fassaden in „triumphalen" westlichen Stilen, besonders in den nationalen gotischen Stilen der Missionskongregationen.[39] Diese im öffentlichen Raum sehr präsente Architektur verstärkte die „feudale und koloniale" Natur der katholischen Missionen in China und steigerte xenophobe Einstellungen.

In Shenyang 沈阳 (Liaoning) hatten die Boxer den französischen Bischof getötet und seine Kathedrale vernichtet.[40] Eine große gotische Kathedrale mit zwei Türmen wurde mit chinesischen staatlichen Leistungen im Herzen der Mandschurei, der Ursprungsregion der kaiserlichen Familie, erbaut. Die Kathedrale des Heiligen Herzens in Jinan 济南 (Shandong) ist ein weiteres Beispiel für den Triumph der Gotik des frühen 20. Jahrhunderts in einer Region, in der die Boxer gewütet hatten. In Peking wurde die Kirche des Westens (Xitang), erbaut 1723 und im Jahre 1811 zerstört, 1867 wiederaufgebaut und im Jahre 1900 durch die Boxer zerstört, im Jahre 1912 ein drittes Mal an der gleichen Stelle im gotischen Stil errichtet, mit Steinsäulen und einem außergewöhnlichen steinernen Kreuzrippengewölbe (Abb. 8). Mehrere Kirchen im französischen apostolischen Vikariat wurden Unserer Lieben Frau von Lourdes gewidmet, und ihre Formen wurden durch jene der gotischen Basilika von Lourdes bestimmt, eine der beliebtesten „Ikonen" der französischen Neugotik. Mit ihren spitzen zentralen Türmen und den beiden an Fialen erinnernden Türmen im Stile von Lourdes sind die Kathedrale des Heiligen Herzens in Jilin 吉林 (Jilin) und die Kirche Notre Dame in Daming 大名 (Hebei) schöne Beispiele aus dem Jahre 1916–1921.

Nichtfranzösische Missionare griffen leichter auf andere Stile als die Gotik zurück. Als Beispiele gelten die Kathedrale von Chengdu in Sichuan (1904), die von italienischen Franziskanern erbaute Kathedrale von Taiyuan 太原 in Shanxi (1905) und die Kathedrale von Chaozhou 潮州 in Guangdong (1908), die von den Salesianern von Don Bosco im italienisierenden Stil rekonstruiert wurde. Die Liebfrauenkirche in Kaifeng 开封 (Henan), 1917–1919 von italienischen Franziskanern errichtet, erscheint wie eine toskanische Bettelordenskirche des 13. Jahrhunderts (Abb. 9).

Die Diözesen der Inneren Mongolei (Nei Menggu), die von belgischen Missionaren der Kongregation vom Unbefleckten Herzen Mariens betreut wurden, litten besonders unter den Boxern.[41] Um in solch entfernten Regionen erneut zu bauen, war es nicht genug, über Geld zu verfügen, sondern man benötigte auch einen Plan, einen Architekten und eine lokale Arbeitskraft, die in der Lage war, Stein zu bearbeiten, Bögen und Gewölbe zu errichten, Fundamente und Tragemauern zu bauen und westliche Dachstühle zu konstruieren.[42] Vater Alphonse De Moerloose hatte Architektur an der École Saint-Luc in Gent studiert, wo die Theorien von A.W.N. Pugin vorherrschten und man die Gotik für den einzig passenden Stil für die universale Kirche hielt. Zuwendungen aus den Boxer-Zahlungen gaben ihm die Möglichkeit zum Beginn einer beträchtlichen Bauaktivität in Nordchina, die zwischen 1899 und 1929 mehreren Missionskongregationen diente (Abb. 1).[43] So drangen die „wahren Prinzipien" der christ-

DIE KUNSTLANDSCHAFT DER GOTIK IN CHINA

Abb. 8: Gotik nach den Boxern: Die Kirche des Westens oder Xitang in Peking, 1912, zweimal zerstört und rekonstruiert.

lichen Gotik nach Pugin und die flämische Gotik im Rahmen einer universellen zivilisatorischen Perspektive in die Steppen und Gebirge der Mongolei vor.[44] Diese fremde und schlecht an lokale Bedingungen angepasste Architektur könnte als „Export" verstanden werden, wäre sie nicht von chinesischen Arbeitern ausgeführt worden, die von Missionaren geschult und überwacht wurden.[45]

Die christliche Bevölkerung Chinas nahm ab 1900 beträchtlich zu und die Missionare, deren Zahl ebenfalls zunahm, organisierten neue Wallfahrten zu Plätzen, an denen die Jungfrau Maria erschienen war oder zu Orten, die auf wundersame Weise Angriffe der Boxer überstanden hatten.[46] Im Unterschied zu den Anglikanern und Protestanten hatten die Katholiken mit den Marienwallfahrten ein hilfreiches Werkzeug der Evangelisierung. Viele Missionskongregationen förderten Wallfahrten und verstärkten damit die „feudale Landschaft" der Missionsgeographie in China. Die französischen Lazaristen verwalteten das Heiligtum Donglü 东闾 (Hebei) südlich von Peking,[47] während die Jesuiten außerhalb Shanghais den Berg Sheshan 佘山 zum Wallfahrtsort entwickelten. Wenn sich die Gelegenheit ergab, errichteten Missionare Kapellen auf Gipfeln oberhalb der Landschaft, manchmal an Stelle einer Pagode (Abb. 10).

Abb. 9: Italienische Bettelordenskirche: Die Kirche von Kaifeng, gebaut von italienischen Franziskanern zwischen 1917 und 1919.

Die umstrittene Gotik und die moderne Gotik

Die großen Umwälzungen, die die Welt während des zweiten Jahrzehnts des 20. Jahrhunderts erschütterten, beeinflussten auch die christlichen Kirchen und Missionen.[48] Einerseits brachte der Fall des Kaiserreiches und die Geburt der Republik (1912) China auf den schwierigen Pfad in die Moderne, andererseits veränderte der 1. Weltkrieg das Machtgefüge der westlichen Staaten in ihren Kolonien und Konzessionen in China. Auch die Missionskongregationen konnten

DIE KUNSTLANDSCHAFT DER GOTIK IN CHINA

Abb. 10: Von den Steyler Missionaren christianisierte Landschaft in Shandong: „Kirche unser größten Kirchengemeinde Hukiadschoang. Links oben der Mutter-Gottes-Berg mit Wallfahrtskapelle von P. Zeno Moeltner erbaut im Jahre 1895".

sich diesem Druck und der Mischung von religiösen und nationalen politischen Interessen nicht entziehen. Die nationalistischen und xenophoben Tendenzen der Chinesen, die durch die Bewegung vom 4. Mai 1919 verstärkt wurden, richteten sich auch unausweichlich gegen die Missionen der verschiedenen christlichen Kirchen.

Nach dem 1. Weltkrieg erkannte die katholische Kirche, dass sich das westliche Kolonialmodell kontraproduktiv auf die Evangelisierung der Völker auswirkte. Rom definierte eine neue Strategie, die darauf ausgerichtet war, das westliche Modell durch das Prinzip der lokalen Kirchen mit einheimischen Bischöfen und Priestern zu ersetzen. Diese Bewegung wird „Inkulturation" genannt, also die „Verwurzelung und Integration des christlichen Glaubens in eine bestimmte Kultur" im Gegensatz zu einer kolonialen und eurozentristischen Welt.[49] Papst Benedikt XV. begann diese Dynamik mit seinen Enzyklika *Maximum illud* im Jahre 1919, die 1926 durch die Enzyklika *Rerum Ecclesiae* von Pius XI., dem großen Papst der Missionen, bestätigt wurden. 1926 sandte der Papst einen apostolischen Delegaten, Monsignore Celso Costantini (Gang Hengyi 刚恒毅), mit der Mission zur Einführung der Inkulturation nach China.[50] Die erste Synode der römisch-katholischen Kirche Chinas in Shanghai (1924) brachte erstmals die apostolischen Vikare und die Missionare der Provinzkongregationen in China zusammen.

Pius XI. weihte 1926 die ersten sechs chinesischen Bischöfe in Rom. Dennoch sah sich Costantini mit der Opposition zahlreicher apostolischen Vikare und Missionare konfrontiert, vor allem französischer, da diese nach dem Ende des Protektorats und der Entwicklung einer lokalen Kirche ihre dominante Position verloren hatten.

Inkulturation und Moderne hatten auch Einfluss auf Kunst und Architektur. Nach dem 1. Weltkrieg wurde das gotische Paradigma in Europa durch eine moderne Architektur ersetzt, die Beton verwendete und romanische und frühchristliche Bezüge aufnahm. Allgemeiner gesagt charakterisieren geometrische Formen und reduzierte Ornamentik, oftmals in Kombination mit monumentalen Räumen, die christliche Architektur der Zwischenkriegszeit. Diese Trends spürte man in China in den frühen 1920ern. Die neuen christlichen Kirchen waren nicht gotisch, aber doch westlich, wie die von belgischen Scheut-Missionaren konstruierte Kathedrale in Hohhot 呼和浩特 in der Inneren Mongolei (1922 bis 1924),[51] jene von italienischen Franziskanern erbaute Kirche von Qiaoergou in Yan'an 延安 (Shaanxi), oder die große Basilika Notre-Dame (1924–1935) auf dem Sheshan 佘山 bei Shanghai, errichtet von französischen Jesuiten. Diese Gebäude behielten explizite nationale Bezüge, wie die 1930 bis 1933 von Steyler-Missionaren im Stile der Rheinischen Romanik erbaute Kathedrale St. Michael in Qingdao 青岛 (Shandong) (Abb. 11).

Monsignore Costantini vertrat die Auffassung einer sino-christlichen Kunst und Architektur. Seiner Meinung nach waren die westlichen Stile, und besonders die Gotik, ein „Stilfehler" in China.[52] Er wollte eine echte Inkulturation: Kirchen im chinesischen Stil, mit chinesischer liturgischer Ausstattung und einem einheimischen Klerus. Costantini beauftragte einen niederländischen Benediktinermönch von der Abtei Beuron, Adelbert Gresnigt (Ge Lisi 葛利斯), der von März 1927 bis Januar 1932 in China blieb, und zur offiziellen Referenz in Bezug auf Kunst wurde.[53] Gresnigt schuf große Bildungsinstitutionen für den neuen chinesischen Klerus,[54] und hatte eine klare Ansicht von der Gotik: „No form of Western architecture does more violence to that mute language of the soul of China, which we call Chinese architecture, than its most complete antithesis, the Gothic architecture of Northern Europe".[55] Doch die architektonische Herausforderung war mehr als eine Stilfrage. Es sollten ökonomische, robuste und funktionale Gebäude entstehen, die sich unter anderem auch von den Bildungseinrichtungen der amerikanischen Protestanten und des brillanten Architekten Henry K. Murphy (Hengli Mofei 亨利墨菲) unterschieden.[56] Andere Architekten unter den Missionaren, wie der Schweizer Bruder Albert Staubli (Ya Wendao 雅問道), der für den amerikanischen Maryknoll-Missionsorden in Guangdong arbeitete,[57] und der belgische Missionar Jozef Michiels (Mi Huazhong 米化中), der für die Scheut-Missionare in der Inneren Mongolei tätig war, setzten diesen Weg fort, ermutigt von Bischof Costantini.[58]

Die 1930er Jahre waren keine gute Zeit für Großprojekte und Kirchenbau. Wachsende Unsicherheit, politische Instabilität, ökonomische Krisen und die japanische Invasion erschütterten die interne Lage in China. In Europa sah sich Rom mit dem Aufstieg des Faschismus und des Kommunismus konfrontiert, und räumte der Missionsfrage keine besondere Priorität mehr

DIE KUNSTLANDSCHAFT DER GOTIK IN CHINA

Abb. 11: Moderne rheinische Romanik: Die St.-Michaels-Kathedrale von Qingdao, 1930–1933.

ein.[59] Die Inkulturation materialisierte sich besonders in der liturgischen Ausstattung und einer sinisierten Ikonographie, die viele gotische Altäre und westliche Ikonographie ersetzte.[60]

Die architektonische Debatte wurde jedoch nie deutlich mit den katholischen Missionen in China geführt. Rom wollte einen Stil durchsetzen, von dem man glaubte, er würde zur Politik der Inkulturation passen, traf aber hier auf doppelten Widerstand. Einerseits boykottierten zahlreiche Missionare und Bischöfe, die der Zeit des französischen Protektorats nachtrauerten, die Arbeit von Erzbischof Costantini, indem sie das Entstehen eines lokalen Klerus behinderten und sich gegen eine sino-christliche Architektur aussprachen. Im Jahre 1926 publizierten die französischen Jesuiten aus Xianxian 献县 (Hebei) ein Handbuch zur Konstruktion von Kirchen in China, noch immer im gotischen Stil.[61] Andererseits konnten sich die chinesischen Christen nur schwer mit dem Stilwechsel anfreunden, der für sie eine Identitätskonfusion bedeutete. Sie wollten keine Kirchen, die wie Pagoden oder Tempel aussahen, sondern christliche Kirchen mit Türmen und Bögen.[62] 1941 publizierte ein französischer Jesuit einen letzten Artikel über die Zukunft der katholischen Missionsarchitektur in China.[63]

Es wäre interessant, die Begriffe der Architekturdebatte zu erforschen, die innerhalb verschiedener protestantischer Gruppen herrschte, die ebenfalls ihre Architektur sinisierten, manchmal schon vor den 1920er Jahren.[64] Einige protestantische Kirchen entwickelten eine Form der „modernen Gotik", die man deutlich an anglikanischen Kirchen der Engländer,

Abb. 12: Moderne Gotik: Deutsch-lutherische Kirche in Shanghai (1930–1932); Einmarsch der kleineren Jungen am 1. Mai 1936.

lutherischen Gotteshäusern der Deutschen sowie den evangelischen, methodistischen und presbyterianischen Kirchen der Amerikaner erkennen kann. Ohne Zweifel war diese Architektur auf die großen Städte und die Vertragshäfen beschränkt, wo moderne Architektur und Konstruktionen aus Stahlbeton blühten.⁶⁵ Besonders bemerkenswert sind die Arbeiten des slowakisch-ungarischen modernistischen Architekten Ladislav Hudec (Wu Dake 邬达克), der von 1918 bis 1945 in Shanghai aktiv war. Bis zu den 1930er Jahren repräsentierte die Gotik, auch in modernisierten Formen, westliche nationale Identitäten in China. Daher wurde die 1929 bis 1931 gebaute Moore Memorial Methodist Church (Mu'en Church 沐恩堂) im gotischen Stil der amerikanischen Campuse errichtet, während die zerstörte, ursprünglich 1930 bis 1932 errichtete deutsche lutherische Kirche die Architektur der norddeutschen Backsteingotik widerspiegelte. Diese Kirche wurde zu einem Fokus deutscher Identität im kosmopolitischen Stadtzentrum (Abb. 12), wie etwa auch die anglikanische (1923) und protestantische Kirche (1936) in Nanjing 南京 (Jiangsu) oder die 1930–1931 errichtete Union Church in Kowloon 九龙 (Hong Kong). Portugiesische und italienische Katholiken bauten etwa zur selben Zeit (1930–1932) die Kirche St. Theresa in Kowloon (Hong Kong) in einem modernen romanischen Stil mit einem Turm, der explizit an jenen von San Marco in Venedig erinnert.

DIE KUNSTLANDSCHAFT DER GOTIK IN CHINA

Abb. 13: Zum Erbe gewordene Gotik: Die Wanghailou-Kirche in Tianjin (zweimal zerstört und rekonstruiert, 1869–1904) ist die erste gotische Kirche, die 1988 als Nationales Kulturerbe Chinas geschützt wurde.

Abb. 14: Postmoderne Gotik: Projekt der protestantischen Kirche von Shouguang in Weifang, Shandong (2012).

Die zum Erbe gewordene Gotik und die postmoderne Gotik

Die japanische Invasion (1937–1945), der Bürgerkrieg (1946–1949) und die Kulturrevolution (1966–1976) hatten katastrophale Konsequenzen für die christliche Architektur in China. Viele Kirchen wurden zerstört, verloren ihren Turm oder wurden zweckentfremdet. Die meisten Altäre und liturgischen Ausstattungen, egal ob neugotisch oder chinesisch, überstanden die Kulturrevolution nicht. Jene Kirchen, die die Wirren der Zeit überstanden, wurden in den 1980er und 1990er Jahren an die inzwischen rehabilitierten christlichen Gemeinden zurückgegeben und restauriert, wenn auch nicht nach den Regeln der Kunst. Außerdem kann man aufgegebene Kirchen an Orten finden, wo inzwischen größere und besser sichtbare Kirchen errichtet worden sind.

Die ältesten Kirchen sind als historische Monumente auf lokaler oder provinzieller Ebene geschützt. Siebzehn Kirchen, viele davon gotisch, gehören zur Liste der am stärksten geschützten Denkmäler als „nationales Kulturdenkmal der Volksrepublik China".[66] Die Bewegung des

DIE KUNSTLANDSCHAFT DER GOTIK IN CHINA

Abb. 15: Postmoderne Gotik: Baustelle der neuen katholischen Kirche in Xiwanzi (2011).

„Erbe werden" und des „gemeinsamen Erbes" entwickelt sich in China. So wurden die Kirche Notre-Dame des Victoires (Wanghailou, 1870) in Tianjin, die Gedenkkirche für das Massaker an Missionaren im Jahre 1870 (Abb. 13) und die Kathedrale von Guangzhou (Abb. 2), zwischen 1863 und 1888 errichtet an der Stelle eines echten ‚Culture Clash', beide im gotischen Stil, 1988 bzw. 1996 zum nationalen Kulturerbe erklärt.⁶⁷ Die Nordkathedrale in Peking, ein Symbol des westlichen Widerstands gegen die Boxer im Jahre 1900, ist seit 2006 nationales Kulturerbe. Die gotische Kathedrale von Shenyang 沈阳 (Liaoning), wiedererrichtet mit Hilfe der Kompensationen des chinesischen Staates am Platz des Martyriums des von den Boxern ermordeten französischen Bischofs, ist seit 2013 nationales Kulturerbe.⁶⁸ Dennoch bleibt das Problem des kulturellen Erbes sensibel, da das historische und technische Wissen über westliche Kirchen und die Gotik im Speziellen noch immer sehr begrenzt ist. In den kommenden Jahren sollte sich die Situation durch die Entwicklung von Forschungspartnerschaften verbessern.

Seit den 1990er Jahren ist die Konstruktion neuer Kirchen ein wachsendes Phänomen in China. Dabei überrascht weniger die Errichtung als die Wahl der architektonischen Stile.

Tatsächlich übernehmen diese neuen Gebäude freiwillig den gotischen Stil oder entlehnen Elemente aus dem Vokabular der gotischen Bögen, spitzen Türmen, Rosetten und Fialen. Einige sind mehr oder wenige direkte Kopien von mittelalterlichen europäischen Gebäuden, wie die Kirche von Taiwushi 泰晤士 im Vorortgebiet von Shanghai, eine Kopie der Kathedrale von Bristol.[69] Diese kopierten gotischen Kirchen sind ein Teil des postmodernen Phänomens der Übertragung aller Arten von europäischer Architektur nach China und der Kreation einer urbanen Fiktion.[70]

Die religiöse Toleranz, die derzeit China charakterisiert, resultiert in Projekten der Konstruktion von städtischen Kirchen oder gigantischen Kathedralen bis zu Exzessen riesiger architektonischer Räume (Abb. 14). Manche bleiben in der Planungsphase, andere hingegen werden ausgeführt, wie etwa die katholischen Kathedralen von Harbin und Xianxian. Beide sind nicht mehr reine Kopien westlicher Vorbilder, sondern stellen postmoderne gotische Gebäude dar.

Die Strukturen bestehen aus Stahlbeton mit möglichst hohen Türmen. Die Fassaden werden von Rosetten, Bögen und anderen formellen gotischen Zitaten geprägt. Was bedeuten diese Zitate im gegenwärtigen China? Die Wahl des Stils geschieht absichtlich und bedeutet Identität und Ausdruck im ländlichen und städtischen öffentlichen Raum. Es mag überraschen, dass die neuen Kirchen nicht auf den sino-christlichen Stil zurückgreifen, der in den 1920er und 1930er Jahren vom Vatikan propagiert worden ist. Das architektonische Erbe von Erzbischof Costantini erscheint besonders unbedeutend, da es vor allem für die Entwicklung einer lokalen Kirche gedacht war. Heute wird das Christentum in China, katholisch und protestantisch, sicherlich als eine Religion aus Europa und Nordamerika gesehen, die die Kulturrevolution überstanden hat, und nun einen Platz in einer sich wandelnden chinesischen Gesellschaft sucht. In diesem komplexen Kontext spielt die Architektur eine bedeutende Rolle, um Gemeinden und deren Projekte zu mobilisieren, die einen Platz in der Gesellschaft behaupten wollen.

Große Strukturen finden sich auch in kleinen Städten und Dörfern, die einen hohen Anteil an Christen aufweisen oder von Missionaren gegründet wurden. Die Identität der Christen ist in den Dörfern stärker, die den Angriffen der Boxer im Jahr 1900 oder anderen Verfolgungen widerstanden. Ein Beispiel unter vielen ist das Dorf Xiwanzi 西弯子 (Hebei), wo die belgischen Scheut-Missionare den Sitz des apostolischen Vikariats der Inneren Mongolei gegründet hatten. Boxer verwüsteten die Gegend und zerstörten viele christliche Dörfer, scheiterten aber an der Einnahme von Xiwanzi. Im Gedenken an dieses „göttliche Wunder" wurde von 1923 bis 1926 eine große Kathedrale im romanischen Stil mit zwei Türmen, einem großen Querschiff und Chorumgang gebaut.[71] Die Kathedrale wurde während des Bürgerkrieges im Jahre 1946 zerstört, aber das Christentum lebte unter den Menschen weiter, auch nach dem Abzug der letzten belgischen Missionare im Jahr 1954. In den Jahren 2011–2012, nach der Sammlung der notwendigen finanziellen Mittel, begann die Gemeinde mit dem Bau einer größeren Kathedrale als jene der 1920er Jahre, deren Bedeutung man nicht verstehen kann, wenn man die lokale Vergangenheit nicht kennt (Abb. 15). Dieses Beispiel ist nicht ungewöhnlich, vor allem in den Bereichen des ländlichen christianisierten China.

DIE KUNSTLANDSCHAFT DER GOTIK IN CHINA

Abb. 16: Der 2008 errichtete „Western Shore Art Salon" in Tianjin sieht wie eine deutsche Kirche aus, ist aber eine Stätte kultureller Aktivitäten.

THOMAS COOMANS

Fazit

Die gotische Architektur in China umfasst eine unglaubliche Vielfalt von Stilen aus verschiedenen westlichen Quellen. Sie erstreckt sich von den kolonialen Einflüssen aus der Mitte des 19. Jahrhunderts bis zu zeitgenössischen Ausdrücken einer postmodernen Gotik, über alle Arten von Formen der Hybridisierung mit der traditionellen chinesischen Architektur, ganz zu schweigen von der modernen Gotik der späten 1920er Jahre. In all ihren Formen verbindet man die Gotik in China fast ausschließlich mit christlichen Kirchen, bis in die frühen 1950er Jahre mit jenen von Missionaren, seit dem Ende des 20. Jahrhunderts mit chinesischen. So gibt es in der Tat eine gotische Kunstlandschaft in China, die lange auf Zitaten von Formen, Typen und Strukturen des westlichen Mittelalters und des 19. Jahrhunderts basierte.

Heute betrachten die Chinesen die Gotik als einen westlichen und fremden Stil, aber man unterscheidet nicht zwischen der deutschen, der belgischen, der nationalen englischen Gotik und jener Frankreichs, oder auch zwischen dem gotischen Stil des Mittelalters, des 19. Jahrhunderts, oder dem der 1930er Jahre. Die Chinesen nach der Kulturrevolution verbinden die Gotik mit fantastischen Bildern und mythischen Konnotationen, oder man betrachtet die alten Kirchen als Erbe, das man schützen und bewahren soll. Ihre Wahrnehmung ist völlig anders als jene ihrer Vorfahren, die vor nur wenigen Jahrzehnten die Gotik als Ausdruck des Imperialismus der westlichen Nationen ansahen, und es sich zum Ziel machten, Kirchen zu zerstören.

Auch viele zeitgenössische chinesische gotische Kirchen, unabhängig von ihrer stilistischen Herkunft und ihrer kulturellen und historischen religiösen Bedeutung, sind Teil der architektonischen Landschaft und wenig mehr als Dekor für romantische Hochzeitsfotos. (Abb. 11) In Tianjin gleicht der 2008 erbaute „Western Shore Art Salon" (西岸艺术馆) einer deutschen romanischen Kirche, wird aber für private und öffentliche künstlerische Aktivitäten genutzt. Es werden dort aber auch Konzerte, Ausstellungen und Konferenzen veranstaltet, und man kann dort sogar heiraten (Abb. 16)! Nur chinesische Christen, die die Verfolgungen in den ländlichen Gebieten überlebt haben, identifizieren sich mit der Tradition der von Missionaren gebrachten Gotik und ihrer Verbreitung.

Aus dem Französischen übersetzt von Jürgen Flick

Anmerkungen

1 Allgemeine Darstellungen: Françoise Aubin: Christian Art and Architecture, in: R. Gary Tiedemann (Hrsg.): Handbook of Christianity in China, Volume Two/Bd. 2: 1800 to Present, Leiden/Boston, 2010, 733–736; Luc Vints: *Les Missions catholiques* et le néo-gothique dans l'architecture missionnaire, in: Jan De Maeyer/Luc Verpoest (Hrsg.): Gothic Revival. Religion, Architecture and Style in Western Europe 1915–1914 (KADOC Artes, 5), Löwen, 2000, 125–132; Dong Li/Du Cheng: Qing wei jiatang jianzhu de fengge yu leixing yanjiu, 清末教堂建筑的风格与类型研究 (Research of the Architectural styles and Types of Churches in Late Qing Dynasty), in: Huazhong Architecture, 华中建筑, 27, 2009, 140–143. Ebenso die Zeitschrift: *Yage*. 雅歌. *The Journal of Christian Art and Architecture*, seit 2008.

Fotografische Darstellung: Tess Johnston & Deke Erh : God & Country. Western Religious Architecture in Old China, Hong Kong 1996.
2. Ergänzende Veröffentlichung mit Schwerpunkt auf anderen Aspekten der Fragestellung: Thomas Coomans: Indigenizing the Catholic Architectural Canon in China: From Western-Gothic to Sino-Christian Church Design, 1900–1940, in: Cindy Yik-yi Chu (Hrsg.): The Catholic Church in China from 1900 to the Present, New York 2014, Kapitel 8; Thomas Coomans: Gothique ou chinoise, missionnaire ou inculturée? Les paradoxes de l'architecture catholique en Chine au XXᵉ siècle, in: L'échange architectural: Europe et Extrême-Orient, 1550–1950, Paris, Institut National d'Histoire de l'Art, INHA (im Druck).
3. Von den 58 apostolischen Vikariaten in China im Jahre 1924 wurden 25 von französischen Missionaren betrieben (vor allem Shanghai-Nanking, Peking-Tianjin und Kanton), dazu 13 von Italienern, 6 von Belgiern, 5 von Deutschen, 5 von Spaniern, 2 von Niederländern, 1 von Portugiesen und 1 von Amerikanern. Nach Jean-Marie Planchet: Les missions de Chine et du Japon, sixième année: 1925, Peking 1925, xiv.
4. R. Garry Tiedemann (Hrsg.): Handbook of Christianity in China. Volume Two/Bd. 2: 1800 to Present (Handbuch der Orientalistik, 15/2), Leiden/Boston 2010; R. Garry Tiedemann: Reference Guide to Christian Missionary Societies in China from the Sixteenth Century to the Twentieth Century, Armonk/London 2009.
5. Thomas Coomans & Wei Luo: Mimesis, Nostalgia and Ideology: Scheut Fathers and home-country-based church design in China, in: Tsung-Ming Chen (Hrsg.): History of the Church in China, from its beginning to the Scheut Fathers and 20th Century (Leuven Chinese Studies), Löwen 2014 (im Druck).
6. Jan De Maeyer/Sofie Leplae/Joachim Schmiedl (Hrsg.): Religious Institutes in Western Europe in the 19th and 20th Centuries: Historiography, Research and Legal Position (KADOC Studies on Religion, Culture and Society, 2), Löwen 2004.
7. Jean-Baptiste Piolet: Les Missions Catholiques Françaises au XIXᵉ siècle, 3 Bde., Paris 1900.
8. Alex Bremner: Imperial Gothic: Religious Architecture and High Anglican Culture in the British Empire, 1840–1870, Yale 2013.
9. Luc Noppen/Lucie K. Morisset: Les églises du Québec. Un patrimoine à réinventer (Patrimoine urbain, 1), Montreal 2005.
10. Clarence Epstein: Montreal, City of Spires. Church Architecture during the British Colonial Period 1760–1860 (Patrimoine urbain, 7), Montreal 2012.
11. Barry Magrill: A "Commerce of Taste": Church Architecture in Canada, 1867–1914, Montreal/Kingston 2012.
12. Timothy Brittain-Catlin/Martin Bressani/Jan De Maeyer (Hrsg.): New Directions in Gothic Revival Studies Worldwide (KADOC Artes), Löwen (im Druck).
13. Kasia Murawska Muthesius (Hrsg.): Borders in Art. Revisiting ‚Kunstgeographie' (Proceedings of the Fourth Joint Conference of Polish and English Art Historians, University of East Anglia, Norwich 1998), Warschau 2000; Thomas DaCosta Kaufmann: Toward a Geography of Art, Chicago/London 2004; Thomas DaCosta Kaufmann/Elizabeth Pillod (Hrsg.): Time and Place. The Geohistory of Art, Aldershot/Burlington 2005.
14. Der Ausdruck wurde das erste Mal 1856 von Carl Schnaase gebraucht und 1894 insbesondere von Camille Enlart wieder aufgegriffen. Siehe: Christopher Wilson: The Cistercians as ‚Missionaries of Gothic' in Northern England, in: Christopher Norton/David Park (Hrsg.): Cistercian Art and Architectuer in the British Isles, Cambridge 1986, 86–116, Anm. 1.
15. Thomas Coomans: La ricerca di una nuova identità nell'architettura cisterciense del XIX secolo, in: Terryl N. Kinder/Roberto Cassanelli (Hrsg.): Arte Cisterciense, Mailand: Jaca Books (im Druck); Thomas Coomans: Cistercian architecture or architecture of the Cistercians?, in: Mette Birkedal Bruun (Hrsg.): Cambridge Companion to the Cistercian Order, Cambridge 2013, 151–169.
16. So wurde die Abtei von Orval von 1926 bis 1948 nach dem Vorbild von Fontenay wiedererrichtet und erhielt so nach mehr als einem Jahrhundert als Ruine wieder seine Identität als mittelalterliche Abtei zurück. Claude Soetens (Hrsg.): Orval 1926–1948: entre restauration et résurrection, Louvain-la-Neuve 2001.
17. Die Gründung der Abtei Sept-Fons, 180 km nordwestlich von Peking. Siehe: A. Limage: Les Trappistes en Chine, Paris 1911.
18. Thomas Coomans: Sint-Lucasneogotiek in Noord-China: Alphonse De Moerloose, missionaris en architect, in: M&L. Monumenten, Landschappen en Archeologie 32/5, 2013, 6–33.
19. David Scott: China and the International System, 1840–1949: Power, Presence, and Perception in a Century of Humiliation, New York 2008; Dong Wang: China's Unequal Treaties: Narrating National History, Langham 2005.
20. Chris Elder: China's Treaty Ports: Half Love and Half Hate, Oxford 1999; John King Fairbank: The Creation of the Treaty System, in: Denis Twitchett/

John K. Fairbank (Hrsg.), The Cambridge History of China, vol. 10, Cambridge 1978, 213–263; Albert Feuerwerker: "The Foreign Presence in China" in: Denis Twitchett/John K. Fairbank (Hrsg.): The Cambridge History of China, vol. 12, Cambridge 1983, 128–207.
21 Tiedemann 2010 (wie Anm. 4), 296–337; Tiedemann 2009 (wie Anm., 4).
22 Michael J. Moser/Yeone Wei-Chih Moser: Foreigners within the Gates. The Legations at Peking, Oxford 1993.
23 Stuart Wolfendale: Imperial to International. A History of St John's Cathedral, Hong Kong, Hong Kong 2013.
24 Joseph De La Servière: Histoire de la mission du Kiang-Nan. Jésuites de la province de France (Paris). Vol. 1: Jusqu'à l'établissement d'un vicaire apostolique jésuite (1840–1856), Shanghai/Zikawei [1914], 203–204.
25 Thomas Coomans: Denkmalpflegekonzepte in der ersten Hälfte des 19. Jahrhunderts in Frankreich und die Rolle der gotischen Kathedrale (1789–1848), in: Wolfgang Schenkluhn/Andreas Waschbüsch (Hrsg.): Der Magdeburger Dom im europäischen Kontext (more romano, 2), Regensburg 2011, 129–140.
26 Mario Kramp: Zwischen Paris und Köln: Franz Christian Gau, in: Jan De Maeyer/Luc Verpoest (Hrsg.): Gothic Revival. Religion, Architecture and Style in Western Europe 1915–1914 (KADOC Artes, 5), Löwen 2000, 193–202.
27 Jean-Paul Wiest: The Building of the Cathedral of Canton: Political, Cultural and Religious Clashes, in: Religion and Culture: Past Approaches, Present Globalisation, Futures Challenges (International Symposium on Religion and Culture, 2002: Macau), Instituto Ricci de Macau 2004, 231–252.
28 Alexandre Chen Tsung-Ming: Les réactions des autorités chinoises face au protectorat religieux français au cours du XIXᵉ siècle, in: Alexandre Chen Tsung-Ming (Hrsg.): Le Christianisme en Chine aux XIXᵉ et XXᵉ siècles. Évangélisation et conflits (Leuven Chinese Studies, 25), Löwen 2013, 125–171.
29 David Cole: The Work of Sir Gilbert Scott, London 1980; Gavin Stamp: An Architect of Promise: George Gilbert Scott Junior (1839–1897) and the Late Gothic Revival, Donington 2002.
30 Memory Remains. Sites of Cultural Relics under Protection, Xuhui, Shanghai, Shanghai 2008, 160–171.
31 Joseph De La Servière: L'orphelinat de T'ou-Sè-Wè. Son histoire. Son état présent, Zikawei/Shanghai 1914; Memory of T'ou-Sè-Wè / 土山湾, Shanghai 2010.
32 Edward Denison/Guangyu Ren: Building Shanghai. The Story of China's Gateway, Chichester 2006, 53, 58–60.
33 Diese Kathedrale wurde 1923–1932 rekonstruiert.
34 http://www.tsingtau.org/christuskirche-tsingtau-qingdao/ (aufgerufen am 15. August 2013).
36 Jan J.M. De Groot: Sectarianism and Religious Persecution in China, 2 Bde., Amsterdam 1903.
37 Les Missions catholiques 9, 1877, 393–399.
38 Tiedemann 2010 (wie Anm. 4), 338–343 (mit Literaturverzeichnis).
39 Thomas Coomans/Wei Luo: Mimesis, Nostalgia and Ideology: Scheut Fathers and home-country-based church design in China, in: Alexandre Chen Tsung-Ming (Hrsg.): History of the Church in China, from its beginning to the Scheut Fathers and 20th Century, Löwen: University Press Leuven (im Druck).
40 Les Missions catholiques 32, 1901, 395; 33, 1902, 253.
41 Daniël Verhelst/Nestor Pycke (Hrsg.): C.I.C.M. Missionaries, Past and Present 1862–1987. History of the Congregation of the Immaculate Heart of Mary (Verbistiana, 4), Löwen 1995, 88–116.
42 Wei Luo: Transmission and Transformation of European Church Types in China: The Churches of the Scheut Missions beyond the Great Wall, 1865–1955, Dissertation in Architektur, KU Leuven, Löwen 2013.
43 Joseph Van Hecken: Alphonse Frédéric De Moerloose C.I.C.M. (1858–1932) et son œuvre d'architecte en Chine, in: Neue Zeitschrift für Missionswissenschaft / Nouvelle Revue de science missionnaire 24/3, 1968, 161–178.
44 Thomas Coomans: Pugin Worldwide: From the *True Principles* and the Belgian St Luke's Schools to China and Inner Mongolia, in: Timothy Brittain-Catlin/Mario Bressani/Jan De Maeyer (Hrsg.): New Directions in Gothic Revival Studies Worldwide, Löwen (im Druck).
45 Thomas Coomans/Wei Luo: Exporting Flemish Gothic Architecture to China: Meaning and Context of the Churches of Shebiya (Inner Mongolia) and Xuanhua (Hebei) built by Missionary-Architect Alphonse De Moerloose in 1903–1906, in: Relicta. Heritage Research in Flanders 9, 2012, 219–262.
46 Anh Thu Tran: Marian Shrines in China, Vancouver 2009.
47 J.M. Trémorin: Autour de Notre Dame de Tong-lu. Tong-lu sous les Boxeurs. Après 1900, in: Bulletin catholique de Pékin 16, 1929, 16–21, 65–70, 133–139, 203–205.
48 Tiedemann 2010 (wie Anm. 4), 447–668.

49 Robert E. Carbonneau: The Catholic Church in China 1900–1949, in: Tiedemann 2010 (wie Anm. 4), 516–525 (mit Literaturverzeichnis); Claude Soetens: L'Église catholique en Chine au XXᵉ siècle, Paris 1997, 84–102.
50 Cardinal Celso Costantini and the Chinese Catholic Church, thematische Ausgabe der Zeitschrift Tripod 28/148, Hong Kong, 2008: http://www.hsstudyc.org.hk/en/tripod_en/en_tripod_148.html insbesondere: Sergio Ticozzi: Celso Costantini's Contribution to the Localization and Inculturation of the Church in China.
51 Luo 2013 (wie Anm. 42), 442–452.
52 Celso Costantini: The Need of Developing a Sino-Christian Architecture for our Catholic Missions, in: Bulletin of the Catholic University of Peking 3, September 1927, 7–15.
53 Thomas Coomans: La création d'un style architectural sino-chrétien: l'œuvre d'Adelbert Gresnigt, moine-artiste bénédictin en Chine (1927–1932), in: Revue Bénédictine 123, 2013, 128–170.
54 Regionale Seminare in Kaifeng 开封 (Henan) und Hong Kong, das Seminar der Jünger des Herrn in Xuanhua 宣化 (Hebei), und die Katholische Universität Peking (Fujen daxue), Beijing.
55 Adelbert Gresnigt: Chinese Architecture, in: Bulletin of the Catholic University of Peking 4, Mai 1928, 33–45 (Zitat S. 37).
56 Jeffrey W. Cody: Striking a Harmonious Chord: Foreign Missionaries and Chinese-style Buildings, 1911–1949, in: Architronic. The Electronic Journal of Architecture, n° V5n3, 1–30; Jeffrey W. Cody: Building in China. Henry K. Murphy's "Adaptive Architecture" 1914–1935, Hong Kong 2001; Jeffrey W. Cody: American Geometries and the Architecture of Christian Campuses in Chine, in: Daniel H. Bays/Ellen Widmer (Hrsg.): China's Christian Colleges. Cross-Cultural Connections, 1900–1950, Stanford 2009, 27–56.
57 Jean-Paul Wiest: Maryknoll in China: A History, 1918–1955, New York 1988, 281–296.
58 Thematische Ausgabe „L'art chrétien chinois", in: Dossiers de la Commission synodale 5/5, Mai 1932.
59 Soetens 1997 (wie Anm. 49), 139–140.
60 Die Werke des belgischen Missionars und Malers Mon Van Genechten (Fangxi Sheng 方希圣) und des chinesischen katholischen Malers Lucas Chen (陳路加) oder Chen Yuandu (陳緣督): Lori Swerts/Koen De Ridder: Mon Van Genechten (1903–1974), Flemish Missionary and Chinese Painter: Inculturation of Christian Art in China (Leuven Chinese Studies, 11), Löwen 2002; Celso Costantini: L'art chrétien dans les missions. Manuel d'art pour les missionnaires, Paris/Brügge/Amsterdam 1949, 214–221.
61 Thomas Coomans: A Pragmatic Approach to Church Construction in Northern China at the Time of Christian Inculturation: The Handbook "Le missionnaire constructeur", 1926, in: Frontiers of Architectural Research 3/2, 2014, p. 89–107 (http://www.sciencedirect.com/science/article/pii/S209526351400017X).
62 Objections, in: Collectanea commissionis synodalis 5, 1932, 475–485.
63 Albert Ghesquières: Comment bâtirons nous dispensaires, écoles, missions catholiques, chapelles, séminaires, communautés religieuses en Chine ?, in: Collectanea commissionis synodalis 14, 1941, 1–81.
64 Für die Arbeiten von Jeffrey Cody siehe Fußnote 56.
65 Edward Denison/Guangyu Ren: Modernism in China. Architectural Visions and Revolutions, Chichester 2008.
66 http://www.sach.gov.cn/tabid/96/InfoID/16/frtid/96/Default.aspx [aufgerufen am 20. Juli 2013].
67 Siehe Fußnote 27.
68 Andere gotische Kirchen im Rang eines Nationalen Erbes: Jiangbei-Kirche in Ningbo (Zhejiang) und Hongjialou-Kathedrale in Jinan (Jinan) 2006, Xujiahui-Kathedrale in Shanghai, Ostkirche (Dongtang) in Beijing, Kirche von Daming (Hebei), Kathedrale von Hohhot (Innere Mongolei), Kathedrale von Shenyang (Liaoning), Kirche von Jilin (Jilin), Kirche von Yanzhou (Shandong), Kirche von Taiyuan (Shanxi).
69 Dieter Hassenpflug: Europäische Stadtfiktionen in China. Über urbane Travestien, Parodien und mimetische Transpositionen / European Urban Fictions in China. On Urban Travesties, Parodies, and Mimetic transpositions, in: Research articles. EspacesTemps.net, Works, 10.11.2008: http://www.espacestemps.net/en/articles/europaische-stadtfiktionen-in-china-en/ (aufgerufen am 15. August 2013).
70 Bianca Bosker: Original Copies: Architectural Mimicry in Contemporary China, University of Hawai Press 2013.
71 Valère Rondelez: La chrétienté de Siwantze. Un centre d'activité en Mongolie, Xiwanzi 1938; Luo 2013 (wie Anm. 42), 209–220.

BRUNO KLEIN

Globale Gotik – Paris und Chartres zwischen Pampas und Prairie

Gotische Kirchen entstehen bis heute an vielen Stellen der Welt, ohne dass dieses Phänomen wahrgenommen würde. Dabei sind die Bauten zumeist schon wegen ihrer Größe kaum zu übersehen und werden gelegentlich, wie der Templo Expiatorio del Sagrado Corazón de Jesús in León im mexikanischen Bundesstaat Guanajato (Abb. 1), sogar vom Papst geweiht. Aber auch das verhilft ihnen nicht dazu, für die Kunstgeschichte[1] ein Thema zu werden.

Dies ist aus vielerlei Gründen erstaunlich, zumal die „Gotische Kathedrale" für die Disziplin ein Gegenstand war, an dem sie ihre Methodik einmal entwickelt und geschärft hat. Doch auf der anderen Seite folgt die Kunstgeschichte in Teilen noch immer der Erzählung der Moderne, wonach seit dem Beginn eben jener Moderne jeglicher Rezeption historischer Stile Jahren Ehrlichkeit, moralische Integrität, tiefer Ernst und künstlerische Eigenständigkeit fehle. Zwar haben sich seit der Postmoderne die Möglichkeiten aktiver Rezeption historischer Stile erweitert, was in zunehmendem Maße auch akzeptiert und analysiert wird. Dies zeigt sich nicht nur an der Rekonstruktion einzelner Bauwerke oder ganzer Stadtbilder, sondern auch daran, dass solche Phänomene ernsthaft diskutiert werden. Sogar die internationalen Neoklassizismen des 20. Jahrhunderts sind inzwischen längst so weit in die Architekturgeschichte integriert, dass sie nicht mehr bloß als Emanationen von offenem oder verborgenem Faschismus gelten müssen, sondern differenzierter betrachtet werden können.

So weit haben es die gegenwärtigen gotischen Bauten[2] noch nicht gebracht. Sie gelten weiterhin als Emanation von Trivialästhetik, also Kitsch. Und es gibt kaum Anzeichen dafür, dass ihre Integration in den Kanon der Kunstgeschichte oder überhaupt nur in deren Diskurs bevorstünde.[3]

Dabei besteht eine Pointe gerade darin, dass die Formen der hier sogenannten post-neugotischen Architektur zum Teil ausgerechnet durch die Erkenntnisse und die Wirkung der kunstgeschichtlichen Forschung bestimmt werden. Diese ignoriert konsequent den eigenen Erfolg, dass nämlich bei den post-neugotischen Bauten auf zunehmende Weise jene mittelalterlichen Bauten rezipiert werden, die von der Fachdisziplin als maßgeblich identifiziert und definiert werden. Und um die unter romantischen Vorstellungen begonnenen neugotischen

BRUNO KLEIN

Abb. 1: Mexiko, León, Templo Expiatorio del Sagrado Corazón de Jesús (1921–2012).

Bauten den archäologisch analysierten anzuverwandeln, kommt es zu Planänderungen, die das Ziel verfolgen, das Bauprojekt immer stärker kunsthistorischen Leitvorstellungen anzupassen. Dies sei exemplarisch an zwei australischen Kathedralen aufgezeigt:

Eines der ältesten Beispiele hierfür ist die ab 1869 errichtete anglikanische St. Peter's Cathedral in Adelaide (Abb. 2).[4] Nach Plänen des englischen Neugotikers William Butterfield († 1900) begonnen, kam es bei der Westfassade durch den lokalen Architekten Edward John Wood zur Planmodifikation. Diese, bis 1902 errichtet, folgt nicht mehr wie das Originalprojekt englischen Vorbildern, sondern gibt sich als um Turmhelme bereicherte Version der Fassade von Notre-Dame in Paris (Abb. 3) zu erkennen, ergänzt um eine Fensterrose, die diejenige der Kathedrale von Chartres imitiert (Abb. 4). Dies konnte nur geschehen, weil inzwischen nicht nur erkannt, sondern auch publiziert und propagiert worden war, dass es sich bei der Gotik eigentlich um einen französischen Stil handelte. Und so hatten die besten, nämlich stilreinsten Bauwerke den französischen Modellen zu entsprechen. Zudem berücksichtigt der Bau solche Vorstellungen wie diejenigen von Viollet-le-Duc, dass gotische Bauten des Mittelalters oft aufgrund widriger Umstände unvollendet geblieben wären oder erhebliche Planänderungen erfahren hätten, durch die das originale Projekt verwässert worden sei. Solche Fehler konnten beim Bau neugotischer Kathedralen korrigiert werden, und so gleicht die Fassade von

GLOBALE GOTIK – PARIS UND CHARTRES ZWISCHEN PAMPAS UND PRAIRIE

Abb. 2: Adelaide, Saint Peter's Cathedral (1869–1904).

Adelaide durchaus Viollet-le-Ducs Idealrekonstruktion von Notre-Dame in Paris (Abb. 5) – was beispielsweise auch auf die Doppelturmfassade der 1935 geweihten Basílica de Nuestra Señora de Luján[5] in Argentinien zutrifft (Abb. 6).

Ein vergleichbar konkretes Architekturzitat wie dasjenige von Paris und Chartres ist bei der anglikanischen Saint Paul's Cathedral von Melbourne (Abb. 7) zwar nicht ganz so deutlich erkennbar, doch zielt die Modifikation des Bauplans, die auch dort stattgefunden hat, eindeutig in dieselbe Richtung wie in Adelaide. Ebenfalls von William Butterfield entworfen,[6] war der Bau in Hinblick auf den Verweis auf ein bestimmtes Vorbild ursprünglich eher indifferent, ja er vereinigte sogar vage Verweise auf ganz unterschiedliche Regionen: Die Farbgebung im Inneren mit horizontalen, abwechselnd hellen und dunklen Pfeiler- und Wandstreifen erinnert an Italienisches (Abb. 8), die riesige Spitze des Vierungsturms (Abb. 9) evoziert anmutungshaft den Vieux Clocher der Kathedrale von Chartres (Abb. 10), und längsgerichtete Satteldächer auf Fassadentürmen gab es zuvor wohl überhaupt nur im brandenburgischen Prenzlau (Abb. 11).

Bei der Weihe 1891 war die Kathedrale noch nicht vollendet (Abb. 12), denn es fehlten die Spitzen der drei Türme; sie wurden erst ab 1926 nach neuen Plänen von John Barr gebaut (Abb. 7). Statt des ursprünglich vorgesehenen eingeschossigen Oktogons mit mächtigem

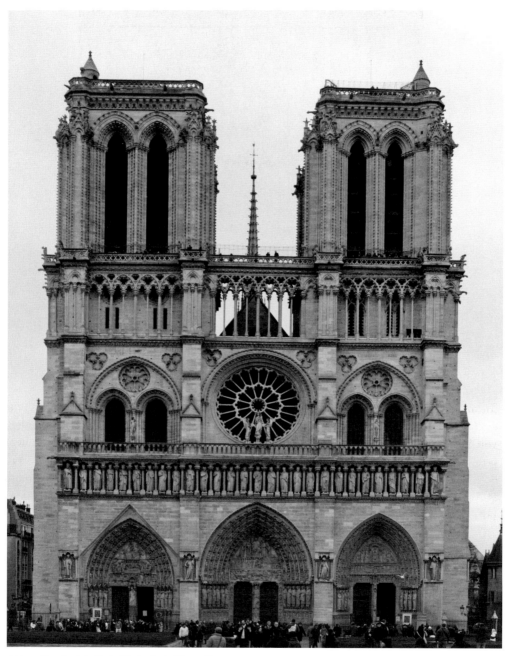

Abb. 3: Frankreich, Paris, Kathedrale Notre-Dame.

GLOBALE GOTIK – PARIS UND CHARTRES ZWISCHEN PAMPAS UND PRAIRIE

Abb. 4: Frankreich, Chartres, Kathedrale, Westrose.

Turmhelm über der Vierung wurde nun ein schlankerer, aber höherer quadratischer Turm mit zwei Untergeschossen und einem achteckigen Helm gebaut, der deutlich an die Kathedrale von Salisbury erinnert (Abb. 13). Und auch die Westtürme erhielten Spitzen, die nunmehr, gerade in der Kombination mit dem steilen Vierungsturm, das spezielle Vorbild der Kathedrale von Lichfield evozieren (Abb. 14). Insgesamt führten die Planmodifikationen in Melbourne also dazu, den Bau unter Verlust seines romantisch-eklektischen Charakters stärker konkreter mittelalterlicher Architektur anzuverwandeln.

Solche Beobachtungen geben Anlass, nach der historisch wandelbaren Bedeutung von Architekturzitaten zu fragen. Dienten sie in Mittelalter und Früher Neuzeit dazu, einen jüngeren Bau durch den Verweis auf einen älteren zu nobilitieren, so bewirken sie in der Moderne das genaue Gegenteil: Unter dem Paradigma von Innovation konnte das Zitat nur noch als Merkmal für unkreative Nachahmung gelten, als Indiz eines schwachen Imitationsstils, wie es ähnlich bereits Winckelmann vorformuliert hatte. Neugotische Bauten waren aus diesem Aspekt heraus nur dann ernst zu nehmen, wenn sie zwar aus einem imaginären „Geist der Gotik" heraus entstanden waren, dabei aber so eigenständig daherkamen, dass sie möglichst wenige konkret identifizierbare Zitate aufweisen. Dies galt für die neugotischen Bauten vom 18. bis zum frühen 20. Jahrhundert, denen zugestanden wurde, in gewissem Maße

Abb. 5: Frankreich, Paris, Kathedrale Notre-Dame,
Idealentwurf für die Westtürme von Viollet-le-Duc.

kreativ mit den historischen Vorbildern umgegangen zu sein, beziehungsweise sich ästhetisch innerhalb des für ihre Zeit typischen Diskurses bewegt zu haben. Als authentische Monumente des Historismus sind sie anerkannt.

Für danach errichtete gotische Kirchen gilt dies nicht mehr, denn die Moderne erhob höchst erfolgreich einen Alleinvertretungsanspruch in Bezug auf künstlerische Kreation. Seitdem können Bauten, welche einen formalen Bezug auf die Gotik zeigen, nur noch dann als künstlerisch anspruchsvoll gelten, wenn sie sich von konkreten Vorbildern deutlich abheben. Die Sagrada Família in Barcelona[7] ist hierfür das wohl bekannteste Beispiel (Abb. 15): Die Architektur der trotz der Papstweihe von 2010[8] weiterhin im Bau befindlichen Kirche beruft sich zwar formal wie typologisch auf originäre Gotik, unterscheidet sich von dieser aber auch fundamental, z. B. wegen des von Antoni Gaudí eingeführten innovativen statischen Systems, das ein offenes Strebewerk überflüssig machte. Auch die Detailformen lehnen sich nur noch generisch an gotische Vorbilder an. So verweist das Nordostportal mit seiner

GLOBALE GOTIK – PARIS UND CHARTRES ZWISCHEN PAMPAS UND PRAIRIE

Abb. 6: Argentinien, Luján, Basílica de Nuestra Señora (1890–1935).

BRUNO KLEIN

Abb. 7: Australien, Melbourne, Saint Paul's Cathedral.

Reihe großer, zum Zentrum hin gestaffelter und von Wimpergen bekrönter Portale zwar ganz eindeutig auf das Vorbild der Westfassade der Kathedrale von Reims, aber eine genaue Motivübernahme erfolgt eben nicht (Abb. 16–17). Das Architekturzitat ist emphatisch, bleibt im Konkreten aber vage. Bemerkenswerterweise wurde nach Gaudís Unfalltod 1926 und dem Verlust seiner Pläne im Spanischen Bürgerkrieg nie versucht, das Bauprojekt wieder an seine ‚klassisch'-neugotischen Ursprünge heranzuführen, die ja auch immer noch vorhanden und erkennbar sind. Vielmehr wurde das Bauprojekt in einem innovativen, mittel-

Abb. 8: Australien, Melbourne, Saint Paul's Cathedral (1880 bis nach 1926), Mittelschiff.

alterliche Gotik frei variierendem Stil fortgesetzt. Dies sichert ihm bis heute seinen Platz in der modernen Architektur.

Anders das Paulinum der Universität Leipzig[9] (Abb. 18). Es gehört zu den allerjüngsten Zeugnissen zeitgenössischer Gotik. Seine Form verbindet den Wunsch nach der Wiedergewinnung eines gewaltsam zerstörten Monumentes mit der Erkenntnis, dass dessen vollständige Rekonstruktion letzten Endes nicht durchsetzbar gewesen wäre. Der Bau geriet somit zum Zwitter, in dem sich ein Rekonstruktionswunsch mit dem Paradigma der Innovation verbindet.

Abb. 9: Australien, Melbourne, Saint Paul's Cathedral,
Entwurf von William Butterfield.

Beide Beispiele können problemlos in die dominante architekturhistorische Erzählung ihren Eingang finden. Barcelona und Leipzig sind als Exempla kreativer zeitgenössischer Auseinandersetzung mit der Gotik anerkannt. Damit ist ihr Status als jeweils im Kern modernes Monument gegenüber dem eines scheinbar sklavisch imitierenden Historismus gesichert.

Aber Barcelona und Leipzig repräsentieren noch in einem ganz anderen Sinne das Schicksal post-neugotischer Architektur: Bei der Sagrada Família ruhte der Bau grob gerechnet während der gesamten Franco-Diktatur von den dreißiger bis zu den späten siebziger Jahren des

Abb. 10: Frankreich, Chartres, Kathedrale, Westfassade.

20. Jahrhunderts. Es ist nicht zu verkennen, dass die Bauunterbrechung genau während der Hochzeit der Moderne stattfand, auch wenn die vielfältigen konkreten politischen Implikationen, die dem Weiterbau entgegenstanden, nicht ignoriert werden dürfen. Es hat frühe Proteste – in den fünfziger Jahren – und späte – in den achtziger Jahren – gegen den Weiterbau gegeben. Aus heutiger Sicht lassen sie sich als jeweils zeittypische Statements bewerten, in denen sich die Position der Moderne gegenüber einem Bau wie der post-neugotischen Sagrada Família manifestiert.

Abb. 11: Deutschland, Prenzlau, Marienkirche.

Dass der Weiterbau der Sagrada Família und auch die Errichtung des mit starken Reminiszenzen an gotische Architektur operierenden Paulinums überhaupt möglich wurden, hängt dabei sowohl mit den jeweiligen politischen Umständen wie mit sehr allgemeinen, übergreifenden kulturellen Wandlungen zusammen, für die beiden Bauten Indikatoren sind. In Barcelona eröffnete ein erst nach dem Tod des Diktators Franco wieder möglicher katalanischer Nationalismus den Weg zum Weiterbau der „katalanischen" Kathedrale, während für den gotisierenden Neubau in Leipzig das Ende der DDR unerlässlich war, zu deren Zeit der gotisch/neugotische Vorgängerbau aus ideologischen Gründen gesprengt worden war.

Aber der Neu- bzw. Weiterbau beider Monumente war vor allem auch erst dank der postmodernen Wende möglich, welche die Ausschließlichkeitsbehauptung der Moderne als eine Konstruktion identifizierte und deren quasi naturgesetzlichen Gültigkeitsanspruch zurückwies. Und so ordnen sich beide in einen durchaus globalen Kontext ein, was sich anhand zahlreicher anderer Beispiele belegen lässt. Denn überall auf der Welt wurden um die Wende von 19. zum 20. Jahrhundert gotische Kirchen begonnen, deren Weiterbau dann zur Zeit des Siegeszugs der Moderne jahrzehntelang liegenblieb und sogar auf Dauer ad acta gelegt zu sein schien, um dann aber doch noch fertiggestellt zu werden.

GLOBALE GOTIK – PARIS UND CHARTRES ZWISCHEN PAMPAS UND PRAIRIE

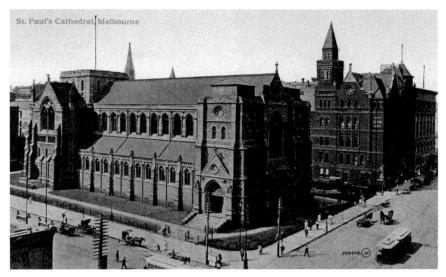

Abb. 12: Australien, Melbourne, Saint Paul's Cathedral, Zustand um 1900.

Abb. 13: Großbritannien, Salisbury, Kathedrale.

Abb. 14: Großbritannien, Lichfield, Kathedrale.

Abb. 15: Spanien, Barcelona, Sagrada Família.

Abb. 16: Spanien, Barcelona, Sagrada Familia, Nordfassade.

GLOBALE GOTIK – PARIS UND CHARTRES ZWISCHEN PAMPAS UND PRAIRIE

Abb. 17: Frankreich, Reims, Kathedrale.

Abb. 18: Deutschland, Leipzig, Paulinum.

Abb. 19: Mexiko, Zamora, Kathedrale (1898–2008), Zustand vor 1988.

GLOBALE GOTIK – PARIS UND CHARTRES ZWISCHEN PAMPAS UND PRAIRIE

Abb. 20: Mexiko, Zamora, vollendete Kathedrale.

Abb. 21: Brasilien, São Paulo, Kathedrale, 1912–2002, Zustand 1967–2002.

So wurden die Arbeiten an der 1898 begonnenen neugotischen Kathedrale im mexikanischen Zamora schon 1914 eingestellt (Abb. 19). Über sechzig Jahre war nicht mehr als der Torso einer Fassade zu sehen, bis 1988 der Weiterbau wieder konkret ins Auge gefasst und dann so erfolgreich fortgeführt wurde, dass das Projekt 2008 mit der Fertigstellung der Türme vollendet werden konnte (Abb. 20).[10]

Weniger dramatisch, doch in Bezug auf die Diskussionen im Hintergrund viel signifikanter vollzog sich die Vollendung der Kathedrale von São Paulo in Brasilien: 1912 nach Plänen des deutschstämmigen Architekten Max Hehl begonnen, 1934 noch unvollständig anlässlich der 400-Jahrfeier der Stadtgründung geweiht, konnten ihre Türme erst 1967 nach einem extrem vereinfachten Plan in Beton vollendet werden (Abb. 21). Offenbar wurde dies aber immer als defizitär empfunden. Denn im Zuge einer unerlässlichen Restaurierung zwischen 2000 und 2002 erfolgte der Bau der von Hehl ursprünglich vorgesehenen Fialtürmchen zu Seiten der oktogonalen Turmfreigeschosse (Abb. 22).[11] Nicht realisiert wurde hingegen das Alternativ-

BRUNO KLEIN

Abb. 22: Brasilien, São Paulo, Kathedrale, vollendete Kathedrale.

Abb. 23: Australien, Brisbane, Kathedrale (1901–2009), Zustand Sommer 2008.

Abb. 24: Australien, Brisbane, Kathedrale (1901–2009), nach Vollendung.

projekt, für diese Türmchen blaues Glas als Baumaterial zu verwenden; dies nicht nur, um sie nachts von innen heraus beleuchten zu können, sondern um sie vor allem deutlich vom historischen Bestand unterscheidbar zu machen.[12] Man mag eine solche Idee als ästhetische Fehlleistung belächeln, doch dokumentiert sie eher den am Ende erfolglosen Versuch, der Moderne bei der perfekten neogotischen Vollendung der Kathedrale von São Paulo zumindest zu einem Achtungserfolg zu verhelfen.

Nach jahrzehntelanger Bauunterbrechung wurde zuletzt auch die Kathedrale im australischen Brisbane vollendet.[13] Der erste Bauplan stammte von John Loughborough Pearson, der sich mit der neugotischen Kathedrale von Truro in Cornwall als kompetenter Kirchenarchitekt erwiesen hatte. Er starb jedoch 1897 im Alter von achtzig Jahren, noch bevor 1901 in Brisbane die offizielle Grundsteinlegung erfolgt war. Dies zeigt, dass die künstlerischen Wurzeln des Projektes bis weit ins 19. Jahrhundert zurückreichen. Pearsons Pläne wurden nach seinem Tod von seinem Sohn Frank überarbeitet. 1906 begannen die Bauarbeiten, die sich im Wesentlichen in drei Phasen vollzogen. Erst in der bisher letzten, die von 1989 bis 2009 dauerte, konnten die Turmhelme der Westfassade per Kran aufgesetzt und der Vierungsturm vollendet werden (Abb. 23–24).[14]

Ähnliches gilt für die Kathedrale von La Plata in Argentinien: Ab 1885 wurde sie nach Plänen von Pedro Benoit und Ernesto Meyer im Zentrum der damals gerade erst angelegten

Abb. 25: Argentinien, La Plata, Kathedrale (1885–1999), Zustand 1932–1999.

Abb. 26: Argentinien, La Plata, vollendete Kathedrale.

neuen Hauptstadt des Bundesstaates Buenos Aires errichtet.[15] 1932 erfolgte die Weihe der Kathedrale, obwohl sie damals noch längst nicht fertiggestellt war. In den folgenden Jahren wurde vor allem die Ausstattung komplettiert, bis die Arbeiten gänzlich zum Erliegen kamen (Abb. 25). Erst eine Wiederbelebung des Projektes ermöglichte 1998/99 den Bau der Freigeschosse auf dem Rumpf der Doppelturmfassade (Abb. 26). Die Abweichungen gegenüber dem originalen Entwurf sind nur marginal, wobei sich aber unter der optisch so authentisch wirkenden steinernen Fassadenoberfläche eine moderne Stahlkonstruktion verbirgt.[16]

Beim Weiterbau der Kathedrale von La Plata wurde darüber debattiert, ob diese Vollendung unter Berücksichtigung denkmalpflegerischer Aspekte überhaupt stattfinden dürfe: Denn die unvollendete Kathedrale sei ja ihrerseits schon historisch geworden, so dass sie durch den Weiterbau ihrer geschichtlichen Position entrissen werde. Die Frage war also, ob man das Monument in seinem fragmentarischen Zustand belassen oder aber gemäß der vorhandenen Bauplänen vollenden könne: Die Entscheidung gegen den Weiterbau wäre eine moderne Position gewesen, aber es siegte letzten Endes, konform mit postmodernen Vorstellungen, der „Wille zur Gotik".

Die Beispiele zeigen, dass es nur bedingt darauf ankommt, in welchem lokalen oder regionalen konkreten Kontext die jeweiligen Bauten begonnen, angehalten und weitergeführt wurden, sondern dass sie diesbezüglich vielmehr in globale Diskurse eingebunden waren und sind auch wenn dies den jeweiligen Akteuren nicht bewusst war oder ist. Sie können auch nur deshalb stets behaupten, dass gerade ihr Bau das Alleinstellungsmerkmal besäße, der jeweils letzte gotische zu sein, weil die formal ‚unmodernen' Bauten der Post-Neugotik seit dem vermeintlichen Ende der Neugotik im frühen 20. Jahrhundert aus dem kunsthistorischen und erst recht dem architekturkritischen Diskurs herausgefallen sind. Dies sind sie aber nur scheinbar. Denn tatsächlich ordnen sie sich ja doch noch viel weiter darin ein, als hier nur knapp angerissen wurde: Sei es künstlerisch, stilistisch und motivgeschichtlich; als formal eher eigenständige oder eher rezeptive Monumente; durch ihren Widerspruch zum Mainstream und der damit einhergehenden Traditionsbehauptung; als Bauaufgaben von Gemeinschaften etc. Da es so scheint, als wäre speziell die Gotik noch immer geeignet, Orte der Transzendenz zu markieren, ließe sich schließlich auch die Frage stellen, welche Rolle Stil- und Architekturzitat in der Moderne über den spielerischen Umgang mit den Formen hinaus noch haben können.

Anmerkungen

1 Es gibt jedoch Annäherungen an das Phänomen seitens anderer Disziplinen, z. B. der Geographie: Martín Checa-Aratsu: La Iglesia y la expansión del neogótico en Latinoamérica: una aproximación desde la geografía de la religión, in: Naveg@mérica. Revista electrónica editada por la Asociación Española de Americanistas 2013, n. 11. http://revistas.um.es/navegamerica [letzter Zugriff 2.5.2014].

2 Das Phänomen der komplexen Rezeption gotischer Formen ist nicht alleine auf den Sakralbau beschränkt. Vor allem in der Universitätsarchitektur gibt es eine ungebrochene Tradition der „Collegiate Gothic" vom 19. Jahrhundert bis heute, wie sich z. B. an dem 2007 eröffneten Whitman College in Princeton zeigt.

3 Von einzelnen Ausnahmen, wie z. B. der „National Cathedral" in Washington abgesehen. Hierzu zuletzt: Anna Minta: „A Church für National Purposes" – Sakralbaukunst in Washington im Dienst nationaler Repräsentationsansprüche, in: Matthias Krüger/Isabella Woldt (Hrsg.): Identitätsstiftungen und Identitätsbrüche in Werken der bildenden Kunst, Berlin 2011, 261–285; Isabella Woldt: National Cathedral und National Shrine. Die Konkurrenz der Großkirchen um architektonische Präsenz und kulturell-religiöse Hegemonie, in: Anke Köth/Anna Minta/Andreas Schwarting (Hrsg.): Die Erschaffung einer neuen Welt, Dresden 2005, 151–180.

4 T.T. Reed: A history of the Cathedral Church of St. Peter, Adelaide, Adelaide ²1973.

5 Jorge A. Gazaneo/Jorge O. Gazaneo: The Basilica of Our Lady of Lujan: transculturation to the pampas of romantic sensibility and Neo-Gothic theory, in: Journal of architecture 17, 2012, 493–540.

6 That uncomfortable genius: William Butterfield, architect (1814–1900), an exhibition of original drawings and plans for St. Paul's Cathedral, introduction by Albert McPherson, Melbourne, October 18th-November 27th., Melbourne 1976; http://www.stpaulscathedral.org.au/cathedral/history [letzter Zugriff 24.4.2014].

7 Zuletzt zum Gesamtprojekt und seiner Zukunft: Gaudí unseen: completing the Sagrada Família [Ausstellung, Frankfurt am Main, Deutsches Architekturmuseum (DAM), 15. September 2007 – 2. December 2007], Berlin 2007.

8 Die Sagrada Família in Spanien wurde am 7. November 2010 von Papst Benedikt XVI. geweiht, der am 20. März 2012 auch den bereits erwähnten Templo Expiatorio im mexikanischen León weihte.

9 Charlotte Schubert/Pirmin Stekeler-Weithofer/Matthias Midell (Hrsg.): Erinnerungsort Leipziger Universitätskirche: Eine Debatte (Beiträge zur Leipziger Universitäts- und Wissenschaftsgeschichte, Reihe B, 5), Leipzig 2003.

10 Martín Checa-Aratsu: Monumentalidad, símbolo y arquitectura neogótica. El Santuario Guadalupano de Zamora, Michoacán, in: Octavio Augusto Montes Vega/Octavio Martín Gonzáles Santana (Hrsg.): Studios Michoacanos 14, 2011, 143–194; In Mexiko scheint zeitgenössischen gotischen Bauten ein besonderes Interesse zu gelten. Neben der bereits erwähnten Kirche in León und der Kathedrale von Zamora ist derzeit noch in Arandas (Bundesstaat Jalisco) der Templo de San José Obrero in Bau, siehe: Martín Checa-Aratsu: El templo de San José en Arandas, Jalisco. Un ejemplo del neogótico mexicano inconcluso y monumental (1879–2011), in: Revista Academia, Facultad de Arquitectura, Universidad Nacional Autónoma de México 3, 2012, n°2, 12–27.

11 Im Bereich der Vierung wurden noch weitere Fialen aufgesetzt.

12 C. Lemos: Ecletismo em São Paulo, in: A. Fabris (Hrsg.): Ecletismo na Arquitetura Brasileira, São Paulo 1987, 68–103; J. Faccio u. a.: The Catedral da Sé, São Paulo, is clad all over, in: Concrete engineering 7, 2003, vol. 4, 54–56. http://www.vitruvius.com.br/institucional/inst47/inst47.asp [letzter Zugriff 24.4.2014].

13 T. Cleary: Cathedral Church of St. John the Evangelist, Brisbane 2001; B. Mac Mahon: The Architecture of East Australia, London/Stuttgart 2001, 197. http://en.wikipedia.org/wiki/St_John%27s_Cathedral_%28Brisbane%29#cite_ref-Cleary.2C_p.2_3-1 [letzter Zugriff 25.4.2014].

14 Es ist mir nicht bekannt, ob künftig noch ein weiterer Ausbau des Vierungsturmes erfolgen soll.

15 Von Benoit stammte auch der Gesamtplan für die Stadt.

16 Damals wurden auch weitere Türme im Vierungsbereich und das Strebewerk vollendet. C.M. Ruiz Diaz u. a. (Hrsg.): La Catedral de la Plata. El mayor templo neogótico del siglo XX, Buenos Aires 2000; Pablo de la Riestra hat mich dankenswerterweise auf diese Kathedrale aufmerksam gemacht.

WOLFGANG SCHENKLUHN

Wege in die Vergangenheit

Über Auffassungen von mittelalterlicher Architektur

I

Lex Bosman, der in seinem Beitrag den Zitatbegriff im Dienste von Kontextualisierungsbemühungen der Fachwissenschaft beschreibt und für die Zukunft auf weitere Differenzierungen setzt, macht damit, bewusst oder unbewusst, auf die Situation der Kunstgeschichte Ende der sechziger und im Laufe der siebziger Jahre des letzten Jahrhunderts in Deutschland aufmerksam. Die Vorstellung, durch bloße Beschreibung der Gebäude auf Grundlage einer festen Architekturterminologie den Gegenstand verbal in den ‚Be-Griff' zu bekommen, befriedigte nicht mehr alle der damals Studierenden. Man wollte am Ende bei derlei verbaler Transformationsarbeit doch einen historisch-gesellschaftlichen Bezug erkennen, sei er noch so vage und vor allem jenseits einer Einordnung in Zeitstilkategorien. Ein beliebtes Stichwort hierfür war das ‚Faltenzählen' an Skulpturen, das Vielen als abschreckendes Beispiel galt. So empfand man Formbeschreibungen ‚an und für sich' als wenig hilfreich, die Formanalysen sollten in Geschichte münden.

Dieses Bestreben war gewiss auch der angespannten gesellschaftlichen Situation der damaligen Bundesrepublik geschuldet und dem Aufklärungsbedarf der Kinder der Weltkriegsgeneration an den Handlungen der Väter. Es betraf nicht nur die Universitäten und ihre Vielfalt an Fächern, die aus dem ‚Elfenbeinturm' herauskommen sollten, sondern auch die zeitgenössische Architektur, deren ‚Bauwirtschaftsfunktionalismus' – ein in Marburg von Heinrich Klotz häufig benutztes Wort – man inzwischen müde war.[1] Die Architekten der von ihm propagierten Postmoderne begannen den reinen Kubus und seine strenge Linienführung aufzulockern, indem sie ihn mit Architekturmotiven der Vergangenheit wie Giebel, Säulen und Pilaster in abstrahierter Form besetzten. Das war Teil einer veränderten Sichtweise auf die Vergangenheit, die erstmals auch den Historismus des 19. Jahrhunderts wieder schätzen lernte[2] und die mit Erschrecken feststellte, dass das durch den Zweiten Weltkrieg so erheblich reduzierte Bauerbe durch den Wiederaufbau noch einmal drastische Verluste hat hinnehmen müssen.[3] Die Antwort lautete: „Eine Zukunft für unsere Vergangenheit" und war die Parole für das Europäische Denkmalschutzjahr 1975, das auch der Denkmalpflege in Deutschland einen erheblichen Aufschwung brachte.[4] Der engagierten Studentenschaft der Kunstgeschichte jener Zeit war bewusst, dass es ohne eine breit erhaltene Überlieferung von Originalsubstanz keine geschichtlich wirksame Analyse geben konnte. Man achtete genauer auf das Abrissgebaren und verfolgte gespannt die ersten großen Altstadtsanierungen in Bologna, Lübeck und anderswo.[5] Es war kein Widerspruch, die Postmoderne als Avantgarde zu feiern und gleichzeitig vehement für Erhalt und Sanierung von Fachwerkbauten zu kämpfen, wie Heinrich Klotz im Falle der Altstadt von Marburg, im Gegenteil. Aufgrund dieses Engagements fanden zahlreiche Studierende den Weg in die Denkmalpflege.

Unter den verschiedenen Gruppierungen im Fach, die sich in dieser Situation nicht nur der reinen Theoriearbeit ergaben, sondern nach Wegen suchten, die genaue Betrachtung von Formbeständen mit dem entsprechenden historischen Kontext zu verbinden, waren auch eine Reihe Studierender der Universität Marburg, die sich um die Person von Hans-Joachim Kunst scharten, der mit seiner spezifischen Betrachtungsweise von Architektur neue Möglichkeiten der Herangehensweise bot. Hans-Joachim Kunst war ein enzyklopädischer Geist mit einem schier unerschöpflichen Formgedächtnis. Er war in der Lage, den Blick für das Wesentliche eines Bauwerks zu schärfen, für Strukturen zu sensibilisieren und immer wieder Fragen zu stellen, was, wo und wie an einer Architektur erscheint und welcher Funktion bzw. Aufgabe sie wohl gedient haben mag. Fragen, die schon bei der Betrachtung und Verbalisierung der Formbestände präsent und für die Analyse von hoher Bedeutung sind. Auf unzähligen Reisen durch Deutschland, Italien, Frankreich und England durfte ich diesen Umgang mit ihm erleben und einüben, oft auch zusammen mit Fotografen, die für Foto Marburg die Bauten, wie es dort so schön hieß, in den Hauptachsen und -ansichten ‚durchfotografierten' und auf unsere baugeschichtlichen Vorortanalysen hin vielerlei Spezialaufnahmen machten. Hans-Joachim Kunst repräsentierte auf seine Art in genuiner Weise das durch Richard Hamann noch vor dem Ersten Weltkrieg auf einem visuellen Gedächtnis, sprich: Fotoarchiv, gegründete Kunstgeschichtliche Seminar. Mir erschien diese Tradition, die über Karl-Hermann Usener, dem Lehrer von Hans-Joachim Kunst, und Richard Hamann-Mac Lean in Marburg lebendig blieb, immer als ein kostbares Erbe einer wissenschaftlichen Institution, die sich in ihren Vertretern nicht unnötig weit von der visuellen Erscheinung ihrer Gegenstände entfernte und nicht jenseits davon, sondern nur mit ihnen die historische Vermittlung suchte. Die Studierenden bemerkten diese Besonderheiten spätestens, wenn sie das beliebte Spiel, Grundrisse in der Teeküche des Instituts zu bestimmen oder unbeschriftete Fotos in den Räumen von Foto Marburg zu enträtseln, miterlebten oder mitmachten.

II

Aus der Objekt-nahen Perspektive heraus knüpften die Diskussionen um die geschichtliche Bedeutung von Architektur im Kreis um Hans-Joachim Kunst öfter an Betrachtungen von Hans Sedlmayr und Hans Jantzen als an die Schriften von Günter Bandmann und Richard Krautheimer an, die in der Form-, Typ- und Motivbeschreibung weniger überzeugten, während man Ersteren in ihren geschichtlichen Einlassungen skeptisch bis ablehnend gegenüberstand.[6] So lag die methodische Aufgabe der Überbrückung von Form und Geschichte gleichsam auf der Hand, wie es von Martin Warnke in das vieldeutige und zum geflügelten Wort avancierende „Bau und Überbau" übersetzt wurde.[7] Von Bandmann war vor allem die Frage nach der Typenwahl im Rahmen der Entwicklung des Zitatbegriffs bedeutsam. Kunst hatte ihn in Anlehnung an den Hegelschen Dreischritt in die Form von ‚These – Antithese – Synthese' gebracht.[8] Die architektonische Anleihe in Form, Motiv oder Typus/Struktur konnte im Neubau in untergeordneter, übergeordneter respektive bestimmender oder ausgeglichener Weise auftreten, so dass die innovativen Elemente deutlich sichtbar, kaum in Erscheinung tretend oder in ein ausgeglichenes Verhältnis kommen konnten, was besonders am Beispiel der für ihn ‚klassischen' Kathedrale von Reims gegeben schien. Die Vorstellung hatte etwas Exemplarisches und Modellhaftes und blieb trotz der ‚dialektischen' Anleihe doch recht statisch, lieferte aber einen Verständnisrahmen, der weit über Krautheimers Kopieverständnis hinaus führte und der Frage nach dem Verhältnis von Innovation und Rezeption in der Architekturgeschichte, einem entscheidenden Motor ihrer Entwicklung, geschichtliche Perspektiven öffnete. Wer wählte was und zu welchem Zweck bei Neu-, Um- und Weiterbauten aus, wie deuten sich Rezeptionen und Innovationen in Hinblick auf die Absichten der Auftraggeber und Architekten und in Bezug auf die Adressaten.

Ein wichtiger, im ersten Augenblick etwas dunkel wirkender Satz, den Hans-Joachim Kunst auch häufig in der Lehre gebrauchte, lautete: „Die vorgeprägte [...] Form – das Zitat – wird erst in der Konfrontation mit der Forminnovation als solches begriffen wie umgekehrt die Innovation in der Konfrontation mit dem Zitat."[9] Er belegt den Diskurs um das Zitat als einen Versuch der Annäherung an die Vergangenheit, im Unterschied zur ‚von Linné'schen' Kategorisierung der Vergangenheit durch die Stilgeschichte. Die Vergangenheit einfach auf Augenhöhe zu begreifen, war in diesem Verständnishorizont nicht möglich. Die Bestimmung des Zitats bedeutete ein Ringen um visuelle Erkenntnis, was ist neu, was ist alt, was ist Rezeption, was Innovation und erforderte die Analyse des Objekts vor Ort, eine Auseinandersetzung mit seiner originären Substanz oder zumindest das Wissen um sie. Wie kamen Innovationen überhaupt zustande? Wie geben sie sich gegenüber älteren Motiven zu erkennen? So gab es eine breite Diskussion über Raum- und Schiffsgrenzen in der Sakralarchitektur des Mittelalters, die Frage wie und worin sich Architekturtypen wie Halle und Basilika unterschieden, ob es Zitate über Grundrisse und architektursystematische Gliederungsformen gab u. a. m., worauf der Beitrag von Leonhard Helten zum Problemkreis der Hallenkirche eingeht. Kunstgeschichte war hierbei noch immer eine Entdeckungsreise, verbunden mit körperlicher Anstrengung wie sie es schon für Richard Hamann auf dem berühmten Bild mit dem mit Fotoutensilien bepackten Esel in der Provence war.[10]

III

Die Koinzidenz des Auftauchens des modernen Begriffs vom ‚Architekturzitat' mit der Krise der bundesrepublikanischen Gesellschaft der sechziger Jahre des letzten Jahrhunderts, ihrer in die Sackgasse geratenen Baukunst und Stadtplanung, ihrer unreformierten Universitätslandschaft und ihr damit insgesamt ungeklärtes Verhältnis zur Vergangenheit, das sich auch in einer marginalisierten Denkmalpflege spiegelte, erscheint mir höchst evident. Der Begriff ist Teil der Antworten, welche die siebziger Jahre in den verschiedenen Bereichen von Kunst, Kultur und Wissenschaft gegeben haben oder wie es der damals zu meiner Studentenzeit in Frankfurt am Main tätige Theater- und Opernregisseur Hans Neuenfels in seinen Erinnerungen so treffend ausdrückt: „Also, das war die Zeit, in der die Begriffe, ob alte oder neue, durcheinandergerüttelt wurden, die Zeit, als die Begriffe laufen lernten".[11] Insofern steht für mich mit Blick auf den anregenden Beitrag von Christian Freigang im vorliegenden Band die Inauguration des Zitatbegriffs am Anfang eines erneuten ‚historistischen' Diskurses, nachdem in der Romantik im 19. Jahrhundert eine erste Zuwendung an die Vergangenheit erfolgte. Sie rezipierte auf einer noch recht ungefestigten Vorstellung von Epochen- und Personalstilen mit großer Emphase zuerst die mittelalterlichen Sakralbauten und lud sie, wie Freigang richtig schreibt, semantisch auf mit der Auffassung von ‚der' gotischen Kathedrale, ihrer Räume als organische Gebilde (Wald- und Naturmetaphern) und als Ausdruck religiöser Empfindungen, wovon noch Hans Sedlmayrs Buch über die gotische Kathedale von 1950 reichlich zehrt.[12] Die großen mittelalterlichen Kirchenbauten waren bevorzugte Gegenstände des aufkeimenden Denkmalschutzes, aber im Laufe des 19. Jahrhunderts auch der Nachahmung bzw. der Vollendung, wozu es einer sehr detaillierten Kenntnis der baulichen Zusammenhänge und einer entsprechend verfeinerten Terminologie bedurfte, weshalb der Kopiebegriff und die Kopieabsicht in diese Zeit auch bestens passt. Mit dem relationalen Begriff des Zitats, der von der Vergegenwärtigung von Vergangenem im Aktuellen handelt, hat dies wenig zutun, der Zitatbegriff gehört meines Erachtens ins 20. Jahrhundert und ist erst mit der Moderne denkbar. Kopie und Zitat entsprechen sich nicht, gehören vielmehr unterschiedlichen Diskursen an, und bilden keine bruchlose Linie, was meiner Meinung nach zur weiterer methoden- und fachgeschichtlichen Forschung anregen sollte.[13]

Das Relationale am Zitatbegriff wird im Beitrag von Matthias Müller hervorgehoben, indem dort zu Recht auf die Differenz zwischen Urbild und Abbild hingewiesen wird und darauf, dass es bei Letzterem eben nicht um die Wiederholung des Vorbildes im Nachbild geht, wohl aber um eine spezifische Übernahmeform in visueller Absicht. Der Hinweis auf die Bildhaftigkeit respektive Anschaulichkeit der Vorgänge ist wesentlich, auch dass damit der Ansatz von vornherein bildwissenschaftstauglich war, dass aber die Literaturwissenschaft Pate gestanden haben soll, kann ich kaum bestätigen.[14] In der Differenz zum Urbild, im Wie der Vergegenwärtigung, werden die künstlerischen wie intentionalen Absichten deutlich. Dass dies in der aufgeheizten Debatte der 1970er Jahre an den Universitäten von der älteren Fachwissenschaft einseitig als ein nur ‚sozialwissenschaftliches Konstrukt' begriffen wurde, ist Geschichte.[15] Wichtig ist in der Tat, wie eingangs Lex Bosman nach Möglichkeiten der Differenzierung und Anwendung zu fragen, was besonders auch in den Beiträgen von Matthias Müller, Klaus Gereon Beuckers und Ulrike Seegers zum Ausdruck kommt.

So fordert Müller zurecht eine verstärkte Betrachtung der Frage der „Selbstreferentialität" im Zitatmodell, was ein schwieriges Unterfangen ist, da es die Erkennbarkeit des Zitats – zumindest für uns Nachgeborene – auf die Probe stellt. Das Problem ist nicht von der Hand zu weisen. Hans-Joachim Kunst und ich hatten schon bei der Analyse der Reimser Kathedrale in den 1980er Jahren auf die Bedeutung der Vorgängerkirche, des sogenannten Samson-Baus, für den Neubau hingewiesen, der sich auch möglicherweise in Aufrissdetails widerspiegelt, was sich aber nur schwer feststellen lässt.[16] Über eine systematischere Betrachtung der „Tradition der Orte", der Ausrichtung der Kirchenbauten, beibehaltener Dispositionen oder Proportionen kann man solchen Vergegenwärtigungsprozessen gewiss noch näher kommen.[17] Ob man sie dann, wenn sie unter der visuelle Nachweisbarkeitsgrenze liegen, als „Eigenzitate" bezeichnen sollte, bleibt weiteren Überlegungen überlassen.

Sichtbar erinnert wird auch nicht nur über Architekturzitate, sondern über Zitate in anderen Kunstformen, so – um bei der Kathedrale von Reims zu bleiben – über die immense Anzahl ihrer Skulpturen, die formal, inhaltlich und programmatisch die Tradition des erzbischöflichen Sitzes und seine Bedeutung veranschaulichen.[18] Insofern stellt der Beitrag zur Übertragbarkeit des Zitatbegriffs von Klaus Gereon Beuckers auf die Goldschmiedekunst eine wichtige Frage. Hier zeigt sich das Problem des Zitats verschärft, da es als relationales Element einen erkennbaren Verweischarakter tragen muss, der bei der äußerst fragmentierten Überlieferung dieser Gattung sehr schwer und oft nur über Brüche im Gestaltungskonzept zu erahnen ist.[19] Hervorzuheben ist des Autors Beobachtung, dass ein solcher Bruch unter dem Zitatblick nicht mehr ein künstlerisches Unvermögen darstellen muss.

Am weitesten entfernt vom konkreten Architekturzitat, das im Kern an der mittelalterlichen Kirchenarchitektur entwickelt worden war, versucht Ulrike Seeger den Begriff als eine geistige Kategorie an expressionistischer Architektur zu erproben. Hierbei meint sie nicht wörtliche Vergegenwärtigungsformen, sondern immaterielle, die auf Stimmungen und Wahlverwandtschaften gründen. Das führt zu einem stark an die Romantiker erinnernden Einfühlungsbegriff, wie ihn etwa Friedrich Schlegel geprägt hat mit seinem Verständnis vom mittelalterlichen Kirchenraum als einer Materialisation von religiöser Atmosphäre.[20] Möglich, dass Seeger hier unter dem Begriff „einfühlendes Zitat" Anleihen der Expressionisten an die Romantik erfasst, was an eine Überlegung von Hans-Joachim Kunst erinnert, nämlich dass sich die künstlerische Disposition von Klassik und Romanik im 19. Jahrhundert in der von Funktionalismus und Expressionismus im 20. Jahrhundert erfüllt.[21]

IV

Am Ende schließt sich der Kreis mit den Studien von Bruno Klein und Thomas Coomans über die auffallend nachhaltige Bedeutung gotischen Formenvokabulars in außereuropäischen Ländern seit der Kolonialzeit bis in die jüngste Vergangenheit. Sie zeigen noch einmal die Bandbreite von Kopie- und Zitatbegriff auf. Die „post-neugotischen Bauten" in Südamerika und Australien, die Bruno Klein untersucht, weisen auf stilbezogene Übernahmen und Variationen weltbekannter Kathedralen wie Notre-Dame in Paris und Chartres hin, die sich kulturell, bildungsmäßig vielleicht auch touristisch begründen, aber keine Vergegenwärtigungen im Sinne des Architekturzitats darstellen. Bei den nach den damals aktuellsten Vorlagen von Viollet-le-Duc ausgeführten Korrekturen bei der St. Peter's Cathedral in Adelaide in Australien, fühlt man sich an den frühen Stich einer gotischen Kirchenfassade von Georg Moller erinnert, der u. a. die Doppeltürme der Elisabethkirche in Marburg aufnimmt, die eine europaweite Nachfolge erzielt haben.[22] Aber auch die Emphase für die Gotik am Beispiel der Sagrada Família in Barcelona tritt im Rahmen eines neukatalanischen Stils auf und folgt keinen konkreten Zitatabsichten. Es ist eine, wenn man so will, aus dem strengen Stilkorsett der Gotik des 19. Jahrhundert entlassene Spätform.

Schließlich zeigt die eingehende Studie von Thomas Coomans für das vorrevolutionäre China die Gotik gleichsam als Missionsstil. Dabei bemüht er den interessanten Vergleich der kolonialen Missionstätigkeit des 19. Jahrhunderts mit den mittelalterlichen Missionen der Zisterzienser und anderer Orden. Aber auch hier wird der Unterschied schnell klar. Es ergeben sich für China Stilübernahmen, die man als christlich, kolonial, europäisch, katholisch bezeichnen könnte, vielleicht als ‚kategoriale' Kopien? Es sind aber eigentlich empathische Anleihen an die eigene Kultur in der Fremde wie bei den Jesuiten, die architekturgeschichtlich vermittelt bzw. in Kenntnis der europäischen Architekturgeschichte realisiert werden, worin das Bildungs- und Kulturmoment der Moderne zum Ausdruck kommt, während das Zitat im Mittelalter institutionell, kirchlich und politisch verstanden werden will.

Die Beschäftigung mit dem Zitat bleibt *ein* Weg in die Vergangenheit und zum Verständnis von Architektur in Geschichte und Gesellschaft. Über das Problem der Vergegenwärtigung des Vorgeprägten im Nachfolgenden wird der vorneuzeitliche Sakralbau historisch vermittelt aufgesucht und nicht in klassifizierender Absicht. Es gilt dabei, soweit es sich um mittelalterliche Architektur handelt, die konfessionelle Brille abzunehmen, sich über die eigenen (modernen) Empfindungen klar zu sein und sie möglichst nicht in die Vergangenheit hineinzutragen wie bei den Romantikern und schließlich die Stilkategorien nicht zu Wesenheiten zu machen. Mittelalterliche Kirchenarchitektur war eine zentrale Angelegenheit der damaligen Gesellschaft, keine moderne Wohlfühlzone, bloß ästhetischer Raum oder nur Ort individueller religiöser Gefühle, sondern für Menschen, für die das Leben meist kurz war und häufig plötzlich und rätselhaft endete, ein mit Wünschen, Hoffnungen, Spannungen und Ängsten verbundener Ort, der Erfahrung mit Hierarchie und Macht mit sich brachte: Heilsmacht, Himmelsmacht und weltliche

Macht, ein Ort voller Zeichen und Bedeutungen vom Diesseits und Jenseits, wobei wir eben gerne wüssten, wie die verschiedenen gesellschaftlichen Gruppen den Sakralbau räumlich, strukturell oder bildhaft erfahren und verstanden haben. Ein Blick auf die ‚Bauzeichnungen' des Villard de Honnecourt aus dem frühen 13. Jahrhundert macht uns den Abstand zu dieser Zeit immer wieder deutlich und den noch weiten Weg, den wir zu gehen haben, um einen angemessenes Verständnis von ihrer großartigen Architektur zu gewinnen.

V

Abschließend ist es mir ein Bedürfnis, mich nochmals bei allen Beteiligten für diesen wunderbaren Studientag anlässlich meines 60. Geburtstages zu bedanken. Mir wurde damit ein unvergessliches Geschenk bereitet: von den Kollegen und Mitarbeitern, die diese Überraschung für mich monatelang vorbereitet haben, von den zahlreichen Gästen, die von weit her am Vorabend des Studientages zum Festvortrag und der anschließenden Feier angereist waren, von den Kolleginnen und Kollegen, mit denen ich in verschiedensten Projekten immer wieder zusammengearbeitet habe und die so interessante Vorträge am Studientag gehalten haben, und natürlich von meinem Freund Lex Bosman, der mir mit seinem schönen Festvortrag eine große Freude bereitet hat. Ihnen allen gilt mein herzlichster Dank!

Auswahl von Schriften Wolfgang Schenkluhns zum Thema

Wiedergelesen: Die gotische Baukunst von Karl-Heinz Clasen 1930, in: Kritische Berichte 10,3 (1982), 61–66.

Poelzigs Großes Schauspielhaus – Ein Denkmal gescheiterter Hoffnung? (mit Dieter Bartetzko), in: Kritische Berichte 11,3 (1983), 25–41.

Architektur als Zitat. Die Trierer Liebfrauenkirche in Marburg (mit Peter van Stipelen), in: Kat. 700 Jahre Elisabethkirche in Marburg 1283–1983, Bd. 1: Die Elisabethkirche. Architektur in der Geschichte, hrsg. v. Hans-Joachim Kunst, Marburg 1983, 19–53.

Die Auswirkungen der Marburger Elisabethkirche auf die Ordensarchitektur in Deutschland, in: Kat. 700 Jahre Elisabethkirche in Marburg 1283–1983, Bd. 1: Die Elisabethkirche. Architektur in der Geschichte, hrsg. v. Hans-Joachim Kunst, Marburg 1983, 81–101.

Ordines studentes. Aspekte zur Kirchenarchitektur der Dominikaner und Franziskaner im 13. Jahrhundert, Berlin 1985.

Die Kathedrale in Reims. Architektur als Schauplatz politischer Bedeutungen (mit Hans-Joachim Kunst) Frankfurt 1987, ²1994.

Die Erfindung der Hallenkirche in der Kunstgeschichte, in: Marburger Jahrbuch für Kunstwissenschaft 22 (1989), 193–202.

San Francesco in Assisi: Ecclesia specialis. Die Vision Papst Gregors IX. von einer Erneuerung der Kirche, Darmstadt 1991.

Zum Verhältnis von Heiligsprechung und Kirchenbau im 13. Jahrhundert, in: Gottfried Kerscher (Hrsg.): Hagiographie und Kunst. Der Heiligenkult in Schrift, Bild und Architektur, Berlin 1993, 301–315.

Auf der Suche nach Angemessenheit. Zur frühen Kirchenarchitektur der Zisterzienser, in: Die Klöster als Pflegestätten von Musik und Kunst. 24. Internationale wissenschaftlichen Arbeitstagung in Michaelstein, 14.–16. Juni 1996 (= Michaelsteiner Konferenzberichte 55), Michaelstein 1999, 9–22.

Richard Krautheimers Begründung einer mittelalterlichen Architekturikonographie, in: Hallesche Beiträge zur Kunstgeschichte 1/1999, 31–42.

‚Inter se disputando'. Erwin Panofsky zum Zusammenhang von gotischer Architektur und Scholastik, in: Franz Jäger/Helga Sciurie (Hrsg.): Gestalt, Funktion, Bedeutung. Festschrift für Friedrich Möbius zum 70. Geburtstag, Jena 1999, 93–100.

Monumentale Repräsentation des Königtums in Frankreich und Deutschland, in: Kat. Krönungen. Könige in Aachen – Geschichte und Mythos, hrsg. v. Mario Kramp, Bd. 1, Aachen 2000, 369–378.

Iconografia e iconologia dell`architettura medievale, in: Paolo Piva (Hrsg.): L`arte medievale nel contesto, Milano 2006, 59–78.

Bemerkungen zum Begriff des Architekturzitats, in: ARS. Journal of the Institute of Art History of Slovak Academy of Sciences 41,1 (2008), 3–12.

Zwischen Neuerung und Erinnerung. Der Magdeburger Domchor in der Kunstgeschichte, in: Kat. Aufbruch in die Gotik. Der Magdeburger Dom und die späte Stauferzeit, hrsg. v. Matthias Puhle, Bd. I, Essays, Magdeburg 2009, 57–69.

The Drawings in the Lodge Book of Villard de Honnecourt, in: Zoe Opacic/Achim Timmermann (Hrsg.): Architecture, Liturgy and Identity, Tournhout 2011, 283–295.

Mythos und Wirklichkeit der Kathedrale von Reims, in: Kat. Imi Knöbel, Fenster für die Kathedrale in Reims, Köln 2013, 16–34.

Anmerkungen

1 Vgl. Architektur zwischen Anthropologie und Kinetik. Heinrich Klotz im Gespräch mit Nikolaus Kuhnert, in: Arch+ 86, 57–62.
2 Vgl. Michael Brix, Monika Steinhauser (Hrsg.): Geschichte allein ist zeitgemäß – Historismus in Deutschland, Gießen 1978.
3 Resümiert in: Hartwig Beseler/Niels Gutschow,: Kriegsschicksale Deutscher Architektur, 2 Bde., Neumünster 1988.
4 Vgl. Eine Zukunft für unsere Vergangenheit. Denkmalschutz und Denkmalpflege in der Bundesrepublik Deutschland. Katalog zur Wanderausstellung zum Europäischen Denkmalschutzjahr, München 1975.
5 Vgl. etwa den Aufsatz von Dieter Bartetzko und Wolfgang Schenkluhn in der Literaturauswahl.
6 Nicht zufällig hat Hans-Joachim Kunst Hans Jantzens „Kunst der Gotik. Klassische Kathedalen Frankreichs. Chartres, Reims, Amiens" mit einem Kommentar neu herausgegeben: Berlin, 1987.
7 Vgl. Martin Warnke: Bau und Überbau. Soziologie der mittelalterlichen Architektur nach den Schriftquellen, Frankfurt am Main 1984.

8 Vgl. Hans-Joachim Kunst: Freiheit und Zitat in der Architektur des 13. Jahrhunderts – Die Kathedrale von Reims, in: Bauwerk und Bildwerk im Hochmittelalter. Anschauliche Beiträge zur Kultur- und Sozialgeschichte, Gießen 1981, 87–102.
9 Kunst 1981 (wie Anm. 8), 88.
10 Als Gegenbild hierzu empfand ich immer den von mir hochgeschätzten Heinrich Wölfflin, der wie durch Zauber im Dunkel der summenden Projektoren die Kunstwerke an der Wand des Hörsaals zum Sprechen gebracht haben muss, so jedenfalls die Schilderung von Zeitzeugen wie etwa Joseph Gantner im Gespräch 1985 – ganz ein Thomas Mann der Kunstgeschichte.
11 Hans Neuenfels: Das Bastardbuch. Autobiographische Stationen, München 2012, 273.
12 Er feiert nicht zu Unrecht am Ende seines Buches die „Romantiker" als die genuinen Vorläufer seiner Gotikauffassung. Hans Sedlmayr: Die Entstehung der Kathedrale, Zürich 1950, 526–528.
13 Einen ersten Ansatz in diese Richtung bietet: Christian Nille: Mittelalterliche Sakralarchitektur interpretieren. Eine Einführung, Darmstadt 2013.
14 Ich kann mich jedenfalls für die 1970er Jahre an keine Diskussion oder Lektüre aus diesem Bereich erinnern. Literaturwissenschaftlich untermauert war damals hingegen die viel diskutierte „Rezeptionsästhetik". Erst sehr viel später ist mir mit der Arbeit der Linguistin Tolić ein transdisziplinärer Ansatz in die Hände gefallen (D. O. Tolić: Das Zitat in Literatur und Kunst. Versuch einer Theorie, Wien/Köln/Weimar 1995).
15 Vielleicht war man auch deshalb in den späten 80er Jahren müde geworden, weiter mit der Begrifflichkeit zu handeln. Vgl. Beobachtung von Leonhard Helten zum Kunststück zur Kathedrale von Reims in diesem Band.
16 Vgl. Hans-Joachim Kunst/Wolfgang Schenkluhn: Die Kathedrale in Reims. Architektur als Schauplatz politischer Bedeutungen, Frankfurt 1987, ²1994, 75.
17 Ein interessanter Versuch in diese Richtung stellt die noch ungedruckte Arbeit von Hauke Horn dar, wobei die Analyse stärker noch auf Fälle radikalen Bruchs mit der Vergangenheit, wie etwa dem Kölner Dom im 13. Jahrhundert eingehen müsste; Hauke Horn: Die Tradition des Ortes. Ein formbestimmendes Element in der deutschen Sakralarchitektur des Mittelalters, Dissertation Mainz 2012.
18 Vgl. Kunst/Schenkluhn 1987 (wie Anm. 16), 19–37.
19 Das trifft interessanterweise auch für die ‚Kategorie Spolie' zu. Gibt es hier das Problem des ‚Eigenzitats'?
20 Vgl. Friedrich Schlegel: Ansichten und Ideen von der christlichen Kunst, 1803 (= Kritische Friedrich Schlegel-Ausgabe, Bd. 4), Paderborn/München/Wien 1959, 153–154.
21 Vgl. Hans-Joachim Kunst: Die Vollendung der romantischen Gotik im Expressionismus, die Vollendung des Klassizismus im Funktionalismus, in: Kritische Berichte 7 (1979), 20–36.
22 Einige Beispiele dazu finden sich in der Zusammenstellung in: Kat. 700 Jahre Elisabethkirche in Marburg 1283–1983, Bd. 1, Marburg 1983, 204, 210–214.

Autorenverzeichnis

Prof. Dr. Klaus Gereon Beuckers
Christian-Albrechts-Universität zu Kiel
Kunsthistorisches Institut
Olshausenstraße 40
24118 Kiel

Prof. Dr. A. F. W. (Lex) Bosman
Universiteit van Amsterdam
Capaciteitsgroep Kunstgeschiedenis
Herengracht 286
NL - 1016 BX Amsterdam

Prof. Dr. Thomas Coomans
Katholieke Universiteit Leuven
Departement Architectuur,
Stedenbouw en Ruimtelijke Ordening
Kasteelpark Arenberg 1 - bus 2431
B - 3001 Heverlee

Prof. Dr. Christian Freigang
Freie Universität Berlin
Kunsthistorisches Institut
Koserstr. 20
14195 Berlin

Prof. Dr. Leonhard Helten
Martin-Luther-Universität Halle Wittenberg
Institut für Kunstgeschichte und
Archäologien Europas
06099 Halle (Saale)

Prof. Dr. Bruno Klein
Technische Universität Dresden
Institut für Kunst- und Musikwissenschaft
01062 Dresden

Prof. Dr. Matthias Müller
Johannes Gutenberg-Universität Mainz
Institut für Kunstgeschichte
Georg Forster-Gebäude
Jakob Welder-Weg 12
55128 Mainz

PD. Dr. Ulrike Seeger
Universität Stuttgart
Institut für Kunstgeschichte
Keplerstraße 17 (K II)
70174 Stuttgart

Abbildungsnachweis

Vorwort
Abb. 1: Foto Heiko Brandl
Abb. 2: Foto Oliver Ritter

Beitrag Bosman
Abb. 1: Jan Hendrik Jongkees: Studies on Old St. Peter's, Groningen 1966
Abb. 2: Krautheimer 1942/1988 (wie Anm. 1)
Abb. 3: Sible de Blaauw: Cultus et décor, Città del Vaticano 1994
Abb. 4: J. de Rode & L. Bosman nach Sible de Blaauw: Cultus et decor, Città del Vaticano 1994
Abb. 5: Sanders 2005 (wie Anm. 23)
Abb. 6: Stevens/Kalinowski/VanderLeest 2005 (wie Anm. 24)
Abb. 7, 8: Jacobsen 1992 (wie Anm. 26) Abb. 1 und 5
Abb. 9: Archiv des Autors
Abb. 10: Emerick 2005 (wie Anm. 31)
Abb. 11: Monumenten van Geschiedenis en Kunst in de gemeente Maastricht, 's-Gravenhage 1938
Abb. 12: H. J. Tolboom

Beitrag Müller
Abb. 1, 14: Foto Matthias Müller
Abb. 2, 3, 4, 5, 6, 7, 8, 9, 10, 11, 12, 13, 15: Bildarchiv des Verfassers und des Instituts für Kunstgeschichte und Musikwissenschaft der Johannes Gutenberg-Universität Mainz

Beitrag Beuckers
Abb. 1, 3: Domschatzkammer Aachen
Abb. 2, 8: Domschatzkammer Essen
Abb. 4: Schnitzler 1957 (wie Anm. 9), Tf. 144
Abb. 5: Erich Stephany: Der Dom zu Aachen, Mönchengladbach 1958, 28
Abb. 6: Theodor Müller: Der Aschaffenburger Kruzifixus, in: Aschaffenburger Jahrbuch 4, 1957, 112
Abb. 7: Knapp/Beuckers 2006 (wie Anm. 19), o. S.
Abb. 9: Ronig 1993 (wie Anm. 23), 196

Beitrag Helten
Abb. 1: IKARE, Bildarchiv, MLU Halle-Wittenberg
Abb. 2: Begleitheft zur Ausstellung „Die Elisabethkirche – Architektur und Geschichte, hrsg. v. Hans-Peter Schwarz, Marburg 1983, 57
Abb. 3, 4: Hans R. Hahnloser: Villard de Honnecourt, Kritische Gesamtausgabe des Bauhüttenbuches ms. fr 19093 der Pariser Nationalbibliothek, Wien 1935, Tf. 60, Tf. 61
Abb. 5, 6: Grafik Leonhard Helten
Abb. 7, 8: Edgar Lehmann/Ernst Schubert: Der Dom zu Meißen, 1970, 20, Abb. 55
Abb. 9: Hans-Joachim Kunst, in: Marburger Jahrbuch für Kunstwissenschaft 18, 1969, Tf. 13

Beitrag Freigang
Abb. 1: Foto Markus Hassler
Abb. 2: Heribert Meurer: in Jahrbuch der Staatlichen Kunstsammlungen Baden-Württemberg 1976, 7
Abb. 3: Archiv des Autors
Abb. 4, 6, 7, 8, 9, 10: Foto Christian Freigang
Abb. 5: Sauveur-Jérome Morand: Histoire de la Ste-Chapelle royale du Palais, ... Paris 1790, Tf. 40
Abb. 11: Lemper, Ernst-Heinz: Kreuzkapelle und Heiliges Grab Görlitz, München, Zürich 1992
Abb. 12: Amico, Fra Bernardino: Plans of the Sacred Edifices of the Holy Land, translated from the Italian ... Jerusalem 1953 (= Publications of the Studium biblicum franciscanum, n° 10)
Abb. 13: Hollstein's German Engravings Etchings and Woodcuts, vol. 33. Rosendaal 1992

Beitrag Seeger
Abb. 1, 2, 5, 7, 8, 9, 12: Archiv der Autorin
Abb. 3, 4: Stadtarchiv Hansestadt Stralsund
Abb. 6: Maximilian Maul: Max Taut und Hoffmann, Berlin, in: Neue Baukunst. Zeitschrift für Architektur, Raumkunst und verwandte Gebiete, Bd. 1, 1925, H. 14, 12–36
Abb. 10: Franz Adolf Wilhelm Baltzer: Das japanische Haus. Eine bautechnische Studie, Berlin 1903, Abb. 54
Abb. 11: Manfred Speidel: Träume vom Anderen. Japanische Architektur mit europäischen Augen gesehen. Einige Aspekte zur Rezeption zwischen 1900 und 1950, in: archimaera.de, H. 1, 2008, 79–96

Beitrag Coomans
Abb. 1, 6: KADOC, Archief CICM, Leuven
Abb. 2, 9: Foto Thomas Coomans, Juni 2013

ABBILDUNGSNACHWEIS

Abb. 3: Foto Thomas Coomans, April 2013
Abb. 4, 5, 8, 13: Foto Thomas Coomans, Mai 2011
Abb. 7: Foto Zhang Guangwei, 2013
Abb. 10: Archiv Abtei Maredsous
Abb. 11: Foto Tam Lui, 2011
Abb. 12: Bundesarchiv, Bild 137-046400
Abb. 14: http://president.landishomes.wp.mennonite.net/2012/12/09/china-exploratory-visit-and-consultations-nov-2012/, aufgerufen am 31. August 2013
Abb. 15: Foto Jean-Marc de Moerloose, 2011
Abb. 16: Foto Thomas Coomans, September 2013

Beitrag Klein

Abb. 2, 7, 15, 23: Foto Bruno Klein
Abb. 8, 9, 25: Postkarten (Archiv des Autors)
Abb. 1, 3, 4, 6, 10, 11, 12, 13, 14, 16, 17, 18, 19, 20, 22, 24: nach Vorlagen aus Wikipedia bearbeitet vom Autor
Abb. 5: Bruno Foucart (Hrsg.): Viollet-le-Duc, Kat Paris, Galeries nationales du Grand Palais, Paris 1980, 73
Abb. 21: C. Lemos, Ecletismo em São Paulo, in: A. Fabris (Hrsg.): Ecletismo na Arquitetura Brasileira, São Paulo 1987, 89